他なる映画と　1

濱口竜介

インスクリプト

目次

まえがき

この『他なる映画と1』に収録されている文章は、本業は映画監督である筆者がこの十年ほどの間、映画について（時に自作について）のレクチャーの機会を与えられた際に作成した「読み上げ原稿」を基にしている。その点でまずそうした場を設けてくださった方々に御礼を申し上げたい。本書のおよそ半分を占める仙台の講座に招いてくれた菅原睦子さん、そして神戸映画資料館で「アメリカ映画研究会」発表の場を与えてくれた田中範子さんに感謝の意をお伝えしたい。また自分にとって重要なテーマである「偶然」について語る機会を提供してくれた建築家・中山英之さんと、ソウル・アートシネマのプログラムディレクターであるキム・ソンウクさんにも。最後に、二〇二三年の一二月一二日という小津安二郎の一二〇回目の誕生日にして六〇回目の命日に筆者を招いてくれた鎌倉芸術館の皆様にも謝意を申し上げたい。

ある時期からレクチャーに当たっては原稿を作成し、現場では実際にそれを読み上げるのが常となった。即興的に脱線することもあるけれども、概ねレクチャーは「原稿そのまま」に近い形で展開された。二十年ほど前は、人前で何かを見事に語って見せる人には強い憧憬を覚えた。自分もいつか人前で自信を持って何かを語れるようになることを夢見つつも、その道筋はまったく見えなかった。しかし十年ちょっと前から、さしたるキャリアもないのに人前で何かを講じる機会をもらうようになった。やってみて発見した自分の性向は（言語化されたのは最近だが)、ある一言を口にしたとき、言ったそばから否定したくなるということだった。「まあ、今こう言ったけど、実際はもちろんそうも言い切れないんですよ」と。

言明というのは怖いもので、それを言うと「その言葉をただ一つ信じている人」のようになってしまう。仕事の上で「言葉」を扱う機会も多い人間として言うならば、クリアな説明や断言というのは現実の細部を捨象することによってのみ可能になる——単純に言えば「何かがおかしい」——のであって、ついつい「いや、今私が言ったことはどこかおかしいんですよ」と発言のそばから言いたくなるのだった。ただ、こんなことをレクチャーの場でやれば、当然言葉はのたうつし、ダラダラするし、何より面白くない。やってみて唯一、心から理解したのはこのような自分の語りには「自信」など、どこまでも伴ってこないということだった。ともあれ、自信があろうがなかろうがレクチャーのその日はやってくる。それをどう迎えるかが問題となった。結果として原稿作成の習慣ができた理由は、私に「喋りきる」自信がなかった、ということに尽きる。特に映画の分析に繊細さが要求される場面では、言葉選びを一つ間違えただけで話全体が迷子となり、つっかえてしまう。前もって何を口にするかを試しに書いてみて、そこに注釈を入れたくなったら入れる。その注釈を増えすぎないように絞り込んで予め「筋を通しておく」ことが、できる限り行きつ戻りつせずに要を得た形で喋りおおせるためには必要だった。

ただ、それだけではない。ときには自分自身でもほとんど妄想じみて感じることを口にしなくてはならない局面があった。そのとき「聞いている人に理解されないのでは」という不安によって自分の声が「細る」こともまた実感した。『他なる映画と 2』に収録されている批評的文章とは異なり、レクチャーは自分にとってまだ冷え固まる前のアイデアを口にする実験場のような場所でもあって、「多分こういうことだろう」という見当をそれなりに不確かなまま口にした。私が特に人前で「喋りきる」自信がなかったのが、この「不確かな事柄」だった。しかし、それはいい加減なことを言っているのではなくて、幾ばくかの経験を通じてそう「信じている」ということでもあった。ただ、「信じている」ことは「知っている」こととは違う。客席から向けられる耳目にその不確かさが見透かされるのではないかと思えば、どれだけ「信じて」いても声は細る。そんな経験を何度かした。言うべきことを身体化しておく必要が本来はあったろう。それが自分自身の深部から出てくるように。とは言え、これほどの長さを記憶することは自分にはできない。大学時代、尊敬する教授が原稿を滔々と読み上げる講義スタイルだった記憶も手伝って、レクチャーの前にはかなり詳細な原稿を準備するようになった。形の定まったテキストは何より、自分自身の「信」を底から支え、声に「厚み」を与えるのに必要とされた。そのような声が、聴衆と自分（もしくは映画）をつなぐ細い線となるように思えた（この私と原稿の関係は、現在自分が俳優と脚本の間に想定している関係と似たところがある）。

但し、本書所収の文章はレクチャー原稿そのままではない。実際のレクチャーの採録でもない。原稿を基にしながら、ときには録音記録を参考にもした上で、適宜修正や補足を加えて文章化したものだ。レクチャーのための原稿も十分に書き尽くされているわけではなかった、ということが理由としてはある。その場で映像を見せれば一目瞭然だったことが、説明が必要となった箇所も多くある。しかし一番大きな理由は、こうして書籍となることで、少なくともレクチャーの現場には存在していた「不確かなものを信じて、それを口にしようとしている私」の身体が消えてしまったからだ。

編集者からレクチャーの書籍化を提案された際に、原稿の文章だけを読み物として読み直した。当然、論理の飛躍もずいぶん見られたのだが、却って妙に堂々としたものとしても感じられた。本来は「何ともおかしいことを自分が口にしているのはわかっているのですが……」という含羞とともに発せられるはずだった言葉が、放り投げられてそこに在った。修正や補足は、もちろん単純な記憶違いや誤認を正すためのものでもあったが、何よりもそれらの言葉が「私の身体の語ること」を欠いても、まるで誰かがそこで喋っているかのように読み得ることを願って為されている。いや、その誰かとは私のことでしかないのだから、本書はできれば書かれた言葉から私自身の「声」が聞こえるようにと願って、書いた。そういう点では、『他なる映画と 1』はある種のフィクションとしても読まれるべきものである。

「他なる映画と」という本書のタイトルについても、少し説明をしておこう。二〇一八年に仙台で行われた講座シリーズ（本書のIとして収録）のタイトルをそのまま流用した。当の文章内でも述べていることだが、主催者の菅原さんからシリーズタイトルを付けてくれと言われて、思い浮かばずに困っていた。そのときにふと読んだ藤井仁子さんの「シネフィリアとモダニズム」という文章のなかに出てきた「他性」という言葉（これ自体、中村秀之さんからの引用でもある）に触発され、付けたものだ。我ながら「硬い」とは思ったけれど、自分と映画の関わり方をこれ以上に言い当てているものも現状ないような気がした。結局、その講座はどこか「私-映画史」を語るようなものにもなった。ただ、これほど生硬なタイトルを付けた人間のある種の責任として、当のレクチャーをできるだけ「映画をこれまでほとんど見ていない」ような人でも理解できて、しかもその人をできるだけ自分の感じている「映画の面白さ」の深みへと連れて行けるように、という思いで構想した。結果として「他なる映画と」はそのまま書籍のタイトルにまでなったわけだが、同時に刊行される『他なる映画と2』に対して、本書が「1」であるのは、タイトルとともにその講座における精神を引き継いで、ここに収録された文章が、自分が映画に関して心から面白いと思っている（しかし決して単純ではない）事柄への「入り口」となるよう願ってのことだ。但し、二冊のどちらから先に読まれたとしても、内容上はまったく問題はない。

以下の「講座」に先立って、本書二冊を貫く自分の映画に対する考え方についてひと言、申し添えておきたい。現在の自分の映画観の中心にある考えは「カメラとは現実を記録する機械である」ということだ。レンズ前の光学的現実を（フレーム内に限って）隈なく記録するこの機械が生み出す「ショット」は当然、ある種の証拠能力を持つことになる。いや、持つはずだったと言うべきか。ここ数年の画像生成系ＡＩの発展を見るにつけ、映像＝証拠と素朴に信ずることができる時代はほとんど終わった、と感じている。その趨勢はあと数年でさらに加速するだろう。自分の映画についての考えの根幹に当たる部分が、本書発刊の時点で既に「原始的」に見えるものとなったことは自覚している。だが実のところ、この事態に対して自分が抱くのは「実写」の有効性と（究極的には）経済性が却って浮かび上がるのではないか、という仄かな期待だ。現実に何かを起こし、それをカメラで記録する営みが観客に与えるインパクトが、却って認識され直すのではないか。楽観的すぎるかもしれないが、本書で取り上げた映画の数々が私にこの予感を与えている。そのため昨今のＡＩの劇的な発展を前にしても、「カメラで現実を記録すること」に映像の最も「プリミティヴ」な力能を見る自分の発言や考えの修正を特に必要とは感じなかった。その当否は未来の観客／読者の判断に委ねたい。

心から危惧しているのは、どちらかと言えば近年の情報環境のありようのほうだ。それは我々から見る力・聞く力、つまりは「注意力」を奪い続けている。できればその環境から自身を切り離して、カメラと録音機の持つ「記録」の力に拮抗するよう願いながら、「注意力」を張り詰めさせて見聞きをすること。『他なる映画と』と名付けられた本書が読者に誘いかける映画との関係はこれに尽きる。そして、この視聴の態度を養うための最良の環境が映画館であることもまた言うまでもない。最も願望していることは読者が、本書で取り上げた映画を映画館で見たいという強烈な欲望を抱くことだ。そのうえでまたこの本を読み、また映画館に行くという数多の運動を作り出すことができたら、これに勝る喜びはない。あなたがこの「他なるもの」を求める旅の道連れとなってくれたら、とても嬉しく思う。

I

他なる映画と第一回

映画の、ショットについて

二〇一八年四月二二日、bd bd bd（仙台）
「映画のみかた006 濱口竜介による映画講座」
（主催＝幕の人）

皆さま、本日はお越しいただき、誠にありがとうございます。お呼びいただいた「幕の人」こと菅原睦子さんも、本当にありがとうございます。映画の監督をしております濱口竜介と申します。

「映画のみかた」シリーズに参加して、三回にわたって講座をもたせていただくことになりました。全三回をまとめるタイトルを「他《た》なる映画と」とつけました。最初から言い訳のようで何なのですが、菅原さんからタイトルをつけるようにと言われて、なかなかに苦し紛れにつけたようなところのあるタイトルです。しかし、苦しんだ上に出てくるタイトルなので、ある程度私の映画との関わり方を反映しているとも思います。

私の映画との関わり方、というのは何かと言うと、それはもちろんまず撮る人――この場合は監督として――ということです。そして、もう一つは、もしかしたらそれ以上に映画を見る人、ただの映画好き、一ファンとして、ということですね。映画好きが昂じてそれが職業になるところまで来たので、一応は人並み以上に好きなのだろう、とは思っています。ただ、そんな風に人並み以上に好きであるにもかかわらず、映画というのはどこか、徹頭徹尾私にとって「他・なるもの」であるようだ、というのがほとんど二十年近く映画と関わってきて、私が強く持っている感覚なんです。

私と映画が別の存在である、というと、それはあまりに当たり前です。私以外は私ではないわけですから、そういう点で格別に映画だけが私にとって他者である、他なるものであるということはありません。どちらかといえば、私が映画好きであり、職業的にも映画を深く知る必要に迫られるがゆえにかえって、格別強い他者性――と言うか、「他性」と話を先取りして呼んでおきましょう――を私が映画に対して感じている、というのが実際なのだと思います。

だから、この三回は映画について語ることでもありますが、どちらかといえば実のところ「自分語り」のようなところがあるように思います。ただ、基本的には「自分語り」というのはつまらないものです。なので、あくまで必要最低限に映画が浮き彫りにする私、というもの、あとはその逆、についてお話しできたらと思います。

さっきから、他性・他者性と堅い言葉で話していますが、具体例を持ち出せば、それは何ということはありません。それは例えば、映画を見ていて寝てしまう、ということです。私が本格的に映画をたくさん見始めたのは大学入学後、映画研究会というサークルに入った時からです。それまでも自分ではそれなりに映画好きのつもりだったのですが、サークルの先輩方が見ている映画の名前や監督の名前をほぼ知らない。一体どこでそんなのやってるんだと思って、ふと目を上げれば東京中の映画館でひっきりなしに上映されていました。だんだんと「知らないと恥ずかしい、話についていけない」という気持ちに押されて、というかある種の抑圧に負けるようにして――本格始動するのにそれでも一年以上はかかった気がしますが――映画を見に行くようになりました。ただ、そこで私が出会った現実というのは、「映画を見たら、寝てしまう自分」というものでした。

これは結構ショックでした。映画というものは見に行けば何がしか楽しいイベントで、ワクワクとして見るものである、という素朴な認識は砕かれて、自分にはおよそ理解できない映画というものが目の前に現れた。私にとってはハリウッド映画的でなく、テレビドラマ的でもなく、かといってお洒落というのとも違う映画を大量に見るというのは初めての経験でした。結果として、確かに見には行ったのだけど、映画の大部分寝てしまって、やはり周囲の話についていけない、そもそも見たとも言い出せない、そんな状況が続いたりしました。

更にもう一つのコンプレックスとしてあったのは、そういう映画好きのサークルに属することで、自分が映画を見てもその大体を忘れている、という事実を突きつけられたことです。もちろん寝る映画ばかりではなく、すっかり起きて見ていた映画でさえも後で人と話した時、「え、そんな場面あった？ そんなこと言ってた？ あれってそういう話だったの？」と思うことがあまりに多かった。自分は映画の何を見ているのか、自分は映画を見る上で決定的にセンスを欠いているのだ、という思いに駆られることは非常に多くありました。

それでも映画を見ることをやめなかった理由は大きくは二つです。一つは単純に、先輩たちへのある種の憧れですね。千葉という東京の隣の県とはいえ、ある種の田舎から出てきた二十歳になろうかという自分にとって先輩方が導いてくれた、映画をはじめとした文化的な香りのする生活や東京という環境が、非常にキラキラとして見えた、まさに新たな扉を開いたような心持ちがした、ということでした。

もう一つ、より重要なことは、寝て、目が覚めてもまだ続いている映画が、自分を拒んでいるようには必ずしも感じなかったということです。そうして寝て起きたとき、先ほどと同じような場面が続いていたり、相変わらずわからなかったりする、それでも寝る前とは少し違って、その場面を見続けていられるような感覚がありました。

そのように映画を見ながら、寝てしまう、忘れてしまう、ということを繰り返しつつも、全体としては映画を見ることを途切れず続けてきました。そうやって見て得たものを使うようにして映画を撮るということもまた繰り返してきました。そうこうしているうちに二十年程度経って改めて思うのは、開き直りかもしれませんが、寝てしまうのも、忘れてしまうのも、致し方のないことだったのではないか、それは一つの映画の本性《ほんせい》——根本的な性質——に由来するものだったのではないか、ということです。そして、先輩たちが導いてくれたのは、そうした映画の根本的な性質に根ざした映画たちだったのではないか、ということです。

時を経て、その認識を決定的なものとして私に与えてくれたのは、黒沢清という一人の監督でした。黒沢清監督は、わざわざこの場に来るような人で知らない人はおそらくいないと思いますが、世界的な監督です。私は大学卒業後、映像の現場での助監督やアシスタント・ディレクターの経験を経て、二〇〇六年に東京藝術大学の大学院映像研究科に入ったのですが、黒沢さんはその前年の、大学院にとっての初年度からそこで教授をされていました。黒沢清監督が私の大学院時代の二年間の師匠となったわけです。

入った当初は、そのことがどれほどの幸運かわかっていませんでした。私は二十代の後半で大学院に入り、その頃には一定以上の映画の本数も見て、作ってもいましたので、すっかり不遜な気持ちを育ててしまっていて、黒沢さんの映画ももちろん見ていたものの、誰かに映画を教えてもらうという気持ちはなく、大学院を「学ぶ」場所というよりは、あくまで充実した機材や環境を得て、自分が映画を「作る」ための機会として捉えていました。ただ、結果として私は黒沢清監督の授業を受け、彼の映画を見て、ゼミで話を聞くうちに、自分の映画に対する考え方を根本的に変えられるような体験をしました。自分でも驚くぐらい、大いに学んでしまったんです。なので、ここからようやく本格的に始まる講座は、まずは黒沢清監督の受け売りから始まります。

それは、ショットとは何か、ということについてです。はじめに、黒沢さんがショットについて語る時にいつも見せる映画をお見せしたいと思います。

▼01……『工場の出口』

世界最初の映画のうちの一つ、と目されているリュミエール兄弟による『工場の出口』です。

なぜ、こうしたものを現在、我々が目にすることができるのか。それはもちろんリュミエール兄弟がフィルム・カメラとフィルム映写機を発明し、「映画体験」そのものを発明したからです。ただ、ここで問題にしたいのはそのことではありません。人が「工場の出口」から出てきました。そして画面の右へ左へと分かれていきます。犬も出てきますね。最後には馬車が出てきました。なぜ、こうしたものが映って

01

いるのか。

「それがかつて、本当にあった」、「それがかつて、本当にカメラの前で起こった」からです。何と当たり前のことを言っているのか、ということになりますが、今から百二十年以上前のある日、これは本当にあったことなのです。カメラの前で、この通りのことが起きた。人が「工場の出口」から出てきて、カメラの前を右へ左へと分かれていった。犬も出てきた。最後には馬車が出てきた。カメラがそれを記録した。だから、我々は今に至ってもその様子を見ることができる。

撮影行為においてカメラの回し始めから回し終わりまでを写したフィルムのことを「ショット」と呼びます。ショットというのは単語のレベルでは、撮影するという意味の動詞“shoot”の過去分詞が名詞化して、「撮影されたもの」「撮られたもの」という意味となります。そして、実際にショットとは文字通りのものです。今で言えば、スマートフォンで撮った映像は一回分の撮影で一つの「クリップ」ができます。その感覚がわかりやすいかもしれません。それとほとんど同じことで、映画制作においては一回の撮影につき一つの「ショット」が生まれます。そして、それが映画の撮影行為における最小単位となります。(編集においては、このショットに鋏を入れて分割されたフィルム＝カットが最小単位となりますが、それはまた後で触れましょう。)

ショットとは何か、ということを語るに際して、リュミエール兄弟の映画を見せて説明したくなるのは、彼らの映画がただ一つのショットから成るためです。映画の最初期には、カメラは一分弱のフィルムしか装塡できず、フィルム同士を糊付けして接合する「編集」という概念もまだありませんでした。なので、我々は撮影されたショットそのものを映画として見ます。いわば純粋なショット体験としての映画がリュミエールの映画なのです。もう一度見てみましょう。

▼01（再）……『工場の出口』

先ほど見たものが、全く同じように繰り返される。当たり前です。何ら驚くことはないかもしれません。カメラとはそういうものだし、それによって撮られた映像、つまりはショットというものはそういうものだからです。それは変更しようのない過去に起こった事実であり、そのようなものとしてフィルムに定着した。だから、何度再生しても、同じものが映る。

黒沢さんは、ショットに事実が不変の過去として定着する性質を「過去性」とか「事実性」とか呼びました。私自身はいつからか「記録性」と呼ぶようになりました。よりカメラの力のほうに力点を置きたい気がしたからです。カメラには記録の力があり、だからカメラで撮られたショットにはその性質「記録性」が、本性として宿る。リュミエール兄弟自身もカメラの持つこの記録の力に可能性を感じて、世界のあらゆる地域に人を派遣して、記録しては持ち帰らせ、それを興行することを始めました。これは映画のドキュメンタリーとしての側面です。映画はまず、そのドキュメンタリー的な側面が大いに強調される形で始まったわけです。

「ショットは、まず何よりも過去に起きた出来事の記録としてある」。この当たり前といえば当たり前すぎるテーゼを新鮮な驚きとして捉え直すのには、実は長い時間がかかりました。それがあまりに当たり前すぎたからです。その事実を映画の根本として捉え直すことが可能になったのは、黒沢さんがいくつもの映像＝ショットを見せてくれたおかげだと思います。

黒沢さんはその講義の中で、「映画監督の仕事とは何か」という問いを立て、色々あるとしても最も根本的なそれは次の二つのことである、と言いました。

・カメラをどこに（向けて）置くか、を決めること
・カメラをいつ回し始め、いつ回し終わるか、を決めること

つまり撮影現場で「いったいどこから、いつからいつまで1ショットで撮るのか」、ある1ショットのありようを決定することこそが、映画監督の最も根本的な仕事だと黒沢さんは言いました。その一例として黒沢さんが見せてくれた映像は例えば、ギリシャのテオ・アンゲロプロスや日本の相米慎二といった映画作家たちの映画からの1ショットでした。まさに論より証拠というか、有無を言わさずに説得する力をそれらの映像は持っていました。そして、それらの映像を見せるときの「どうだ、見たか、わかったか」という黒沢さんの言外に発する雰囲気も忘れがたいものがあります。

私もそれに倣って、私自身がとても驚かされた1ショットをご覧いただきたいと思います。イエジー・スコリモフスキ監督の『不戦勝』という映画からの1ショットです。

▼02……『不戦勝』

いかがだったでしょう。私は見ていて、大変驚きました。公開当時、見ていた劇場内も「あっ」という声が上がったと思います。この1ショットで、黒沢さんのいくつかのテーゼ（「ショットとは過去に起きた出来事の記録

である」「監督の仕事とはどこにカメラを置き、いつからいつまで1ショットで撮るかを決めることである」）について少し理解が深まることを期待しつつ、選んでみました。

カメラをどこに置き、一体どこからどこまでを1ショットで撮るのか、という問いにイエジー・スコリモフスキは、カメラを「走る列車の車輌の前方」に置き、「二人の男女が列車に乗っているところにバイクで男が追いかけてきて、乗客の男が飛び降りて遠ざかるまで」を1ショットに収めることで答えています。ここでポイントになるのは当然「走る列車から飛び降りる」という危険行為です。

他の監督だったら、同様に飛び降りを見せるにしても、ここでカットを割るかもしれません。例えば「列車から飛び降りる寸前まで」「芝生の上に男が画面外から入ってきて着地する」「着地した男の後ろを通り過ぎる列車」みたいな3カット構成にすることも可能です。これの何がいいかと言えば、安全だし、物語の意味

02

もきっと同じように伝わります。ちなみに安全をナメてはいけません。安全性を無視すれば、最悪の場合、死人が出ます。死人が出るような映画撮影は社会の側からストップがかかりますから、そもそも映画作品として完成しない可能性があります。それに勝るリスクはありません。

カットを割るともう一点いいことがあります。おそらく「もっと速く走る列車から飛び降りたように見せる、もっと危険にも見せる」こともできただろうということです。実際の映画では、飛び降りた地面をテッテケテと走る感じが「あれ、意外と遅い、この列車？」と思わせないでもありません。

それでも、スコリモフスキはこれを1ショットでやることを選んだ。もちろんやる当人にとっては十分に危険であることを理解した上で、更には「あれ、意外と遅くない？」と観客に思われることも承知で、飛び降りから着地までの瞬間を1ショットで記録することを選んだ。それを見た観客が十分に説得されることを知っていたからです。この記録はそのまま「人が飛び降りる」ということに関する証拠映像になります。観客が得るのは「目撃」の感覚です。「目撃者」もしくは「証人」となる感覚です。「走る列車から飛び降りる」とはまさに、今見たような、こういうことなのだ、と。それってこれぐらいあっさりとしたことなのか、ということをこの1ショットを見ることで初めて知ることができます。

実は飛び降りているのは、監督スコリモフスキ本人です。彼は主演もこなしています。彼自身が実際にボクシングをしていたようなスポーツマンでもあって、身体能力は非常に高かった。この自演が安全性を高めるわけではないのはもちろんですが、何だか最低限立派であるという気がします。個人的には、監督が他の誰かに危険なことをさせている映像よりも、何となくこれを選びたくもなるのです。

監督による諸々の判断を経た結果、映画『不戦勝』で捉えられているのは、ある決定的な瞬間です。決定的な瞬間とは何か。もはや後戻りができないような変化の瞬間。それに立ち会っているということです。ここでは、スコリモフスキの足が走る列車を離れ、地面に着くまでが1ショットで捉えられています。もう走る列車に戻ることはできない。それは同時に、物語そのものを後戻りのできないところまで推し進めることでもあります。カットを割ってしまってはこの決定的変化の感覚をそのまま記録することはできません。スコリモフスキはその感覚を捉えることを安全よりも、スピード感よりも、はるかに重要なことだとみなしてこの一部始終を記録した。それが、彼が果たした監督としての仕事です。

さて、この、記録装置としてのカメラ、という感覚は現代においても別に目新しいものではありません。この特性を現在、そのままに利用しているのは「監視カメラ」です。人が悪さを働くとしたらここであろう、もしくは悪事を働かれては困るというような場所を眺められるポイントにカメラを設置して、四六時中録画している。そして実際、不幸にして事件が起きた場合、その様子を撮影記録した映像は裁判において、極めて説得力のある「証拠」として機能します。

しかし、立ち止まってみましょう。このカメラによる記録がこれほどまでに人を説得する証拠能力を持つのはなぜなのか。それは、カメラが「機械的な無関心」によって記録を行うからです。カメラは別に現実世界に何ら関心を持っているわけではなく、関心はあくまでカメラを設置する人間の側に属しています。カメラは単に機械として、一旦ボタンを押してしまえば自動的に「レンズの前の光のありよう、明るさや色合いを記録」しているだけです。よく「客観的な証拠はあるのか」なんて反駁の言葉を聞きますけれども、カメラは人間には不可能な「客観的な視点」を体現します。カメラは罪を告発しようとしてそこにあるわけではない。その意思はあくまで機械を設置する人間の側のものであって、機械は無関心に、自動的に、その場における光のありようを隈なく、言うなれば完璧に記録している。だからこそ、映像は証拠として極めて強力なんです。

私が冒頭で「他性」と呼んだもの、私を寝かせたものについて、今の私の考えを言いますと、それはこの、機械の自動性に由来しています。カメラの構造を反転させたような映写機が、記録した画像を一枚一枚高速で投影し続ける。映像は私が寝ようが起きようが、まったく無関心にそこにある。映画館という場がこの自動性を確固たるものにします。私が止めようと思って止まるものではなく、映画は私の目の前を流れていく。

この、映画の自動性、それがもたらす「他性」……と言うとやはり少し固苦しいので、具体例をお見せしたいと思います。私を寝かせた映画作家の代表格として、ジャン＝マリー・ストローブとダニエル・ユイレという夫婦の映画作家——ストローブ＝ユイレと呼ばれます——がいます。二〇〇六年に妻のダニエル・ユイレは亡くなっているのですが、その直前に発表された映画『あの彼らの出会い』からの抜粋をご覧いただきます。ちなみに申し訳ないですが、字幕なしでの上映です。乱暴を申せば、日本語字幕で見ているときも内容はほとんど頭に入ってきませんでした。そういうものだと思って、無字幕ということも眠気をより感じやすくする要素として、そのままご覧ください。

▼03……『あの彼らの出会い』

いかがだったでしょう。眠くならなかった、それも十分にありえることです。このようなフィックス（固定）のショットの長回しは彼らの特徴ですが、お見せした場面はある種の初級編とも言えます。それ自体十分に見目麗しい時間でもあるからです。初見時には、映画全体では相当に寝たような覚えもあるんですが、ここはバッチリ目が覚めていて、とても感動したシーンです。何に感動したかと言えば、極めて素朴に、木漏れ日とそよ風の戯れとでも言いましょうか。男女が二人いる森の木々を風が揺らし、そのことで光自体もまた揺れ動く様を記録したこのショットもまた素晴らしい1ショットでした。今お見せしたのはDVDの画質で、十分に感じ取りづらかったかもしれませんが、映画館でフィルムでこの作品を見たときの光の美しさ、流れる時間そのものには恍惚となりました。

　男女が口にしているテキストはイタリアの詩人、チェーザレ・パヴェーゼの詩篇『レウコとの対話』だそうですが、先ほど言いましたように、見ている時ほとんど内容は頭に入ってきませんでした。ただ、この二人がいることでこのフレーミングが行われ、一定時間テキストを口にすることでこのような光と風のありようが記録されたということ、これは確かです。これを見ていると（怒られるかもしれませんが）テキストの内容など、カメラを回すための口実のように思えてもきます。

03

「カメラの目」なんていう言い方を時折しますから、カメラは「視覚」によく喩えられます。光を受像する器官としてはもちろん似ているのかもしれませんが、ストローブ＝ユイレの映画は、カメラが我々の視覚といかに異なるものかを教えてくれます。我々はカメラのように見ることは決してできません。なぜなら我々は生き物で、カメラは機械だからです。カメラはただ、レンズの前のありようを機械的な無関心をもって、隈なく記録します。一方で、我々は生き物としてものを見る。それはどういうことか。カメラが機械として無関心に光を記録するのとは逆に、「関心」というものに我々の視覚は大きく左右される、ということです。生きる上での有用な情報を我々の五感はいつも求めています。刺激的な情報を感知することで、生き物として有用性（意味）を見出し、我々は行動を決定しています。危険な動物が迫っていれば逃げるし、空腹時にそれを満たす食べ物があれば近寄っていく。生き物はある光景を眺めて、そこに新たに情報がないと判断すれば、顔の向きを変えて、新たな情報刺激を求める。

では仮に、生き物をある一つの平面以外に何ら情報がない暗闇の中に、動くこともできないようにして置いてみる。そして、さらにその一平面すら、生きる上で有用な情報、意味として理解できるような情報を発さなくなったらどうなるのか。つまりは映画館において一見退屈な時間が目の前で続く、そんなような状況です。普段だったら関心を失って、新たな関心の対象をよそに探してしまうような光景が、そのまま映し出し続けられています。PCに一定時間、情報入力を行わない状態が続けばコンピューターはスリープするように設定されていますね。それと同様に、情報刺激がない状態が一定時間続けば「スリープ」がからだに訪れます。眠りに落ちる。私のからだは映画館で機械の時間と出会うことで、眠りに落ちていた、のではないか。

ただ、ここで私が再度お話ししたいのは、一旦寝て、起きてからの時間です。映画を見続けていくなかで、起きた後の冴え渡るような感覚、今までだったら寝てしまっていた画面を見続けられるようなからだを手にいれた感覚を持つことがありました。機械の時間に伴走できるようなからだになっている。それを「機械のからだ」と言ってしまうともちろん言い過ぎです。ただ、生き物らしからぬ時間、「非‐生き物的なからだ」ぐらいなら言ってもいいのかもしれません。カメラのように見ること自体はできない。しかし、カメラのように見ることを学ぶことぐらいはできます。日常的な身体を飛び出して、カメラのようにものを見ることに近づくような時間が、映画を見ていると少しだけ訪れるような気がしました。そして、それは信じられないぐらいに気持ちの良い時間、快楽に満ちた時間であるような気もするのです。

私にとってこの身体感覚・時間感覚を、最もうまく言い表しているのは、ポルトガルの監督マノエル・ド・オリヴェイラがゴダールとの対談で発した有名な言葉です。引用します。

私があの映画〔『新ドイツ零年』〕で好きなのは、記号の、深みのある曖昧さと結びついた明晰さです。それにこれは、私が映画のなかでたいていの場合に好きになるものです。つまり、説明をほどこそうとはしない光にひたっている、あふれんばかりの素晴らしい記号たちのことです。これこそ、私が映画を信じる理由なのです。

（『ゴダール全評論・全発言III』奥村昭夫訳、筑摩書房、二〇〇四年、四二〇頁）

「説明をほどこそうとはしない光にひたっている、あふれんばかりの素晴らしい記号たち」。オリヴェイラのこの言葉も相変わらずわかりづらいものではあるでしょう。それだけに解釈はいくらでもできます。一つの画面はたった一つの物語情報には還元されておらず、揺れ動く光として無数の記号の戯れをそのままに提示しています。私が先ほどのストローブ＝ユイレの映画をお見せしたのは、この言葉を読む都度、彼らの映画を見ている時間を、直接的に思い出すからです。ただ、そのような無数の記号をそもそも知覚できず、寝てしまうこと、覚えてもいられずに忘れてしまうこともやはり当然なのだと思います。先ほど申し上げた事態は、眠りを経ることで、かろうじてその記号・サインを感知できるように「からだ」が変化する事態、とでも言ったらいいでしょうか。

この「非-生き物的な時間」もしくは「からだ」は映画が終わって、暗闇に明かりがつけば消えてしまいます。それでも私が映画を見続けることができたのは、この時間を愛したからです。プチ生まれ変わりとでも言いましょうか、ごく小さな死と再生を体験するような感覚が、映画を見ながら寝て起きる時間にはありました。その体験が少しずつ現実に、私のからだも変えていったような気がしています。それは体験を美化し過ぎているのかもしれませんが、「他なる映画と」というタイトルの「と」の部分にこめたのは、この生き物と機械の間にある「非-生き物的な」時間への愛だった、という気がしています。結局、それはとりつくしまがなく、映画が終われば消えてしまうような時間ですが、私はつかんでは消えていくこの時間の正体を知りたくて、映画とずっとかかずりあっているように思えます。

さて……、カメラの記録の力、それによって生じるショットの証拠能力の話へといったん戻ります。「証拠映像」としてのショットという、この性質をスコリモフスキは、そして名前を挙げたようなアンゲロプロスも相米慎二も（どちらも「長回し」という手法で名を馳せた監督たちです）、もちろん黒沢清監督自身も深く理解し、それを観客という裁判員を説得するために利用している、と言えるのかもしれません。しかし……、こうした映像はごく簡単な手続きで、決定的な証拠から情況証拠へと一段グレードが下がってしまうのです。そして、それは何とショットそのものの性質ゆえに、です。ショットには記録性と同程度に根本的な、もう一つの性質があります。ショットのことを考えるなら、やはりリュミエール兄弟の映画まで、もう一度戻るのがよさそうです。昨年（二〇一七年）、『リュミエール！』という彼らの映画のコンピレーション版のような映画が日本で公開されて、そのパンフレットに文章を寄稿したのですが（『他なる映画と2』収録）、これからお見せするのは、その『リュミエール！』の中でも特に私が心を惹かれ、論考でも中心に置いた一本です。

▼04……『消防隊：火事II』

通りを消防車が走り抜けていき、人々がそれを嬉々として追いかける。「火事と喧嘩は江戸の花」みたいな事態がここダブリンでも起きています。すると、人々が突然動きを止める。画面左外の何かに気圧されるように足を止め、空白地帯が画面には映ります。人々

04

は戸惑い、何かを恐れているような印象もあります。しかし、やがてその状態も終わり、人々は表情をゆるめてまた画面外に向かって歩き出すところでこのショット即ち映画は終わります。

果たして何が起こっていたのか。何だか禍々しい印象すらあります。フレームの外にあったものは一体なんであるのか、観客は知ることができません。「何があったんだよ」「見せてくれよ」という気にもなりますが、このショットはそれを見せない。恣意的な選択ではありません。これは当時の機材的な限界に由来しています。当時の三脚には回転軸が存在せず、ただカメラを載せるだけの台のようなものでした。今で言う「パニング」「横にパンして追う」ことができなかった。それがゆえにリュミエール兄弟は例えば工場の出口などの「これから何かが起こりそうな場所」に先回りしてカメラを置いて、五〇秒程度のフィルムいっぱいで記録できる限りを記録していました。一度カメラを置いたら容易に動かせず、さらにはフィルムの尺にも物理的・時間的限界がある。こうした限界に直面した時に写り込んだものは、ある「撮り逃し」の感覚です。「撮りきれなかった」「撮るべきものがフレームの外に行ってしまった」という、昨今の映画ではなかなかお目にかかることできない感覚そのものを、このショット＝映画は刻みつけています。

とは言え、この映画はこれで十分に充実したものにも思えます。画面外に向けられたものへの関心に応じて、画面内にいる人たちの表情が、戸惑い、恐れ、安堵、のようなものへと変化していくのを捉えているからでしょうか。しかし、彼らの表情の変化こそが「画面外にある何か」を見たいという気持ちを強く喚起することもまた間違いありません。だが、それを撮ることはできなかった。なぜか。ここではフィルムや機材が映画に与える限定性によって、です。この場合、使用する素材や機材自体がその場の現実を捉えるには十分なものではありませんでした。もちろん、もし現代の機材であれば、パンをすれば、カメラを左に振れば問題なく、人々の視線の先にあるものを捉えることができた、ビデオのデータ容量が十分にあればこの先の時間まで更に記録するのもできたでしょう。

しかし、それは事態を本質的に変更するものではありません。どれだけカメラの可動性が増したとしても、仮に超広角から超望遠までカバーできるようなレンズができたとしても、更にどれだけ長くカメラを回せるとしても、一台のカメラが「フレームの外」を捉えるという事態、そしてカメラのスタート「以前」の時間やカットをかけた「以後」の時間を記録するという事態は、原理的に起こり得ません。それゆえにショットには、撮影されるその都度、記録性と同時にもう一つの本性がそなわることとなります。それが「断片性」です。

ものすごく当たり前のことを言っていて恐縮なんですが、ショットはあくまでフレームの中、スタートとカットの間だけの記録としてあります。それは当然、世界の広大さ・長大さから見たら、極小の一断片でしかありません。このショットの断片性が逆説的に示しているのは、その外に広がる時間と空間の際限のなさ、それと対比的に現れる記録された時空の小ささです。

カメラは機械的な無関心によって、人間の知覚には把握不可能な、その場の光のありようの一様に細密な記録を行います。それはほとんどある時空の完璧な記録と言える、と先ほど述べました。しかし、その完璧さはあくまで断片としての範囲内で、ということです。ショットが記録しているのは、この世界における極めて「断片的な時空」でしかない、ということを改めて確認したいと思います。ショットというのはあくまで「ある断片化された時空の、完璧な記録」なのです。あらかじめ損なわれた（しかし）完璧な記録という両義性がショットにはあります。ショットに宿るそしてこの二つの根本的な性質、断片性と記録性は、基本的には「互いに弱め合うように働く」というのが、私がショットというものを扱ってきて感じることです。

この断片性ゆえに、映像記録＝ショットの決定的証拠としての能力は常に損なわれることになります。今しがた申し上げたように、ショットのフレームや開始点・終止点は常に、この記録映像の外側に無際限に時間・空間が広がっていることを逆説的に示しています。空間的に言えば、例えば銃に撃たれた人がいたとして、犯人がフレームの外にいたら、それが証拠映像にならないのは当然のことです。時間的に言えば、映像スタート以前の時間に何があったかということを知ることができない以上、どのような可能性もあり得る、ということになってしまう。今映っている「記録」映像が果たして、いわゆるヤラセなのか、生のままの現実なのかどうか、誰にも判断ができません。この映っていない、記録しきれていない外部の存在を指摘された瞬間、記録の証拠能力は損なわれ、決定的証拠から情況証拠へとグレードダウンします。

しかし、ここでこの「断片性」こそが映画の絶対的な可能性である、と発見した人間がいたわけです。それがデイヴィッド・ウォーク・グリフィス、映画の父と呼ばれる人です。これからご覧いただくのは『東への道』という映画の一場面ですが、この時点ですでに編集というものが生まれて二十年近くが経っています。フィルムとフィルムを糊付けして、場面をつないでいく、そこに物語が生まれるということ自体はグリフィスの発明ではありません。ではグリフィスが真に発見、発明したものは何だったのか。

▼05……『東への道』

女がかつて自分を捨てた年上の男と再会する、という場面です。二人が出会い、二人の表情が大写しで映されます。二人の表情からはそれぞれ深まる驚きが読み取れます。

グリフィスというと、この大写し＝「クローズアップ」という技法の発明者、として記憶されがちです。クローズアップ自体は実のところ、映画史上の順序としては彼が使う以前から明確に存在しているので、それは正確ではありません。けれども、彼が一番はじめにうまく使いこなした、ということを疑う人はあまりいない。つまり、彼が本当に発見・発明したものはクローズアップという技法ではなく、もっと別のこと、それは「画面外の空間」です。

大写しにすればするほど、カメラはモノの細部を精密に記録します。しかし、このとき同時に空間の断片性の度合いは上がっていきます。断片性が上がるということは、捉えられている時空の領域自体はどんどん小さく、一方で捉えられていない領域、画面外はどんどん広がっていくということです。グリフィスのクローズアップが真に発見したものは、この「画

05

面外の領域」、そしてその画面外を見つめる瞳、つまり画面外への「視線」です。そしてそれは、ただ単に、撮影時に現実に広がっている画面外の空間ではありません。現実とは異なるフィクションに属する時空としての画面外、その使い方をグリフィスは発見したのです。

ご覧いただいた場面、娘＝リリアン・ギッシュ向けの画面において、背景は黒く沈んでいた。一方で、男を映すショットの後景（バックグラウンド）にはきちんとそれまでの場面と同じような背景が見えます。つまり、この二人は現実には同じ時空間で撮られているわけではない、ということです。リリアン・ギッシュのクロースアップを撮るために、照明をすっかり変えている。場所も変えているかもしれない。はっきり言えるのは、それぞれのショットは別々の時空の記録だということです。にもかかわらず、その画面外を見つめるそれぞれの視線の方向を右左で合わせて並べると、二人はまるで今同じ空間に属して見つめ合っている、というフィクション＝物語が生まれてしまう。「画面外に向けられた視線を合わせる」――グリフィスが発明したのは、コロンブスの卵のような発想によって画面外の時空をリアルからフィクションに属するものへと書き換えてしまうための方法でした。

ここで改めて、グリフィスがほとんど完成させたと言っていい編集の特徴について、大づかみに見てみます。まず、先行するショットに含まれる被写体へのアングルを保ちながら、それがより大きく捉えられた次のショットへとつないでいましたね。これを「同軸つなぎ」と言います。違う時間に、違う段取りで撮られたサイズ違いの二つのショット、これを同軸でつなぐ。更に、なお時間が連続しているという確かな感覚が欲しいときには、映っている人の動き・アクションを合わせます。これが「アクションつなぎ」です。同一のアクションの連続性が、時間自体が連続している感覚を作り出します。そして、さらに人物単体に寄っていっていました。これが「クロースアップ」と呼ばれる大写しですが、このときに「画面外」を見つめる「視線」が生まれ、その視線の方向を右左で合わせると、彼らは同じ時空間で見つめ合っている、という印象を観客に与えることができるのは既に申し上げたとおりで、これが「視線つなぎ」です。この画面外に向けられた瞳同士はあくまで、観客の想像力の中で出会います。なので、この想像上の視線、二人の間に引かれる想像上の線のことを「イマジナリー・ライン」と呼んだりもします。

グリフィスが編み出し、その後クラシカルなハリウッド映画が洗練させた基本的な編集技法、特に連続性《コンティニュイティ》を感じさせる技法が、この三つ、「同軸つなぎ」「アクションつなぎ」「視線つなぎ」です。ちなみに先ほど見たストローブ＝ユイレの場面だと「同軸つなぎ」のヒキがなされていました。一人一人喋る人を映してから、二人が映る。「あ、この二人ってこんなに近くにいたんだ」という驚きを皆さんも感じられたんではないかとも思います。それは二人の声が至近距離とは思えないほど張っていたからですが、後ほど語ることのために、今改めて思い出していただきたいのは、そのような驚きをもたらした断絶感ですね。基本的には二つのショットは常に断絶を抱えています。一つのショットはただ一個の断片的な時空を記録する。ということは、二つのショットは常に別の断片的時空の記録であって、それらを並べたらある断絶が明らかになる。それは当然のことです。

グリフィスが見出したのは、そうした断絶感を和らげる方法です。どうやって和らげるのか。先ほど、映画は「機械独特の無関心」によって記録した映像を自動的に映し出すものなのだ、と言いました。それによって映画の他性は和らげられることなく提示される。その他性を天然そのまんまに解放しているのが例えばリュミエール兄弟の映画であり、自覚的にその力を解放するのがストローブ＝ユイレなどの映画です。それらの映画におけるショットは機械由来の自動性、被写体に対する無関心を隠さない傾向がある。だから人を寝かせてしまうこともあります。

対して、グリフィスが示したのは映画の本性とも言える「他性」を、人間の関心や情報処理能力に沿って再編成する方法です。「人があそこにいる」「二人が出逢った」「彼は驚いた」「会話をして、彼女は悲しんだ」。そうした一連の流れを逐一見せることによって、人はそこに因果関係を見出す。そのとき映画は初めて人間が理解できる、容易にアクセスできる存在になったのです。

これがどれだけ驚くべきことかを実感するためには、ショットとはあくまで現場でスタッフとともに撮られているという当たり前の現実を実感する必要があります。その風景は例えばこんなものだというものを、実例としてご覧いただきましょう。

▼06……『フォーエヴァー・モーツアルト』

撮影現場、そこでショットを撮るというのは、例えばこんなことです。カメラがあり、カメラマンがいて、監督をはじめとした諸々のスタッフもカメラ傍にいる。カメラの前には俳優がいる。ちなみに赤いドレスを着た女性の腕を持っている男性が映っていましたが、彼は映画内映画の

06

スタッフです。ただ、彼は続いて提示される映画内映画のフレームには入っていません。役者はカメラの前で覚えたセリフを言ったり、振る舞いをする。うまくいかなければNG。もう一回。我々が見るのはOKが出された現場のごく断片、その記録なのです。ちなみに、このフレームの更に外には、『フォーエヴァー・モーツアルト』自体の監督であるジャン=リュック・ゴダールやそのカメラマンもいるし、おそらくはこの強烈な風を生み出している巨大な送風機だってあるでしょう。

こうした撮影現場の現実を知ることによって改めて、グリフィスの達成に素朴に驚くことができます。観客はグリフィスの映画に、撮影現場というリアルとはまったく異なる物語を見出す。それはなぜか。とても単純なことです。そこには被写体としての役者は映っているけれどスタッフが映っていないからです。これがスタッフたちの手で作られたものであるという証拠が、本来そこに存在した現実が、カメラによる断片化を通じて排除され、記録から抜け落ちているからです。そして、どのショットにも役者は映っているけれど、スタッフは映っていない。本来、各ショットに記録された時空は互いに断絶しているのだけれど、役者の視線やアクションは、グリフィスがしたようにつなげられたらほとんど自動的に、連続したものとして把握されてしまう。この排除の強固な連鎖を通じて、どうしたって観客は役者のことは考えても、スタッフのことは考えなくなる。このきわめてシンプルな手続きによって、現場の記録であるショットは、フィクションを語るためのユニットへと変貌していきました。

ここに至るともう明らかと思いますが、ショットに含まれる断片性という性質は、現在の我々が無自覚に当然のものとみなしているフィクションとしての映画の条件だった。ショットの記録性をただ弱める以上に、ショットが持っている記録の力をフィクションの側へと解放さえするものだった、ということです。ここにかつて、確かにそれがあった、という記録の完璧さ、ある種の強さとは対照的に、「断片でしかない」「証拠能力を損なう」という性質はショットの弱さ・ネガティヴな側面とも見えます。しかし、その弱さを介してのみショットとショットは互いにつながり合うことができる。世界から引き剝がされた薄皮のような断片であるがゆえに、それは他の断片とまったく新たな関係を打ち立てることができる。

もはや言うまでもないことですが、「記録性」がドキュメンタリーの側に属するショットの本性とするなら、「断片性」は明らかにフィクションの側に属する本性です。そして、カメラが現実を「断片化」する能力は、その記録能力と並ぶぐらいポジティヴなものとしてグリフィスには捉えられました。このショットの断片性を、「記録」のように目に見えるものではなくとも、ショットの潜在的な力として、ポジティヴに捉え返すことによって、映画は飛躍的にフィクションを語るメディアとしての力を身につけていきます。

ここで改めて確認をしておきたいのですが、確かに映画のフィクションとしての力を全面的に解放したのはグリフィスではあるのだけれども、記録性と断片性がショットの本性であるということは、その成り立ちの時点、つまりはリュミエール兄弟の頃から、映画は既にドキュメンタリーであり、かつフィクションとしての性格も同時に持っていた、ということに他なりません。だから、ある映画について「ドキュメンタリーなのか、フィクションなのか」という区分けを試みるよくある問いは、私にはほとんど無意味に感じられます。映画制作の最小単位であるショットを撮る時点で、ドキュメンタリーとフィクションとしての性格は必ず同時に生じます。ならば、その集積として作られる映画もまた、常にある程度ドキュメンタリーであり、ある程度フィクションである以外はありません。映画は常にフィクションであると同時にドキュメンタリーである。あくまで個々の作品のアプローチによって、その度合いが違うというだけなのです。

そして、私はこの認識にたどり着いた時に、黒沢さんの立てた問いがどれだけ映画制作上、本質的な問いであったか、ということに改めて気づかされました。

「カメラをいったい、どこに置くのか」

「カメラをいったいいつ、スタートし、カットするのか」

これらの問いは撮影現場で、個々のショットの記録性と断片性の度合いを具体的にどう調整するのか、ということを問うものです。そして先ほど、アプローチによって一つの映画の中のフィクションとドキュメンタリーの度合いは調整されると言いました。実はこれらの問いが真に問うているものは、その調整を通じて、映画におけるフィクションの力とドキュメンタリーの力（それはともすれば互いに弱め合ってしまう二つの力です）が、いったいどうやって同時に最大化されるのか、ということです。

そんなことを言われても具体的にイメージできない人のために、ショットの記録性と断片性を扱うその手つきにおいて、私が紛れもない天才だと思う人の映画からの抜粋をいくつか、見ていただきたいと思います。ハワード・ホークス監督です。グリフィス以降、飛躍的な発展を遂げて世界を席巻した「古典的ハリウッド映画」の時代を代表する、巨匠の一人です。

▼07……**『モンキー・ビジネス』**

▼08……**『ハタリ！』**

▼09……**『男性の好きなスポーツ』**

08

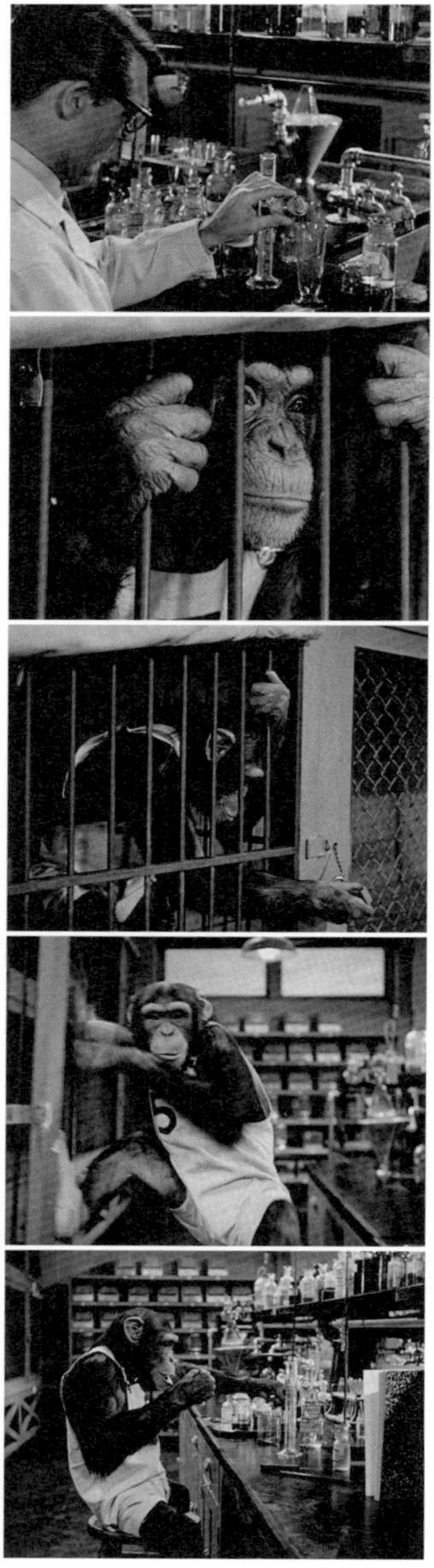

07

09

ホークスの何よりの聡明さは、演出の力点を人間の感情表現などには決して置かなかった、ということです。彼はカメラが第一に記録の機械であることを理解しているからです。カメラの記録としての力は、演技を収める上では必ずしもフィクションに味方するように働くとは限らないからです（その詳細はまた次回）。

だからどの映画でも、「本当にそれは起きた」という事実を記録することの方に力点は置かれています。例えば『モンキー・ビジネス』では、猿が実際に自力で檻を出て薬品を調合するさまを記録して見せる。『ハタリ！』では、木に集まった猿の大群を捕らえるためにロケットで網をかけるのだけど、そのロケットはやはり実際に発射され、軌道を描いて飛び、木に網をかけることに成功している。そして、その木が倒れるさまや、猿を捕まえるところもごまかしなしの「決定的瞬間」が記録されています。『男性の好きなスポーツ』においても、熊に驚いて水上を走る、という物理法則を超えた荒唐無稽な展開が起こるものの、水上走行は疑いなく画面に示されてもいて、驚きを表す荒唐無稽なギャグとして観客を笑わせる以上に、むしろ驚かせます。ちなみにホークスがよく実際の動物を使うのは、スコリモフスキの『不戦勝』と同様に、リスクを積極的に負うためでしょう。「リスクを負う」ことは、かえって記録の価値を高めるための方法と言えます。

『モンキー・ビジネス』の猿の見せ方が見事でしたね。編集によって、猿が科学者＝ケイリー・グラントを真似しているように見えますが、合理的に考えれば撮影順序は逆でしょう。もちろん猿は十分に訓練されているわけですが、先に撮った猿に合わせて、ケイリー・グラントが逆に猿の真似をするほうが、より確実に動作を反復できます。編集時に時間の順序を入れ替えることで、猿がまるでこの科学者の手つきを見て覚えたような印象を作り出している。そして、このフィクションとしての「捏造された猿真似」は、驚くべき記録映像にも見える「猿が薬品調合するシーン」を科学者の「猿真似」としてフィクションの中に位置づけてもいます。記録されたものと断片化されたものが、互いに力を与えあって、あるシーンができ、それが連なってできているのが、ハワード・ホークスの映画です。

ホークスが格別な天才であることを示す、彼特有のエレガンスは、こうした「記録」が一切これ見よがしではない点に宿っています。必要以上に引き伸ばされたという感覚は一切なく、1ショットで撮るための無理は感じられません。むしろ、ある1ショットに刻まれた決定的な瞬間の力強さは、適切なカッティングの連鎖の中に置かれることで、シーン全体や映画全体へと波及していきます。それはまるで心臓が血管を通じて血を全身に送り出している様子を見ているようです。彼が「カメラをいったいどこに置くのか」「カメラをいつスタートし、カットするのか」を決定するという監督の仕事に極めて意識的であったことは間違いありません。また、より現代に近い一時期、同様にショットの二つの本性——記録性と断片性——を自覚的に利用して映画を作った人として、イランのアッバス・キアロスタミの名をここで挙げることもできるでしょう。

そして、そうした監督の仕事を端的に言語化し、二つの問いとして顕在化してみせた黒沢清監督に感謝せずにはおれません。その言語化があってこそ私のような鈍い人間でも、「映画の本質」みたいなものを垣間見ることができたように思えるからです。この問いは、究極的な答えを求めるものではありません。絶対的に正しいカメラポジションや、1ショットの撮り方が存在するわけではないのです。問いは一つ一つの撮影現場で、あくまでそのときどきの暫定的な答えのみを求めるものです。ただ、そのことが無数の映画を生みだしています。問いとはそれ自体、創造的なものなのです。私は黒沢さんからそのことを教わりました。いつからか私は、自分も黒沢さんがしたような、映画を作る上での根本的な問いを発見・言語化したい、という思いを抱くようになりました。まったく道半ばですが、その試みについてはより詳しく、次回以降にお話しする予定です。

今日のところは、これまでの話題に関連して、私が出会ったもう一人の映画作家と、その彼が発した、私を揺さぶったもう一つの根本的な問いについて、お話をしたいと思います。実際のところ、話題は既にショットからカットへと移っているのですが、そのことを説明する前に、少し休憩を入れましょう。

*

昨年(二〇一七年)の夏、堀禎一さんという監督が亡くなりました。映画を好きな方は言わずもがなご存じのことでしょうし、驚かれたと思います。堀さんが四十七歳という若さで亡くなられたからです。私にとっても非常に大きな驚きでした。私は亡くなられるその一週間ほど前に、結果的に彼の遺作となった『夏の娘たち　ひめごと』という映画の上映に呼んでいただいて、初対面ながら堀さんとトークショーでご一緒する機会を持っていたからです。一週間ほど前に（とても元気に）話した人が亡くなる、という経験を私は初めてしました。『寝ても覚めても』という映画のロケハン中にチーフ助監督の方が「堀さん、亡くなった」とスマートフォンを見てつぶやいたのを覚えています。それを聞いて私自身は本当に何の言葉も出てこず、「絶句」とはこのことかと身を以て理解しました。

私と堀さんの関わりはその上映時のトークのみで、私は堀さんの作品を恥ずかしながら、未だにその『夏の娘たち　ひめごと』しか見ていません。しかし、『夏の娘たち　ひめごと』は驚くべき傑作であって、同じ時代に必ずしも遠くない条件で映画を撮る人間として、ある種の敗北感を抱いたことを記憶しています。堀さんとの会話は、その短さ、一回限りの鮮烈さゆえに忘れがたいものになりました。堀さんは私にトークの最中、こう尋ねられました。「僕は最近、カット終わりのことは何となくわかってきたんですけど、カット頭っていったいどうしていますか？」と。

ちなみに急に出てきたこのカットという言葉。映画制作のなかで、ショットが撮影現場における最小単位なら、カットは編集における最小単位ということになるでしょう。先ほどからショットとカットが混同されてきて申し訳ないです。それらは潜在的には同じものなのですが、「カット」はそもそも断片であるショットが更に断片化されたものでもあります。かつてはフィルムを鋏で切って、糊付けしてモノ自体をつないで編集していた、つまり撮影された素材を切り出して作っていました。カットの語源は「切る」という意味の"cut"から来ていて、その過去分詞の名詞化、「切られたもの」という意味です。編集時に扱うひとかたまりの時空、もしくはそれが収められたフィルムは再‐断片化されて、「カット」と呼ばれるものとなり、他のカットと接合されることになるわけです。ここから話題は主に編集へと移っていくので、「カット」という言葉を使うことにします。

堀さんはこの「カット」に必ずある二つの編集点について、最終点つまり「カット終わり（カット尻）」のことはわかってきたが、「カット」の開始点、「カット頭」はどうしているか、と問うてきたのです。このときは言葉を失うまではいきませんでしたが、非常にしどろもどろとしたことを覚えています。私は「カット頭」を自分がどうしているのかということを意識的に考えたことがなかったからです。人前であまり空白の時間を作りたくなかったので、自分は果たしてどうしていただろうか、と必死に考えました。一方で堀さんの「僕は最近、カット終わりのことは何となくわかってきたんですけど」という言葉が気になって、非常に萎縮したわけですね。堀さんがわかっているという「カット終わりのこと」が自分には必ずしも十分にわからないので、間抜けなことを言って恥をかいたらどうしよう、という身構えも起きてしまって、なかなか言葉が出なかった。ようやく、自分の記憶を手繰りながら答えたのは「僕の場合、カット頭は前のカットのカット終わりによって決定されます。基本的には一番スムーズに、連続性が保たれて感じられるような瞬間をカット頭にします。自分はこのなめらかな連続性を保つということはそれなりにできるんだけど、逆に前のカットとどうつながりを絶ったらいいのか、ということがよくわからない。だからシーン替わりをどうしたらいいのか、というのが僕にはいつも悩ましいんです」という趣旨のことでした。この「シーン替わり」という言葉に反応して、堀さんはピンク映画や小津安二郎の『東京暮色』に見られる「夜《よる》‐夜《よる》つなぎ」と呼ばれる特徴的なシーン替わりへと話を移していかれました。なので、私は堀さんの言葉の真意は聞けずに、その日のトークを終えました。聞けばよかったんでしょうが、ボロを出さないようにするのが精一杯であった、という情けない話です。

その一週間後に堀さんは亡くなってしまわれました。それ以来、私の中で「カット頭ってどうしていますか？」という堀さんの問いが、終わりなくこだまするようになったんですね。ちなみに、実際堀さんがカット頭、カット終わりをどうしていたか、見てみましょう。

▼10……『夏の娘たち ひめごと』

いかがだったでしょう。見事な場面だと思います。二人の男女の間の距離は保たれつつも親しさの予感、と言うかある種のエロティシズムまでが感じられるようです。ただ、カット頭、カット終わりはいったいどうしていたでしょうか。ここで示されている編集点は大体、人の立つ／座るに応じて選択されているように見えます。モチベーションはおそらく、基本的には二人の人間を同時に捉えたいから、ということのように見受けられます。今のシーンのカット頭やカット終わりについて、私なりに受け取った特徴を言うと、いわゆるアクションつなぎのようにも見え

るし、アクションつなぎではないようにも見える、ということです。何も言っていないに等しいですが、説明します。

女性（西山真来）がこの和室に入ってきてからの最初のカット替わりは、女性の立ち上がりに合わせた、まさにアクションつなぎと呼べるものでした。その次も、男性のもとに戻ってくるアクションでつながれてはいますが、グリフィスのような「同軸」の、動きの方向性を揃えたものではなく、典型を逸脱して見えます。今回、特に注目したいのは以降の三つのつなぎです。続いてのカメラポジションの変化、というか「つなぎ」はこの男性（松浦祐也）が三味線を取りに行くときに生じます。これはすでに男性がフレームを出て行ってから替えています。その次は男性が三味線をチューニングし終わった時、静寂が生じるのに合わせて。カット替わり直後で手が動きますが、アクションつなぎと呼ぶのはどうもためらわれる。最後は、この女性の立ち上がりに合わせてのものですが、最初のものとは印象が違って、カットが替わった直後にアクションが始まる、という印象です。そして奥に行って、舞う。この舞や謡が果たしてどれほど上手なものなのかはわかりませんが、ここから謡を炊事場のお母さんへと引き継ぐ編集は、単純にハッとします。音楽が離れた空間をつないでいる

10

し、家族の歴史までつないでいるとも言える。

この部屋の場面に関して言えば、最初のものこそまさに「アクションつなぎ」ですが、ほかは「ここはこうでこうしています」という分析や言語化自体を徹底的に拒むような編集点だなと思いました。つまり、「何とも言えない」編集点で変えている。何であれ、少なくとも堀さんはこのシーンで三つぐらいのカメラポジションを選んだのだということはわかります。それはいちどきには決して撮られなかった。なぜそれが分かるかといえば、二人の瞳をつなぐイマジナリー・ラインをまたぐ形でカメラ位置を反対にしても――フィクションとしては当然のことと思われるでしょうが――そこにカメラがないからです。つまり、いわゆる2カメ体制だったらカメラが映ってしまうような場所を選びつつ、たった一台のカメラを運んで撮影している。先ほど少し指摘したように、これらのカメラ位置とつなぎを見ることで、基本的には同軸ヨリヒキとセットだったグリフィスのアクションつなぎとは別の、そうではないつなぎの可能性も見えてきます。

この編集によって、このシーンはある種の愚直な労働の記録にもなっています。堀さんはじめスタッフたちは確かにカメラをあっちやこっちに運んで、役者さんにこの演技をしてもらった。何度も通してやってもらったかまではわかりませんが、何となくその痕跡が見られるようにも思えます。こうした「労働」の感触が、カットとカットの間からにじみ出てくるようにも感じられます。

改めて考えた時、今ご覧いただいた以外の部分での堀さんの編集点を見ると、シーンの「途中」でフッとパッと他のシーンに変わるような編集点即ちカット終わりが印象的であることに思い当たりました。そしてものごとの途中のこの「カット終わり」が、堀さんにとって「最近わかってきた」ものであるならば、堀さんはものごとの途中から始まるような「カット頭」、そんなカットの始まりを求めていたのだろうか、という考えが浮かびました。ただの途中ではありません。「これが何である」とは決して定義し切れないような、ものごとの「絶対的途中」、のようなものです。

物語映画において「何かの途中」からシーンを始めることは、単純に観客を混乱に陥れる可能性があり、そうした編集点を選ぶことは「ものごとの途中で終わる」より遥かに難しいことでしょう。しかし、もしそのような「途中」の編集点をカットが持つことができたら、「途中」であるがゆえに、その前後に計り知れないような広がりを持つことができるのかもしれません。そんな編集点を堀さんは探していたんだろうか。たった一本しか見ていない状態では、そもそも想像すべきではないのかもしれませんが、今想像できるのはそれぐらいです。

何であれ、私はこの「カット頭ってどうしていますか?」という堀さんの問いに出会ってから、自分がカット頭を、それだけでなくカット終わりをどうしていたか、よくわからなくなってしまいました。自分が編集の現場で、ほとんど何も考えずに編集点を選んでいたという事実を突きつけられたような気がしました。ただ、「なぜあのカットとこのカットがつながるのか」について本気で考えたことがなかった、ということだけはわかった気がします。現実の空間的連続性をただ再現していることが多かった。しかし、それはカットとカットがつながる、もしくは並べられることの本質的な理由にはなりません。

「いったい何がカットとカットをつないでいるのか」というやはり根本的な問いを今更ながら、堀さんが与えてくれたということなのかもしれない、と思っています。しかしこの時点ですでに、「いや、別にどうやったってつながるでしょう」と思っている方がおられるかもしれません。いや、それは、まったく、その通りなんです。現在、我々が目にしている映像というのは、考え得るようなほとんどあらゆるつなぎが試されています。あるショットが無数のつなぎの可能性に開かれていることを示すために、折角ですから宣伝も兼ねて私の新作、『寝ても覚めても』の予告編をここでご覧いただこうかと思います。

▼11……『寝ても覚めても』予告編（図版は割愛）

私はこの予告編の編集はしていないので、単純に驚くんですね。ああ、ここのシーンって全然違うニュアンスなんだけど、こんな風に使われている、と。これもう物語の後半なんだけど、すごい前半に配置されているな、と。話の順番なんかも当然違うな、と。自分自身が物語を語るために撮ったショットというものは使い方がかなり強固に想定されているわけです。それが、このような見せ方・使い方もできるとは!という、すごく素朴な驚きが、自作の予告編を見ることにはあります。ここでは先ほど申し上げたような同軸・アクション・視線つなぎのルールに則ったつなぎはほぼありません。ただ、別にそんなものがなくても環境音や音楽等が連続性を保っていれば、観客が混乱することはほとんどない、ということは今や誰でも知っています。文字やナレーションが加われば、メッセージのブレは少なくなるので、尚更どのようなつなぎでも可能になります。

かつてカメラマンが「フィルムなんてアセトンつけりゃつながるんだ」と言って、イマジナリー・ラインの遵守にこだわることで現場を滞らせたスタッフを叱った、という話を聞いたことがあります。アセトンというのはフィルムとフィルムをつなぐ接着剤です。この「フィルムなんてアセトンつけりゃつながる」は一つの真実です。想定されたルールに即するものか否かにかかわらず、即物的にカット同士をつなげることはまったく可能です。それは間違いのないことです。そして、別に全く関わりのないカット同士のつながりを見ても、観客が何がしかの解釈を持つことは、有名な「クレショフ効果」などでも示されています。なので、あらゆるつなぎが、つまりは今からご覧にいれるようなつなぎも、映画には可能なのです。

▼12……『映画史』4B章

ゴダールの『映画史』から、編集自体をテーマとしている場面をご覧いただきました。しかしそもそもこの場面自体、何を基準にあるカットとカットをつないでいるのか……。先ほどご覧いただいた予告編より、はるかにメチャクチャですね。分かりやすいメッセージみたいなものも皆無です。もはや単に「つなぎ」という言葉ではくくれないような、映像・図像・テキスト・ナレーション・音楽の重ね合いと移り変わりがあり、その編集

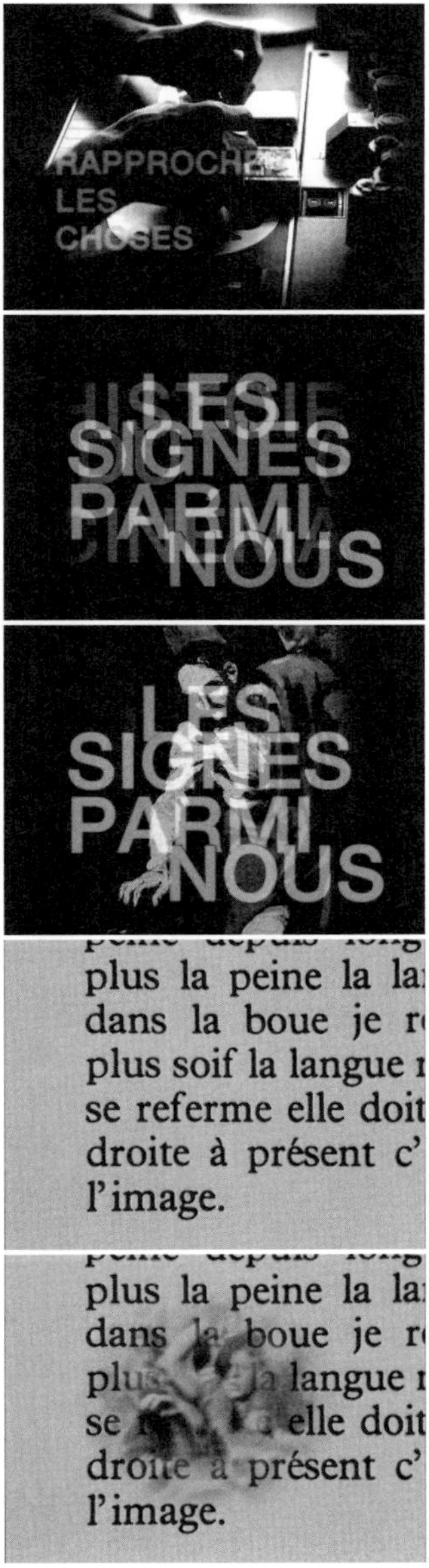

12

原理を把握することは少なくとも私にはもはやできません。

ただ、ごく個人的な感想を言えば、わからない、しかし、カッコいい。そして、なんだか非常に気持ちいい。単に爽快というよりは、もっと快楽とも呼べるような、恍惚とさせる気持ちよさがゴダールの映画にはある。そのことははっきりと言えます。となると、ますますやはり「どうつないでもいい」。これは確かです。なぜなら、古典的なセオリーに即することなくつないでも、むしろカッコよかったり、気持ちよかったりすることがあるからです。しかし、これはどうにも困った事態です。

「どうつないでもいい」という状況ほど恐ろしい荒野はありません。際限のない選択肢が目の前に急に差し出されることになります。あまりのことに、果たして自分はこれまでどうやって「あれとこれをつなぐ」と決めていたのだろう、と振り返ってみました。そのときたどり着いた結論は、「企画や脚本に即して」ということです。私の場合は「企画や脚本があったから、あるカット同士をどうつなぐか、決めることができていた」のです。この事実は「カメラをどこに置いたらいいか」「カメラをいつ回し始め、回し終わるか」という問いに対しても、実は同様に働きます。具体的な企画や脚本、語られるべき物語が、無限にある可能性からあり得べきショットや、そのつなぎを、あらかじめある程度限定してくれていたのです。

こう聞くともしかしたら中には、企画や脚本というのは、監督や作家の持つこだわり、あるショットを撮ったり、あるつなぎをすることへの志向から始まるのではないか、むしろ始まるべきではないか、と思う方もいるかもしれません。そうした志向のうちに表れる傾向を「作家性」と言って良いかもしれませんが、それをを保ったり、実現するためにこそ企画や脚本は考案されるのではないか、と。もちろん、実際そういうところも確かにあります。

しかし、それでもなお、企画や脚本こそが、現場において選択肢を有限にするうえで決定的な働きをしてくれていたという実感はあります。更には企画や脚本に応じて集まった人々（キャストやスタッフ）や、決められたロケーションもまた、それぞれの仕方で作品に限定を与えてくれていました。「この場面をそういう風に演じたくない」とか「このロケーションだと十分にカメラを人から離して置けない」とか「時間がないからその撮り方はできない」とか、そういう現場の限定性に応じてショットのありようは決まっていく。と言うか、そうでないと決められない、というのが情けないですが私の率直な実感です。

更に、そうやって撮れたショット自体が編集時にはより強い限定として働きます。特に私が普段働いているような小規模な撮影現場においては、ショットの可塑性は極めて低いままです。過去にある出来事が起こり、それをまさに記録されているように記録した、その事実を変更することはほとんど不可能で、せいぜいショットを切り詰めることしかできません。「脚本時はこういうつもりで撮ったが、そうは見えない。語りのある機能を担うべく使うには十分ではないが、それでも使うならこの場面には嫌でも音楽を入れなければならない」ということが往々にしてあります。そうした限定性はもちろん作品の限界としても働きますが、一方でこうした限定性がなければ決して、いつまでも決断できなかったでしょう。企画や脚本、それに類するあらゆる限定があってくれて、本当によかった、と思わずにおれません。

しかし、どれだけ限定されたとしても、現場で監督が出会う、現実的に未だ可能であり、しかも妥当でもあるような選択肢は、それでもあまりに多すぎる、というのもまた真実です。にもかかわらず、監督は現場で最終決定をしなくてはなりません。監督はいったい何をよりどころに、暫定的にであれ問いに答えればよいのでしょうか。それは、監督の「生理」によって、です。ここまで来ると、そうとしか言いようがありません。

先ほどご覧いただいた『映画史』の監督、ゴダールがそのヒントを与えてくれます。私はゴダールの映画がとても好きで見てきましたが、その編集の原理は長らく謎でした。なぜそれとそれをつなぐことができるのか。そしてそれ以上に、なぜこのつなぎはカッコイイのか、気持ちいいのか、ということがおよそわからなかった。しかし、今から八年ほど前（二〇一〇年）に平倉圭さんという方が『ゴダール的方法』という、徹底的に映像・音響を分解することによってゴダールの手法、特につなぎの原理を分析する画期的な本を出されました。二〇一六年にダンサーの砂連尾理《じゃれおおさむ》さんと映像作家の久保田テツさんのお二人と一緒に、この本を読みながら、文章に即してひたすらゴダールの映像を見られる限り見ていく、という読書会をやったんです。それによってゴダールのつなぎの原理がわかるのではないかという思いがあってのことでした。結果としてはもちろん本に即して幾つかゴダールのつなぎの原理を推量できるようにもなりました。ただ自分自身が十分にその原理を制作に応用できるというレベルには今もって至っていません。

それでも平倉さんの本をガイドとして、稀有な踊り手である砂連尾さんとともにゴダールの映像を見て、その映像原理に寄り添おうとした時に浮かび上がってきたのは何にもまして、ゴダールのからだ、そのものでした。砂連尾さんは本を読みながら、映画作家・ゴダールを優れたダンサーのような存在として読み替えていきました。そして、ゴダールの編集原理としてあるのは何より彼自身のからだである、という印象を私は得たんです。「カッコいい」とか「気持ちいい」とか見ている我々が感じ得るのは、編集しているゴダール自身が手作業の果てに「カッコいい」「気持ちいい」「この映像と音の配置がジャストだ」という感覚を得ているからだ、と。ただ、これをいわゆる「感性」とか「センス」とか「感覚的にやっている」と呼んでしまったらそれはやはり雑な認識であろうと思われます。

砂連尾さん曰く、優れたダンサーは卓抜した時間感覚を持っていて、それを通じて普通の人がほとんど感知できないような譜割をして、体を動かすことができる。彼はそのことを「時間を割る」と表現しました。これはあくまで私の解釈ですが、ダンサーは三十二分音符や六十四分音符、百二十八分音符のような通常感知しえない時間を感じながら、あるポーズをジャストのタイミングであるべき空間へと差し込んでいる。仮に百二十八分の一のタイム感で踊れるダンサーがいるとしたら、それはダンサーにとってはあるポーズ（静止状態）からポーズ（静止状態）への移行を繰り返しているのであっても、見ている人にとっては信じられないぐらい高速で、精緻な動きになります。私はその感覚は二十四分の一秒ごとに一コマ撮影し、その画像を連続上映する、映画というものともとても近いと思いました。ダンサーは、機械のようなからだとは言わないまでも、やはり非‐生き物的な時間まで踏み込んでいるのではないでしょうか。

高速度で自分の体を動かすようなスポーツ選手たちも、おそらく普通の人間には感知しえないような時間の中で生きているでしょう。それに近いとも思います。それは単に感性というよりは、まだ言語化されていないからだの知性のようなものです。その、からだの知性のようなものは生まれついてのものであったり、習慣を通じて後天的に発展させたものであったりもするでしょう。ともあれここではそれを「生理」と呼びます。

生理はシンプルに二つの働き方をします。一つは「NO」。からだに拒否反応が出る、ということですね。理解に先んじて、からだが強烈にNOと伝えてくる。なぜこれが嫌なのか、はっきりとはわからないが、嫌であることだけははっきりとわかる。生理的嫌悪感というと強く聞こえますが、そういう状態です。もう一つはそれに対するもの、もちろん「YES！」ということです。生理に沿う、生理的欲求に沿うということは、それを果たした時にはやはり強い快楽があります。「気持ちいい」という状態。ゴダールの映画のつなぎを決定づけているのは、「映画史」を——個人的なものとは言え——提示し得るほどに映画を見聞きし続けることでつくられたゴダールの生理であるわけです。

この「生理」が監督にとっては最後の限定性になります。「気持ちいい」ことは何なのか、「嫌でたまらない」ことは何なのか、からだが教えてくれるような感覚です。私自身もやはり自分なりにこの「生理」を育ててきました。その上で言えるのは、これは「YES」よりも遥かに「NO」を告げてくることが多いということです。そして、おそらくこの「NO」の多さによって「YES」の精度が支えられているような感覚があります。このことは基本的に自分の人生を助けてくれている、自分の進む道を照らしてくれているという感覚が自分にはあるのですが、問題はそれを人に伝えるときです。特に実際に仕事をする上で、この生理をどう人と共有するか、は喫緊の課題になります。もちろん、仕事で要請されることもあって、できる限りそれを言語化する習慣はつけてきました。しかし、やっぱり言語化に限界を覚えるときはあります。そういうとき、恥を忍んでやるのは、「この場面みたいな感じ」、と密かに目指しているような映画から場面を抜粋して見せることです。このことで言語では伝えられない生理を伝えやすくなります。

「いったい何がカットとカットをつないでいるのか」という問いに今日ここで私が言葉で答える、ということもやはり難しいことです。なので、何が私にとって気持ちのよいつなぎであり、どういうことを隙あらばしようとしているか、具体的に映像を見ていただくなかでお話ししていきたいと思います。ここからは残りの時間の許

13

す限り、私が思う「気持ちがいいつなぎ」をお見せしていきます。
まずは、成瀬巳喜男監督『放浪記』からの一場面です。

▼13……『放浪記』

注目していただきたいのは、高峰秀子の立ち上がりの瞬間です。わかりづらいかもしれませんので、もう少しわかりやすい、他の監督のつなぎを次に。クロード・シャブロル監督の遺作でもある『刑事ベラミー』から。

▼14……『刑事ベラミー』

おわかりになりましたでしょうか。この何ということはないつなぎ。非常にスムーズです。しかし、何かがおかしいと言えばおかしい。人間立つにせよ座るにせよ、ある「中腰」の状態みたいなものが必ず存在します。先ほどの成瀬の立ち上がりも、このシャブロルのしゃがみこみも、その「中腰」の状態が抜かれた状態でつながれている。単純なミスではないのか。おそらく違うでしょう。晩年のシャブロルはこのつなぎを頻発させます。

14

15

▼15……『刑事ベラミー』

少し腰を浮かせたら、もう立ってますね。ここでも「中腰」は抜かれている。成瀬はまた後で再度触れるとして、こうしたつなぎに関して言えることは、ほとんど気がつかないぐらいスムーズなつなぎである、ということ。中腰の状態という、ある種の静止状態、バランス状態を抜いてしまうことで、自然につなぐよりも自然に感じるぐらい、スムーズな動きになるということなんです。「運動性そのものをつなぐ」ようなつなぎ、と仮に呼びたいと思います。

どう呼ぶとしても重要なのは、感覚としてはつながっているようにしか感じられないにもかかわらず、現実的に考えればこのカットとカットの間には削除された時間が存在するということです。それはつながっているにもかかわらず、切り離されているようなつなぎです。率直に言って、これは至芸です。私もこのつなぎ、何度か挑戦しようとしているんですが、どうしてもうまくいったような気がしない。いざやろうとすると何だか変に見えてしまうんじゃないかと勇気が出ずに採用できない。結局、「ちゃんとつながった」編集に落ち着くことがよくあります。だからこそ、そんなつなぎをバシバシ決める晩年のシャブロルはマジかっこいいなと思います。

また一つご覧いただきます。ロベール・ブレッソン監督『ラルジャン』の冒頭です。

▼16……『ラルジャン』

こちらも何ということはないシーンと思われるかもしれません。ただ、いわゆるセオリーから外れている部分

16

というのは、空間全体の「ヒキ画」がないことです。例えばグリフィスだったら、二人の位置関係を示した上で同軸で寄って、視線つなぎに入る、という手順がありました。でも『ラルジャン』はいきなり視線つなぎから入ってくる。空間がより断片化されている。二人が同一構図に収まることもあるけれど、最初のものは手でお金を受け渡すところの極端なヨリであって、誰が誰かわかりません。

その次は、先ほどは父親だけだった構図の中にいきなり息子が立っているショットに切り替わり、少しギョっとなります。ありうることであるにもかかわらず時間が飛ばされたような、「瞬間移動」が起きたような感覚があります。そして息子は出て行き、また父と息子の切り返しがなされる。視線の方向、アクションの方向が合っているのでかろうじて空間的な関係性を理解することができるけれど、観客の想像力に掛けられた負荷は高いものです。空間全体を示すショットがないことで、各ショットが断片のまま浮遊している。視線やアクションの方向の一致だけが、かろうじて断片同士をつないでいる状態で、観客の想像力がフルで労働しない限り、これらのショット同士の関係性は十分に理解されません。言ってみれば、つながっていないものが観客の想像力というか細い線でのみつながれているような、そういうつなぎがこの『ラルジャン』冒頭シーンのつなぎです。そして、このような断片性の高いショットを現場で撮り、更に観客を働かせるためには、映画編集の原理への深い理解が必要であったことはここで指摘しておきたいと思います。

それを踏まえた上で、今度は成瀬巳喜男監督の映画『流れる』から冒頭近くのシークエンスを、六分近くあるので多少長めですが、見てみましょう。ちなみに山田五十鈴と田中絹代という二人の大女優の演じる役の初対面のシーンでもあります。今言ったこと、そして各人物の視線の方向に注意をしてご覧ください。

▼17……『流れる』

驚くべきことに、この長いシーンで同一空間で会話をしているはずの山田五十鈴（芸者屋の女将）と田中絹代（女中）が同じ画面に収まることはほとんどありません。四分も過ぎたシーン終盤にごく短く三ショットほどあるのみです。既に大スターであった二人を共演させるにあたって、成瀬はこの二人を同じ画面にほとんど置

17-1

かないことを選んだということでしょうか。必ずやライバル心が発生するであろう大女優二人を同時に映すことで、現場に緊張が走るその機会をできる限り少なくしたのでしょうか。何であれ、ここでもまた、置屋の空間全体や多いときには五人ほどいる主要人物全員の位置関係を示すショットは一つもなく、人物の視線のみを介して断片的な空間がつながれています。でも、おそらくご覧になっていて、誰が誰を見て、誰と話しているのか何の混乱もなかったはずです。それは成瀬によって何ら問題なく整理されている。それだけでも十分

17-2

に驚くべき手腕だと思いますが、更に驚くべきは、さっきまで立っていた人物が次のショットでは違う位置で座っていたりする。現実的に考えれば、それは人物が移動して座ったという表現でしかないんでしょうが、その移動はどこにも映っていない。時折、移動の痕跡として「最後の一歩」分ぐらいの動きがカット頭に残っているのみです。映ってはいないし、おそらく実際にそのように動く演技もしていません。せいぜい、彼女らは決められた立ち位置の一歩下がったところから演技を始めただけです。にもかかわらず、それらのショットがつながれると、おそらくは存在しなかった画面外が生き生きとした存在感をもって感じられるようになる。

成瀬のカッティングを見ていると、変な表現ですが、成瀬は「画面外」とアクションつなぎをしているかのようです。アクションつなぎは本来、二つのカットに共通して映っているアクションをつなぐものです。立つとか座るとかのアクションを途中で切り替えることで、強い連続性の感覚をカット間に付与します。グリフィスがそうだったし、多少変則的でしたが、ご覧いただいた堀さんのカッティングや、先ほどの成瀬・シャブロルもそうでした。しかし、ここの成瀬のカッティングでは「映っていないもの」と「映っているもの」がアクションつなぎでつながれている、そんな印象があります。このとき映っているものの方にアクションの痕跡があることで、映っていない時空間までが急に生々しく立ちあがるように感じられます。この「画面外とのアクションつなぎ」は、成瀬のつなぎを見る観客の想像力の負担が、ブレッソンのつなぎを見るよりも小さい理由でもあるでしょう。実のところこの時働いているのはもはや役者やスタッフではありません。観客の想像力の方なのです。これもまた成瀬の至芸と呼んでよいものと思います。

ここで強調したいのは、成瀬とブレッソンという、まず関連性が論じられたことのない作家たちが示す、断片性の高いショットをつなぐ際の手つきにおける類似性です。彼らは、他とのつながりを欠いたまま浮遊している断片的な時空を、視線やアクションという手がかりだけを与えることによって、観客の想像力の内部でつないでしまう。つながっていないもの同士に新たなつながりを打ち立ててしまいます。言ってみれば「つながらないものをつなぐ」、そういう手つきを共通させる二人ですが、一方は日本の商業映画の職人的監督、もう一人は映画の芸術性を証し立てるような映画作家、しかもその極北的存在と見なされています。それらがクロスオーバーする地点があるのだとすれば、それはこれまでの分類・カテゴライズを見直さなくてはならないということでしょう。言ってしまえば、ブレッソンがいかにグリフィス的、古典ハリウッド映画的なカッティングに精通した上で映画を撮っていたか、ということ。そして成瀬が単なる職人というレベルをはるかに超えて映画の本性を深く理解した映画史における最高の作家の一人であったということです。

そして、講座の予告の文章には書いてあったけどここに至るまでお見せしてこなかった、この人の映画から抜粋をご覧いただきます。小津安二郎の遺作『秋刀魚の味』です。

▼18……『秋刀魚の味』

小津のアクションつなぎは、本当にお手本のような、綺麗なアクションつなぎです。立つ/座るに合わせて、構図が崩れそうになった瞬間に、より安定した構図へと移る。シャブロルや成瀬のようなラジカルさはこの点においてはありません。笠智衆と岩下志麻の位置関係もヒキ画ではっきりと示され、二人が向かい合って座ったこともわかります。その点でも混乱はありません。注目していただきたいのは「視線」です。特にカメラが笠智衆や岩下志麻の正面めに回った時、です。

　岩下志麻はかろうじて画面右外、少し上を見ているような印象があります。しかし、笠智衆はどうにもカメラのレンズをまっすぐ見ているような気がする。仰角気味の画面自体が、カメラが実際の目の位置より低く置かれたことを示しています。ちゃぶ台の上面が見えていませんから、おそらくこの天板とちょうど同じぐらいの高さに置かれているでしょう。その位置に置かれたカメラを正面から見ているように見えるということは、この笠智衆は岩下志麻と目が

18

合っていない、ということです。そのことが記録されている。もちろん、娘のへそあたりを見て喋っていたとしても何の不思議もないわけですが、習慣によるものか、思い込みによるものか、シーンの一連の流れを見ていてこの二人の目が合っていないと想像することは難しいことです。実際、二人の演技も、「まるで見つめ合っているかのように」演じているようにしか見えません。しかし、仔細に画面を見ていくと二人の視線は合っていない。それでいて会話は実にスムーズにつながっているし、感情は発展していく。しかし、画面は物語との齟齬を告白しています。セリフ＝物語はつながっているが、画面はむしろつながっていない。視線を丹念に追うことでかえって空間は、想像力の中でモザイク状に壊れてしまうような印象を受けます。からだが「齟齬」そのものを生きるのです。観客の想像力の中でキュビスム時代のピカソの絵画のようなものができあがります。

こうした小津の「ズレた視線」が意図的なものであり、伝説的なものにまでなっていることはわざわざ言う必要がないぐらい有名なことだと思います。ただ、それでもやはり言うべきは、「娘の結婚適齢期に接した父の戸惑い」みたいな分かりやすい物語はあくまで画面を見ないことによってのみ、生まれているということです。セリフのやりとりによって紡がれる物語はもちろん存在します。しかし、小津の画面を登場人物の視線を追いながら見ることは、本来そのような物語の基盤となっている空間を解体するよう働くものであるはずです。にもかかわらず、その物語と画面のあいだの齟齬は、何ら説明なくまったく同時に一本の映画の中に存在しているのです。観客の想像力はここでも、つながっている、にもかかわらずつながっていない、という二重体制を生きなければなりません。

『放浪記』に始まりここまでご覧いただいた映画のすべてのつなぎが、こうした「つながっている、にもかかわらずつながっていない」、もしくは逆に「つながっていない、にもかかわらずつながっている」という矛盾した二重性が実現されているものばかりであることに気づかれたと思います。なめらかなつなぎの中に仕込まれた断絶、とでもいうものがこれらのつなぎにはあります。でも、どうやら私がゾワゾワとした快楽を味わうのは、そういう接続と断絶、少し大げさに言えば創造と破壊が同時に行われているようなつなぎらしいのです。先ほど見せたゴダールの『映画史』の抜粋で、画面上に緑色の文字で重ねられていた言葉のことを覚えてらっしゃるでしょうか。これは実はロベール・ブレッソンの著作『シネマトグラフ覚書』からの引用です。「いまだかつて一度たりとも近づいたことがないし、接近すべく定められているとは到底見えなかった事物たちを接近させること」。この言葉をゴダールは引用し、かつ明示的に実践しているわけですが、成瀬や小津など、この言葉を知る由もない人たちもまた、接続と断絶を同時に実現するようなこれらのつなぎにおいて、賛意を密やかに示しているように私には感じられます。

今ご覧いただいたものはだいたい、一見してストローブ゠ユイレやゴダールの映画よりもはるかに、物語映画としての体裁を保っている誰しもがアクセスしやすい映画たちと言えます。にもかかわらず、ここでは映画の「他性」は完全に飼い慣らされておらず、獰猛なままに温存されているような印象があります。そして、それは何度も見れば必ずある違和感として開かれる。しかし、その違和感こそが映画を何度でも繰り返し見るように要求するものなのだとも思います。そこには画面から無限に溢れ出る記号が温存され、知覚するよう誘いかけているからです。このとき、「他なる映画」に触れたいと、瞳は願ってやみません。それは何重にも不可能なことなのですが、その不可能さこそが映画を見ることの、もしくは他者とコミュニケーションをする上での快楽の尽きせぬ源泉なのだ、ということは自信を持って申し上げたいと思います。

撮影現場で私に最終的に決定を促す、私の「生理」とは、こうした他なる映画を繰り返し見続けることを通じてつくられたものです。映画を見て、寝て、起きて、「非-生き物的な時間」を生きて、でも忘れて、撮って、そしてまた見る、ということを繰り返すうちに私のからだも変わってきました。私の「生理」のいくらかは、「映画」という機械仕掛けによって作られているところがあります。

さて、長引いたこの講座も最後に近づいてきました。ここで、私が撮影前には必ず見直すようにしている、おかげでおそらくは二十回近くは見ている、しかし全く飽きることのない映画から、私が最も愛する、実に些細なつなぎの一つをお見せしたいと思います。私のからだの一部であってほしいと心から願っている映画、ハワード・ホークス監督の『リオ・ブラボー』です。

▼19……『リオ・ブラボー』

ここまでお聞きくださった方であれば、やはり古典的なカッティングの洗練に気づかれたかもしれません。実際、この映画の中での視線の一致やアクション方向の一貫性は驚くべきもので、私はこの映画ほど全編にわたって、視線やアクションのつなぎの一貫性に配慮した映画を他に知りません。簡単に

19

言えば画面左から出て行った人はほぼ必ず、次にはその左方向の運動性を保ったまま、画面右から現れる、ということです。それは人だけでなく、草までそうなんですね。こういうものです。

▼20……『リオ・ブラボー』

20

西部劇でよく見る「タンブルウィード」という転がる草が、前のショットでは画面右手に出て行き、次のショットでは画面左手から入ってくる。そうしてまた出て行きました。私自身が最も愛してやまないつなぎというのは、このフレームアウトからの、方向を保ったフレームイン、です。好きな理由の一つは、単純にやはりこれもつながっていない空間を接続するつなぎ、と言えるからでしょう。フレーム・イン／アウトはどこか視線つなぎとアクションつなぎの間《あい》の子のような感覚があります。方向は視線つなぎと同様に合っているけれど、二つの空間をつなぐのは歩行という移動のアクションです。そして、観客の目には映らないオフの空間を移動するそのとき、登場人物は言うなれば想像上の空間を移動している。登場人物の移動を介して自分がまさに、他なる映画の一部として結び合わされているような感覚が生じ、えも言われぬ快楽を感じます。

このつなぎは、先ほどから挙げているようなつなぎほどラジカルな、ゾワゾワとするようなものではありません。もう少し穏当な、どこにでもある、しかし幸せな気持ちになれるようなつなぎです。こう二つのショットを撮り、つなぐことは、あくまでフィクションとしての映画においてのみ可能である、と気づいてからは特にそう感じるようになりました。

このつなぎはその映画がフィクションであることを高らかに宣言するものです。撮影の経験を重ねて気づいたことですが、ドキュメンタリーを撮っているときは大概の場合、何が起きるか知らず、何が重要で何がそうでないかを撮る最中は判断しきれません。そうなると、カメラマンは被写体を「フレームから出す」ことができなくなります。今ここで重要な瞬間が終わったかどうかもわからない以上、できる限り被写体を追うことになるからです。カメラマンは被写体を外に出すことができない。仮にフレームアウトさせるとしても、単に動きについていけずにせいぜい醜く「撮り逃す」ようにアウトさせることが大体です。

フィクションだけが、被写体を画面外にそっと送り出すことができるのです。それは、その被写体がまたカメラの前に戻ってきてくれる、またカメラ前に立ってくれる、ということがわかっているからです。映画を見る／撮るを繰り返す過程で、このごく単純なつなぎの基盤として、そういうフィクション特有の美しい約束のようなものがあることを知りました。自作の中でも、最もうまくいったように感じている部分を映して、今日のところは終わりたいと思います。

▼21……『ハッピーアワー』

『ハッピーアワー』という映画、よく三部に分けて上映されるのですが、その第二部に当たる部分のラストです。純という役を演じる川村りらさんが、前の画面で右にフレームアウトし、その方向を保って左からやってきて、また右にアウトし、そしてより広い船尾向けの画面にフレームインします。これに関しては当日までどう撮るか決めていませんでした。

21

実際に船に乗り込んで、テスト撮影もしていたんですが、当日どのような状況になるか、わからなかったからです。手を振って別れる場面を撮った後、船が出航してからは、船がまだ陸地に近いうちに、必要なショットをすべて撮っておかねばなりませんでした。りらさんは元々船尾に近い（映画の中でも最終的にたどり着いた）場所で、船から離れていく陸地を眺める予定ではありましたが、予定外だったのはテストの時はコンテナでいっぱいだった船の甲板が、日曜日の撮影だったためにガラ空きだったんです。このことで、撮れるとは思っていなかったような抜けのいいショットが撮れました。ご覧のように甲板上を純が歩いていく。船は港を出るために旋回中で、純の奥に向かう縦の動きと船の旋回がつくる横移動の感覚とが一つのショットに収まり、思っ

てもなかったようなパノラミックな効果が得られました。結果的にこの場面は作品を象徴するような一つの場面となりました。私自身が気に入っているのは、ドキュメンタリー的な偶然を期せずして記録しえたことはもちろんですが、それが先に言ったようなあくまでフィクションを作ろうとした結果、フィクションならではの約束を果たそうとした結果だからです。そして、それはカメラとその前に立ってくれる人たちとの間に結ばれる、美しい約束です。

第一回の講座はここまでです。第二回は、カメラの前に立ってくれる人たちのからだについて、特にカメラとの関係の観点からお話ししたいと思っています。その人たちにカメラの前に立ってもらうために、カメラの後ろにいる人間は一体どう振る舞うべきなのか、という話に発展していくでしょう。そのときに、実は今日は触れることができなかった、記録性と断片性がいかに相争うのかという問題のもう一つの側面、カメラの記録の力、ドキュメンタリー的な力は、いかにしてフィクションに対して破壊的に働くのか、ということにも触れることになるはずです。長々とした話にお付き合いいただき、本当にありがとうございました。

他なる映画と 第二回
映画の、からだについて

二〇一八年八月二六日、bdbdbd（仙台）
「映画のみかた006 濱口竜介による映画講座」
（主催＝幕の人）

本日はお越しいただき、ありがとうございます。映画の監督をしております、濱口竜介と申します。前回からお越しいただいている方にも、重ねて御礼を申し上げます。「映画のみかた」と題したこのシリーズの中で、三回連続で（と言ってもひどく時間が空いているのですが）、レクチャーする機会をいただきました。そのミニシリーズのタイトルを私は「他なる映画と」と名付けました。このタイトルをつけた一番の理由は、単純に思いつかなかったから、というだけなのですが、「自分にとって映画とは何だろう」と考えつつも思いつかずにいた、その末に出てきたタイトルなので、何か意味があるのだろう、と思っています。映画はどうやら、私にとって徹頭徹尾「他なるもの」、もうほんの少しだけ砕けて言うと「絶対的に他者」であるらしい。その感覚が私にこのタイトルをつけさせたのだと感じています。

前回は「映画の、ショットについて」お話ししました。映画が私にとって「他なるもの」である理由として一番大きなものは、それがテクノロジー・機械を前提としている、ということです。カメラという機械を扱うことなくして、映画、少なくとも私が属している実写映画のジャンルは成立しない。カメラは映画の成立の根本です。そのボタンを押せば自動的に動き出す、まわり出す機械としてのカメラが、生身の私のからだと絶えずズレを生んでいる、ということをお話ししました。機械のそれこそ「機械的な」精密さ、時に完璧さと呼びたくなるようなものが、不完全極まりない、穴だらけの私の知覚（視覚・聴覚）や認識能力を圧倒してしまう。その結果として、私は映画を見ていてとてもよく「寝てしまう」のだ、というような話をしました。なので、言ってみれば映画と「私のからだ」の関わり合いについて語ったのが前回でした。

今回は、「他なるからだ」について語りたいと思っています。私が映画を作るに際して関わり合いに悩むような、そういう他者としてのからだ（たち）について、です。ただ、このテーマ設定は失敗したな、と既に思っていることを告白しておきます。この言葉によって扱える範囲が広すぎた。私以外のものはすべて「他なるからだ」であるから当然です。考えていると、どこまでも広がっていって、収拾がつかなくなりそうでした。なので、最終的にはこれはこの一回では全く収まりがつかないものを扱っているのだ、ということで自分を納得させました。残された第三回も通じて連続的に語っていくことになるのではないかと思っています（それがまた四ヶ月空いてしまうのは申し訳ないのですが）。

「他なるからだ」について語り始める前に、ごく圧縮した形で、前回何を語ったかについて振り返っておきます。カメラを用いて撮る「ショット」には二つの根本的な特性が備わっているのだとお話ししました。それは「記録であること」と「断片であること」です。そして、私にとって非常に重要な、黒沢清監督が提示した「映画監督の仕事は二つの問いに答えること」というテーゼについて触れました。その二つの問いは「カメラをどこに置くのか」「カメラをいつ回し始め、回し終わるのか」というものです。こうした問いが映画制作にとって根本的な重要さを持つのは、それがショットの二つの根本的な性質、「記録性」と「断片性」の度合いを調整することだからです。いったいどの程度時空間を断片化し、またどの程度記録するのか。映画監督がすることとは、ひたすらその調整の積み重ねなのだ、ということを気づかされて私は今映画を撮っています。そして、天才的な監督たちはその二つの性質の調整を通じて、映画がその特性として備えているフィクション的な力とドキュメンタリー的な力の同時的最大化を図る、ということをハワード・ホークスの映画を例にお話ししました。また、亡くなられた映画監督・堀禎一さんとの思い出話とも言えないような話もしました。初対面のトークショーで「カット頭っていったいどうしていますか？」と問われてしどろもどろになったわけですが、「カットとカットはいったいどうつながるのか」という、これまた根本的な問いを与えていただいたという話でした。

これらの問いに、究極的な答えは決してありません。監督の一人一人がその時どきに置かれた状況の中で暫定的な答えを出すように促すものとしてのみあります。根本的であるというのは、それらが映画を「生み出す」「生み出し続ける」問いだからです。そのようなことに気づいて以来、私もまた自分自身のために、映画制作における根本的な「問い」を生み出せたら、という思いを持ってきました。「他なるからだ」について話していきながら、そのことも同時に考えられたらと思います。

イントロダクションの最後として、私が「からだ」について考えるとき、いつも頭の中でこだまする言葉を紹介しておきます。それは「からだは嘘をつかない」という言葉です。これをおっしゃったのは神戸・新長田にあるダンスシアターを運営するNPO・DANCE BOXの長・大谷燠《おおたにいく》さんという方です。私は前作『ハッピーアワー』を作るために神戸に三年間滞在していたんですが、DANCE BOXは関西におけるダンス界の中心地とも言えるような場所で、面白いイベントもたくさん催されていて、よく通っていました。で、一緒にお酒を飲むようになるんですが、そのときに酔った大谷さんが何度も同じことを繰り返すということもまたよくありました。その中でも、この「からだは嘘をつかない」は本当によく聞いた言葉でした。正直に言えばどっかで聞いたことあるような……と思わなくもありませんでした。いかにもダンサーや振付家、もしくはからだを使うアスリートも言いそうなことだな、と。ただ、思えば「練習（稽古）は嘘をつかない」などの「重ねた努力は何かの形で報われる」系の文言とその言葉を混同していたのです。

今は本当はもっと広い意味の、でもとてもシンプルな「事実」を大谷さんはおっしゃっていたのだと考えています。一方で、その「からだは嘘をつかない」ということを、実はずっと知っていたような思いもあるのです。何を通してか。映像を見る体験を通して、「被写体」つまりは「写されたからだ」を通じてです。ここで一つめの「からだ」が出てきました。私なりに解釈した「からだは嘘をつかない」というこのテーゼの正しさを示すためにも、何本か映像をご覧いただきます。その被写体・写されたからだを見ながら一緒に考えたいと思います。

▼01……『珈琲時光』（一青窈の歩行）
▼02……『ミレニアム・マンボ』（小料理屋にて）

いかがだったでしょうか。私自身の感想を述べるならば、侯孝賢という同じ監督の二作品ですが、映し出されたからだから受ける印象はずいぶん違います。『珈琲時光』の一青窈の歩行の場面、初見時に何だか妙な「濁り」のようなものを画面から感じた記憶があります。「あれ、歩くってこういうことだったかな」と何となく思うような感じです。侯孝賢にしては実に珍しい手落ちであったという気がしなくはありません。そして一方、『ミレニアム・マンボ』の小料理屋のおばあちゃんの動きは澄み切って感じられます。このおばあちゃんはこの映画の中でこの一回きりしか出てこないのだけれど、率直に言ってこの映画のどの登場人物よりも心に残って離れない、そんな印象を持ちました。このおばあちゃんはおそらく本当に小料理屋のおかみさんなんでしょう。ずっとこうしてきた、毎日こうしているんだろう、という気がほんのわずか見るだけでもする。そして、その印象を受けるのは決して私一人だけではないと思います。

ただ、一青窈のありようが何かこのおばあちゃんに劣っている、と言いたいのではありません。一青窈のすべきことが（「歩く」というシンプルな行為であるにもかかわらず）、このおばあちゃんのそれよりも複雑なタスクを実は遂行しているがゆえに、不可避的に起こることだと考えています。もちろん、「そんなのはお前の主観だろ」と言われたら究極的にはまったく反論できないことです。ただ、少しだけ情況証拠を加えてみたいと思います。でも、それも本当に微かに見受けられることです。もう一度、『珈琲時光』を見てみましょう。

▼01（再）……『珈琲時光』

やっぱり一番目立つのは、この両腕の振りですね。だらんだらんと振られ、肘関節が曲がる。そのとき腕の下部分が振り子みたいにカクンと上がる。そのことが、周囲の「普通に」歩いている人と一緒に映ることで何重にも浮き立って見えます。周りの人の腕は実際、ほとんど動いてい

01

ないからです。とは言え、結構大股で歩いているから、ついつい腕の振りが大きくなってしまうのはあり得ることです。でも、顔の表情は急いでいたり、どこかへ向かっているという感じもしない。多分「あそこからここまで歩いて」と言われているんでしょう。「歩く」という本来無意識的な行為に、必要以上に「歩こう」という意識が介入することで、どこかちぐはぐになっている。そのことが腕の大きな振りとして現れ、私に「濁り」のようなものとして受け取られたのではないかという気がします。一方、『ミレニアム・マンボ』のおばあちゃんはと言えば……。

▼02（再）……『ミレニアム・マンボ』

ヒントはここです。この動き。結果的にカラシが入っているとわかるこの缶をおばあちゃんは背を少し伸ばして取ります。この動きの直線性に注目いただきたい。かがんで顔を上げる前に、つまりは目視以前にもう缶に向かってからだが動き出しています。そして缶の置き場所を最初から知っているように、まったく探すことなく、

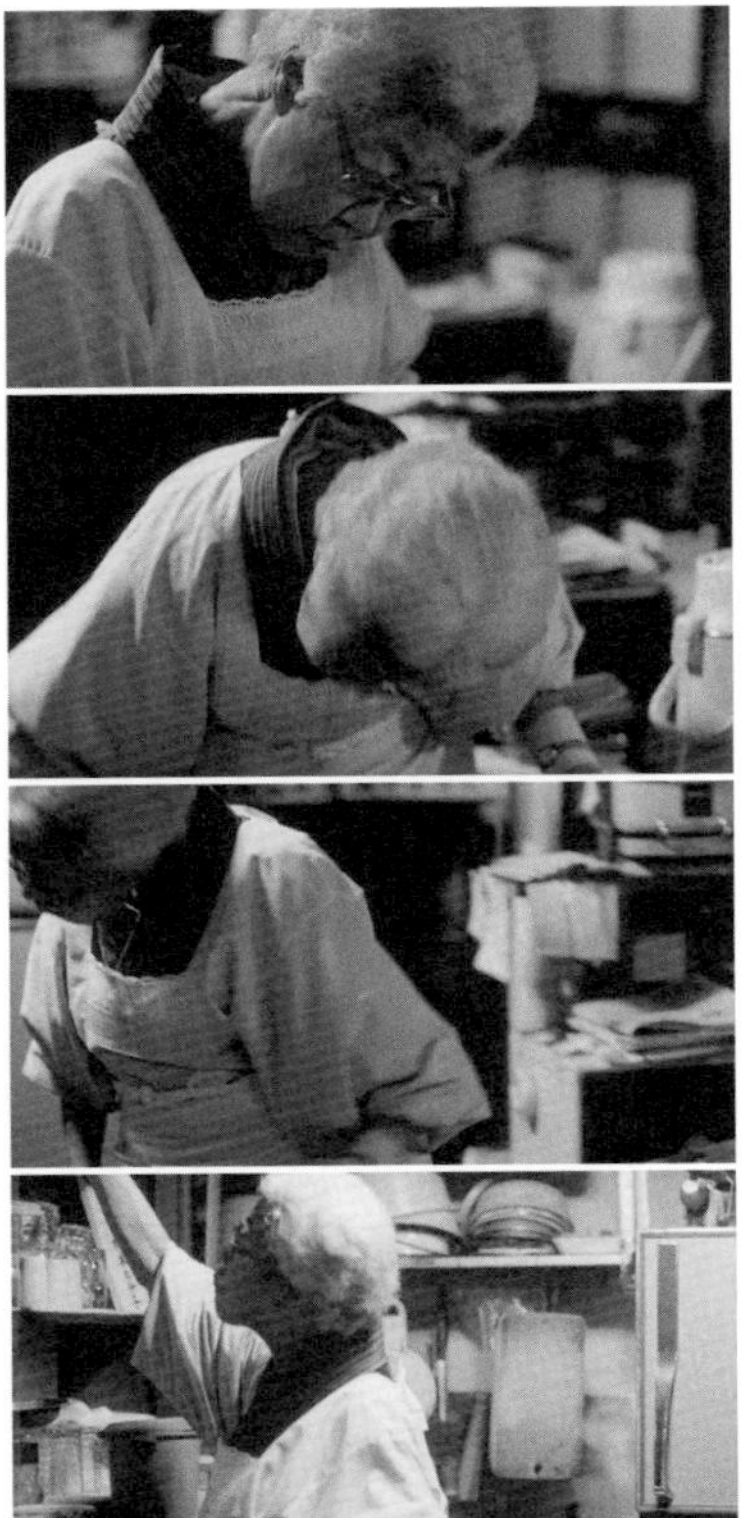

02

一直線に背を伸ばして取る。取ったらそれをもう確認することもなく、次の手順へと向かいます。この動作の直線性は間違いなく、このおばあちゃんがこのカラシを「ここに置く」「ここから取る」を何度となく繰り返してきた証拠、のように私には思われてなりません。少し背を伸ばさないと取れない場所に置かれているのは、もしかしたらおばあちゃんの背が八十歳を過ぎてだんだん曲がってきたからかもしれない、なんていう想像まで自然と浮かんできます。

このたった一つの動きが、おばあちゃんの人生を語っている、と言ったら大げさですが、少なくともからだは日々の習慣を実に素直に告白、もしくは宣言しているように私には見えます。このように言語化すればするほど、このおばあちゃんの動きの美しさを損なうような気さえします。それぐらいスッと直接的に眼に入ってくる動きです。間違いなくこの直線的な動きの美しさに魅せられて、物語とはまったく関係のないこのおばあちゃんを侯孝賢は映画の中に残してしまったのだと思います。おばあちゃんの重ねてきた時間がからだを通じて伝わり、それが映画の魅力になるからです。

大谷さんが繰り返し口にした「からだは嘘をつかない」というテーゼは、この二つのからだからそれぞれ次のように解釈できると思います。まず、このおばあちゃんが示したように所作や姿勢の一つ一つが意図せずとも「自分はどのような人間か、何をしてきた人間か」ということを少なからず告白してしまう、ということ。つまりからだは露わになった「無意識」そのものなのだとも言えます。

一方で、もちろん我々はからだを意識によって動かしてもいます。そのことが表れているのは一青窈のからだの方でした。無意識的に歩くのであれば特に違和感を何も感じさせないところに、ここでは余計に「歩こう」という意図を加えているために、意識と無意識がからだにおいてコンフリクト（衝突）を起こしています。

それが「濁り」と呼びたくなるような違和感として映っているのではないか。だからこれは一青窈が格別に下手であるとか、そういうことを言いたいのではありません。当然起こるべきことが起こっている、ということに過ぎません。フィクションにおいて仮にそれが起こっていないとしたら、それこそが驚くべきことなのだ、と前もって申し上げておきたいと思います。

意識によってからだに与えられる影響には自ずと限りがあります。例えばよく「目が笑ってない」という指摘がありますね。実は私もよく言われます。これが起こるのは目の周りの筋肉が「不随意筋」、つまり意識によっては容易に動かせない筋肉だからです。外側眼輪筋というそうです。腹を抱えてからだ全体で笑うような時には自然と筋肉が動いて、目がくしゃっとしたような笑いにまで意識せずになる。一方、口の周りの頬の筋肉とかは随意筋なのである程度意識に沿う形で動かせます。口角を上げるとかもそれですね。ただ、愛想笑いとか、意識して笑う際にはこの目の周りの筋肉までは動かない。なので「目が笑ってない」っていうのはそういう意識と無意識のコンフリクトが表情に表れている、極めて日常的な一例なのでしょう。別に愛想が悪いのがよくないとかそういう話では一切なくて、からだを意識して動かせる範囲には限りがある以上、もし心から笑っていない場合に当然起こるべきことが起こる、ということです。からだには、意識と無意識のその時々の状況が素直に反映されてしまう。このときカメラが回っているならば、からだに起きている事態はやはりそのまま「記録」されてしまうでしょう。

もう一例、見てみましょう。アメリカのドキュメンタリー作家、フレデリック・ワイズマンの『動物園』です。フレデリック・ワイズマンが世界で最も優れたドキュメンタリストの一人であることを否定する人はまずいないでしょう。クオリティと多産さにおいて他の追随を許さない作家です。彼の作品はナレーションもインタビューもない。けれど、抜群に面白い。『動物園』はマイアミの動物園のスタッフたちの仕事を追ったものですが、飼育員だけではなく、例えばこのような人たちも含みます。動物の餌を作っている人ですね。

▼03……『動物園』

さて、この人も手慣れている感じがしますね。そこに迷いのようなものは見えません。当たり前といえば当たり前ですが、この人はこの仕事をそれなりの年月やっていて、普段からのルーティンワークとしてこなしていることが感じられます。その点では『ミレニアム・マンボ』のおばあちゃんとある程度同じです。しかし、私は初見の時、本当にごく何となくなんですけど、「この人、普段こんなにちゃんとやってないんじゃねーの」と疑いの目で見てしまったんですね。何だろう、本当に何かフワッとそう感じたんです。言語化できない。なので、何度も見直してみました。私が気になったのは特にこのラップをかけるところなんですね。こんなにちゃんと普段ラップしてないんじゃない?って何となく思ったのですが、何度見直してもその印象は消えません。それが何であるか知りたくてスローモーションにしてみました。ご覧ください。

03

ここです。このラップから離す瞬間に手のひらをパッと開く1アクション。これが本来不要でしょう。別に手にラップがくっ付いているわけではどうもない。これ、作業工程上は別に要らない1アクション、という気がする。一秒にも満たない時間だけれど、ほんのちょっとだけ「見せている」感じがします。カメラに向かって見せている。カメラを意識している。見られているという意識、がある。だから、いつもよりほんのちょっと真面目にやっている、と言ったらまったくうがち過ぎでしょうか。もちろん、この人はいつもこんな風にしているのかもしれないし、たまたまこの1アクションが加わっただけかもしれない。ただ、カメラが捉えた、記録したこの1アクションが私の無意識に引っかかってこの映像全体の印象を変えたのは確かです。ある行為の中に生じる「ノイズ」、それを意図や意識の痕跡みたいなものとここでは仮定して話しているわけですが、それを言語化できないレベルで、無意識レベルで実に「何となく」、見る者は感じるのではないか。ただ、もしかしたらそれを確かに感知できる人や、もっと言語化できるからだを持っている人はいるのかもしれない。「見ている人はいる」「見えている人はいる」、少なくとも私はその眼差しが観客の中に存在する可能性に怯えながら映画を撮っている、ということは素直に告白しておきたいと思います。

もちろん反論があり得ますね。じゃあ、何であのおばあちゃんは意識せずにすんなりやれるんだ、と。カメラで撮られているという条件は同じではないか、と。まったくそうです。それに対する私の再反論は、距離が違う、ということです。カメラと被写体の距離がまったく違う。もう一回、音を消して流してみましょう。

▼02（再）……『ミレニアム・マンボ』

この画面の特徴として、まず画角が狭い。見えている空間の範囲が単純に狭い、ということですね。そしてボケ味が強い。被写界深度が浅く、ピントが合う距離の幅が非常に狭い。だから一度に多くのものにピントが合わない。おばあちゃんと奥の若者たちのどちらを見せるか、ピントを合わせる人物をいちいち選ばなくてはならない。さらにもう一つの特徴は、手前にいる人と奥にいる人の大きさの差が実際に目で見るより少ない。これらはすべて、「望遠レンズ」で撮られているときに画面に生じる特徴です。

▼03（再）……『動物園』（静止画像）

一方『動物園』のこの場面では、窓の枠が歪んでいるのが見えます。これは「広角レンズ」の性質によるものです。広角レンズはより広い視野角で空間を収めることができるけれど、映るものの歪みもその分大きくなります。極端な例としては、ドアの覗き窓として付いている魚眼レンズをイメージいただけるとわかりやすいと思います。

『ミレニアム・マンボ』は望遠レンズを使い、『動物園』は広角レンズを使っているというのはどういうことかと言うと、映っている人物のサイズからして『ミレニアム・マンボ』のカメラはおばあちゃんからより遠く、『動物園』のカメラはこのおじさんにより近いということです。そのこ

02

03

とが映像自体から判別できます。『動物園』の場合、おそらくおじさんの視界に十分入ってくるぐらいカメラが近い。特におじさんは一旦カメラの外に出て、また入ってきます。つまり一旦、自分がいた作業台にカメラが向けられているのを視認しながら、もう一度この作業台に戻ってきたはずです。カメラが目に入れば、当然意識にも入るでしょう。そのことが更に「見られている」という自意識へと育っていくこともまた必然だという気がします。ここで繰り返し指摘したいのは、カメラマンの選んだレンズが当然の帰結として画面にある特徴を与えること、その特徴が実はカメラと被写体の距離の記録・証拠となっているということです。ちなみに「標準レンズ」という、人間の視覚が持つ遠近感と近いレンズがそれこそある種の「標準」として存在します。例として、撮影のほとんどを標準レンズで行ったという小津安二郎の画面を参考に見てみましょう。（実のところ今日の話題の中で本来、最重要人物なのですが、取り扱う時間の余裕がないので、せめて。）

▼04……『晩春』

「50ミリ」というのが標準レンズの焦点距離と言われています。このレンズの焦点距離、その機構に興味のある人は自分で調べてみてください。大変恥ずかしながら私はその機構をうまく言葉で説明できません。現場では焦点距離のミリ数ごとのレンズの特徴を覚えることでのみ対応しています。50ミリを基準として、より焦点距離が短い、32ミリとか24ミリというのが広角レンズ。画角、つまり視野は広く人の視野により近いけれど、人の視覚よりもより遠近感と歪みが強調される、しかしピントの合う空間がより広くなる傾向を持っています。

04

50ミリよりも焦点距離の長い、85ミリとか100ミリというのが望遠レンズです。人の視覚よりもより視野は狭く、遠近感は圧縮されたように見えます。手前のものと奥のもののサイズの差が小さい、かつピントの合う距離の幅が狭い、要するにピンボケしやすい。でも、それを魅力として捉える人も多い。それが望遠レンズです。映画の現場では焦点距離を動かせない単レンズというものを使うことが多いですが、現在多くの人が使っているカメラにはズームレンズが付いています。ボタンやレバーひとつで焦点距離を変えることができます。

では次に、大まかにでもそうした「レンズ」と「距離」の感覚を持って、『動物園』の別の場面を見てみましょう。サイが子供を出産する。しかし、生まれた子供はどうも呼吸をしていない。そのため獣医を含めた動物園スタッフが緊急の救命作業に入る、という場面です。

▼05……『動物園』

この場面では、餌を作るおじさんを撮った時ほどは、カメラは被写体に近くありません。そのかわり、撮りたいサイズを変えたいときにはレンズをズームさせている。つまり撮影者は望遠めから広角めへとレンズの焦点距離をその場を動かずにシフトさせている。このとき、ごく個人的な感覚ですけれども、ずっと映画を

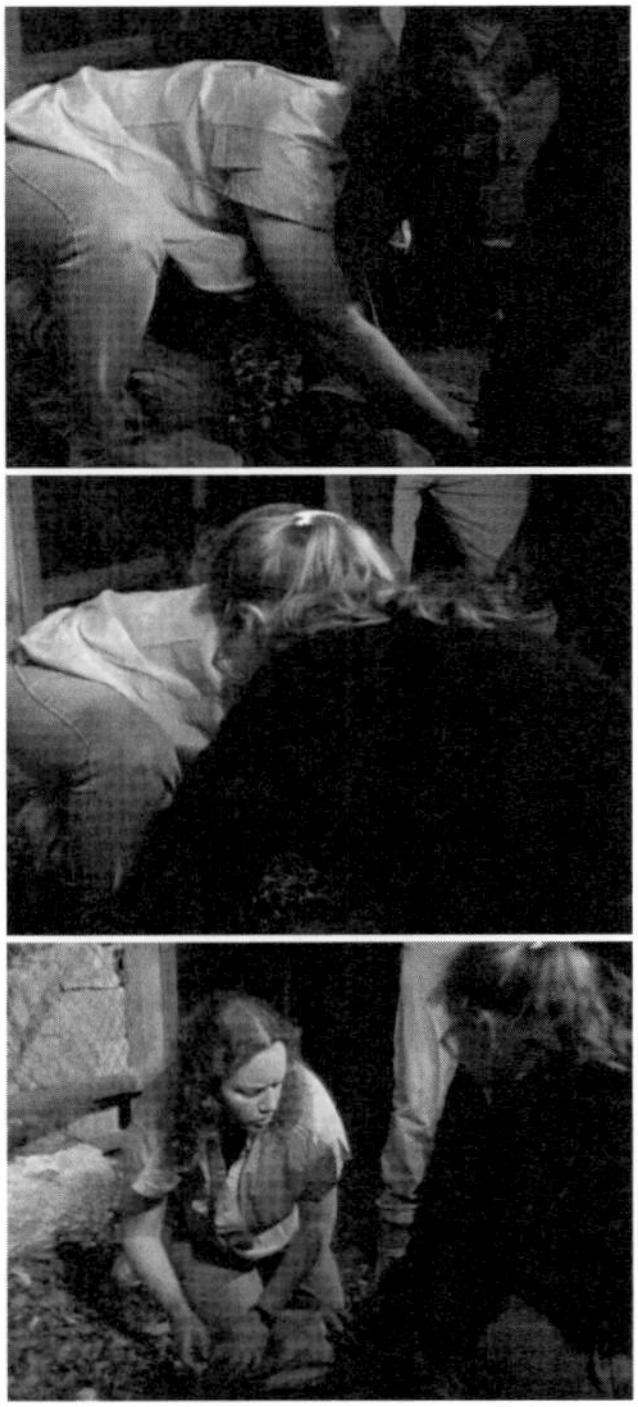

05

見てきた身として、この距離は被写体を捉える上で少し遠いような気がする。フレーム自体はこれで間違っていないので、距離を詰めて、レンズ自体は少し広角にしたほうが、何となくフレームとしては落ち着く、適正な気がするというのが正直なところです。この被写体との微妙な「遠さ」の感覚を引き起こしているものは何か。それは「カメラは邪魔者でしかない」という事実です。緊急性が高いこの場面においては特に、です。

撮影隊は、この動物園のスタッフが通れるルートを十分に空けて撮影するのでなくてはなりません。実際、カメラとサイの間に割って入る形で救命スタッフの背中が写り込みますね。サイの子供の救命という緊急事態ですから、邪魔するわけにはいかない。カメラはこれ以上近づくことはできない。もっと良く見たかったらレンズをズームさせることで対応する。そうでなくては、今ここで行われている救命作業そのものを滞らせて、カメラ自体が決定的に排除されてしまうかもしれません。そうなったら、結局この重要な局面を撮れなくなってしまう。それでは本末転倒なわけです。

ここに写し取られた微妙な「遠さ」は一体何を示しているのか。それを話す前に、ワイズマンが撮っているドキュメンタリーがどういうものであるかを改めて確認しておきます。ワイズマンは精神病院や家庭裁判所、食肉加工場など、ある施設やコミュニティに入り込んで、ナレーションもインタビューもなく、そこの実情を提示します。それはどのようにして可能か。先ほど、餌をつくるおじさんのルーティンワークを捉えていると言いました。ある施設なりコミュニティには必ずルーティンがあります。プロフェッショナルが仕事をしていたり、住人が生活していたりする。彼らの生活・営みにおいては必ず、毎日もしくは毎週こなしているようなルーティンが存在します。ワイズマンのドキュメンタリーの面白さは、そのルーティンの存在を見極め、どのような事柄が繰り返されるかを把握する彼の能力に由来しています。ワイズマンはこのルーティンの把握によって、カメラを置く場所を選び、時に待ち構えます。対象を「追いかける」ことを義務付けられるドキュメンタリーにおいて、ワイズマンが人をフレームインさせることができるのは、彼がルーティン、つまり繰り返しを把握しているからです。餌を作っていた人の動きを思い出してみてください。作業台に対してカメラを構えていれば、そこが彼の作業場である以上、必ず彼はまた戻って来る。この確信があるからこそ、ワイズマンは対象をフレームからアウトさせる＝見送ることさえできます。追いかけずとも、それらがまた回帰すること、戻って来ることを知っているからです。

そうしたルーティン、しかもプロフェッショナルのルーティンワークを追いかけるなかで、あるときわめて平然と、見る者を驚かせるような異常事態が起きることがある。それはプロフェッショナルにとってはある種の日常なのだけれど、そのルーティン外部の人間にとっては驚くべき異常事態です。その「平然と起こる異常事態」を見ることがワイズマンの映画の大きな魅力の一つです。このサイの出産と救命作業はそういう出来事です。セミ・イレギュラーとでも言いましょうか。プロフェッショナルにとっても滅多に起きることではないが、決して起きないわけではない。ただ、ワイズマンと、そしてカメラマンのジョン・デイヴィーにとっては、撮り逃してしまったら撮影期間中にはおそらく二度と撮ることができない出来事です。

ここで露わになるのは、このプロフェッショナルたちのルーティンの中に「カメラ」は含まれていない、という事実です。ドキュメンタリーの現場において、カメラはいつ排除されてもおかしくない「異物」としてあります。ここに写った「遠さ」は、特にカメラがこのプロフェッショナルのルーティンの外側にある異物であることを示しています。でも、ワイズマンも撮影のジョン・デイヴィーも自分たちが異物であることを理解した上で、ギリギリの距離で迫って、この異常事態を画面に収めようとしている。あのおじさんの餌作りを撮るのとは違う緊張感をカメラと被写体の、この「距離」が示しており、やはりこの場面をかけがえのないものとして示していると思います。

ここで今更ながら、どれだけ当たり前のことであったとしても改めて、撮影現場におけるもうひとつの「からだ」の存在を指摘しておかなくてはなりません。それは撮影者のからだです。ここで言う「撮影者」とは必ずしもカメラマンもしくは監督だけのことでなく、録音技師やピントマンなども含むスタッフ、そしてカメラまでも含むフレームの外側にいる作り手の総体、として一旦把握していただくのがよいように思います。

そして、改めて強調したいのは、映画において映っているのは、ただ被写体のからだだけではない、ということです。もちろん、被写体は映る、撮影者は映らない。そういうアンバランスな関係はあります。それでも、ここではカメラと被写体の「関係」そのものが映っている。からだとからだの相互干渉のようなものもまた確かに記録されている、ということです。当たり前のことですが改めて言いたい。その二つのからだの間には絶え間なく相互作用が発生しています。これからお話しすることはすべて、この二つのからだの相互作用についてです。引き続き、フレデリック・ワイズマンのドキュメンタリー『パリ・オペラ座のすべて』からの抜粋を見ていただきたいと思います。

▼06……『パリ・オペラ座のすべて』

06

私は全然ダンスもバレエも詳しくはないため、恥ずかしながらこのバレリーナの方が誰なのか存じ上げません。しかし、見る人が見れば驚くような「あの人」の稽古風景、というものがこの映画では写し取られているらしいです。なので、この方も間違いなくよく知られたバレリーナの方なのでしょう。そうした人の稽古やリハーサル風景が見られる。それは非常に貴重なことなんだと思います。ただ、ワイズマンを本当に偉大なドキュメンタリー映画作家だと思っているということを前置きした上で言わせてもらうと、私はダンスを題材にしたときのワイズマンの映画はあまり面白くない、という印象を持っています。と言うか、発見がないとでもいうのでしょうか。ルーティンワークの中から回帰するものを見出すワイズマンの作品は言うなれば、あらゆるプロフェッショナルの動きを「ダンス」として捉え直す視点を与えてくれます。

ところが、ダンスそのものを撮ってしまうと、それが戻って来ること、カメラに顔を向けてくれること、回転することが何だか当然なような気持ちになってしまう。しかし、ここには間違いなくレッスンを重ねてきた熟練のダンスが記録されてもいます。「時間を重ねた」からだはここでも映っています。そして、こうした稽古場における振付家との共同作業や踊りの発展は、もしかしたら舞台本番よりも興味深いものでもあるかもしれません。その貴重さを重々理解しつつも、それがやはり十分に捉えられていないような気持ちになるのです。と言うのは、このレッスンの場でもまた、このドキュメンタリーのカメラが「異物」であるからです。稽古場の一角を、おそらくは自由に動き回って視点を選ぶことを牽制されながら撮っている。窮屈な印象が拭えない。その中でもちろん印象的な瞬間がチョイスされてはいますが、十分なものと思われません。それはきっと、編集のリズムが「ダンス」のリズムに従属してしまうことにも原因があります。他のワイズマン作品にあるようなある種の暴力的な編集は、バレエ全体を捉えることが優先されて機能していません。

このように、十分に優れた作品にあえてイチャモンをつけるのは正直なところ、もっとよいダンスの映像記録を見た、という絶対的な感覚があるからです（それは単に「もっとよいダンスを見た」ということではありません）。ではここで、ダンサーたちを捉えた映像を何本か続けてご覧いただきたいと思います。まずはマーク・サンドリッチ監督の『コンチネンタル』と『気儘時代』から、ともにフレッド・アステアとジンジャー・ロジャースのダンスです。

▼07……『コンチネンタル』
▼08……『気儘時代』

どうでしょうか。続いては、ダニエル・シュミットの監督作品『KAZUO OHNO』からご覧いただきます。

07

08

どうですか……。アステアとロジャースのコンビや、大野一雄が、オペラ座のバレリーナより優れているとまさか言いたいのではありません。私にはそのようにダンスそのものをジャッジする能力はありません。ただ一つ、私が違いとして指摘できるのはカメラポジションについてです。今ご覧いただいた映像は、カメラポジションにおいて、よりダンスを捉える上で優れているのではないか。と言うよりは、ダンスとカメラが結んでいる関係性において、決定的に優れているのだ、という気がします。

まずアステアとロジャースから振り返ってみたいと思います。先ほど被写体と撮影者のからだの「相互干渉」と言いました。二つのからだが互いに影響を与え合っている、ということです。このダンスにおいて、アステアとロジャースの二つのからだが（撮影者と被写体が、ではなくあくまで二つの被写体が）両者の「相互干渉」を可視化しています。可視化とは何のことを指しているかと言うと、フレームの中に具体的に映っている「距離」のことです。マーク・サンドリッチという同じ監督が一九三四年と一九三八年に撮った映画からご覧いただいているのですが、この四年の間にサンドリッチがアステアとロジャースのダンスを撮る上である「学び」を得たことが映像からわかります。『コンチネンタル』のときはカッティングがある程度細かくありました。中には、明らかに不要と思われるポジションもあった。それはこのすばらしいダンスを集中して見ることを少し妨げていたような気が私はしています。

ただ『気儘時代』の方はたった一度、同軸でのヨリがあるのみ。それも二人の手と頬の間の空いた空間＝「距離」の微妙さを強調するためです。ダンスの雰囲気を壊すことのない必要最低限のつなぎ、という非常に熟達した判断だと思います。二人のダンスをある一つの方向からじっと見せる。二人の動きに合わせて、カメラも動く。彼らとの距離を大きく変えません。このことで、フレームの中の二人のサイズは大きくは変わらずに、あくまで二人の間の「距離」の伸び縮みが画面上もっとも強調される。二人の距離が伸びきってまた縮んでいく。まるでゴムみたいなものが間で二人をつないでいるような想像が湧くほどです。フレーミングがまた素晴らしく、距離がいくら伸縮しても二人はフレームを出そうで出ない。これは重ねたリハーサルの末にベストなポジションを撮影者が把握しているからに他なりません。ここではあくまで二つの「被写体」に明らかに作用している相互作用を指摘するに止めますが、それを撮影者と被写体のアナロジーとして見ていただくことも何ら問題ありません。

二人のダンサー、アステアとロジャースは互いに影響を受けあっているように見えます。その印象は伸び縮みする距離や、同期した振り付けから生まれています。ただ、単なる振り付けの結果とは思われない「呼応」と呼びたくなるものを二人のダンスから私は感じます。ちなみにこの「呼応」の感覚は、アステアが組んだ他のペアと見比べた時、明らかにジンジャー・ロジャースとの踊りにおいて最も生じているものです。このことは、ジンジャー・ロジャースが優れたダンサーである以上に、優れた演技者であったこととも関わっているかもしれません。ダンサーとしてのレベルはおそらくアステアの方が上です。だからアステアは彼女のダンスのレベルにある程度合わせているようにも見受けられる。同期したり、サポートをしたりしている。その「合わせ」がこの「呼応」の感覚を生む上で非常に重要なものだと思います。一方で、ロジャースはこのダンスを単なる振り付け以上の感情的なものにするために欠かせない存在と思えます。彼女の表情の豊かさがアステアの表情にも移り、二人のダンス全体の感情的表現を豊かにしている。お互いのダンスのみならぬ、存在同士の呼応関係と言いたくなるようなものが感じられる。

一方、大野一雄の舞踏です。大野一雄は一人で踊っている。でも、ここからもアステアとロジャースとの呼応関係に似た何かを感じられるような気がします。それは何か。具体的に言えば、鳥との呼応、大野一雄と鳥の距離の伸縮として現れています。もう一度映像をご覧いただきながら説明します。

▼09（再）……『KAZUO OHNO』

まずここでものをつまむような大野の手の動き、その奥で鳥がその手に招かれたようにロープの上に降り立ちます。しばらくして、大野が肩をクッと前に入れる。このタイミングで、後方で鳥が飛び立ちます。ここは望遠で撮られており、実際は見た目以上に大野と鳥の間は離れていると思われるので、このごくわずかな動きで驚かせて飛ばせた、ということとも事態は異なるでしょう。圧巻はここです。この手をよく

09

見てください。迎え入れるような手。その人差し指と親指の間に鳥が……来た！ この瞬間にカットは変わります。この場面では大野一雄の全身から始まり、ズームレンズを使って徐々に上半身を捉えていきます。そのことで手の動きが強調され、鳥との「距離」の伸縮、すなわち呼応関係もまた強調されます。大野の指に鳥が飛来してくるその瞬間を「世界」との呼応の実現、と呼びたくなるのは私の妄想でしょうか。

しかし、これらはすべて私の妄想にしてはうまくできすぎています。ちなみにこのときフレーム外の足の動きの感覚は、水の音によって印象づけられています。この音はもちろん後付けでしょう。ピチャピチャと音がするたびに想像の中で大野一雄の足が動くような感覚があります。このとき踊りは観客の想像力の中で起こっている。ダニエル・シュミットが踊りを誕生させようとしたのはその領域だと言って良いでしょう。

編集中に鳥の存在に気づいたダニエル・シュミットは驚愕したはずです。そしてシュミットはこのダンスを鳥の入ってくる編集点で切ります。舞踏の途中にもかかわらずぶつ切りです。大野一雄と鳥の「呼応」の感覚を最大化するためです。観客がここにおいて最も「呼応」を感知し、断絶によってかえって想像し続けることを期待したのでなくては、この編集点はあり得ないでしょう。そして、この呼応は、あくまで大野一雄と鳥、そしてカメラがある一瞬に偶然、まるで惑星直列のように一直線に並ぶことによってのみ感じられるものであると強調しておきたいと思います。

繰り返しますが、『パリ・オペラ座のすべて』のバレリーナと比べて、アステア&ロジャースと大野一雄がより優れている、と言いたいのではまったくありません。にもかかわらず、与える印象の深さ、深度のようなものがやはり桁違いであるという気はしています。その理由は、被写体同士はもちろんのこと、撮影者と被写体、つまりはカメラと踊りが互いに、十分に呼応し合っているからです。カメラが踊り手たちに対応しているのは理解できるとして、果たして踊り手がカメラを気にしていただろうか、といぶかる方もいるかもしれません。ただ、彼らは自分が撮られることを明らかに一〇〇％受け入れている。もはやカメラを「異物」としては扱っていません。むしろ、カメラのために踊っている。この場を踊り手とカメラがともにつくっていると言ってよいかもしれません。

カメラがダンスとこのような関係を結ぶ時、カメラはただダンス単体を記録しているだけではありません。被写体と撮影者、「踊り手」と「カメラ」という二つのからだの結んだ関係そのものを記録しています。その関係性はやがて、カメラと全く同じものを見ることになる観客とのそれへと転化することになります。ここではカメラと踊り手が結んだ「呼応」関係そのものが観客と画面の関係にそのまま転じます。このときダンスは単なる動き、振り付け以上のものとして記録されるように思います。映像を見ることで、互いを感じながら動くということの手触りそのものが観客に届けられるような印象があります。そのときのみ、まるで劇場で生《なま》の身体を見るような、もしくはそれ以上のダンス体験が、記録映像を見るものにも起こり得るのだと思います。

しつこく、被写体と撮影者のからだの相互作用について確認してきました。それがいくら言っても足らないような気持ちに私がなるのは、ある非対称性のためです。被写体は映っているために常に意識されるが、撮影者のからだは映っておらず、それが簡単に観客の意識から消えていくからです。しかし、映画はまさにカメラの存在を消すこと、透明にすることによって、観客を得たようにも思われるのです。そのことを確認するために、また一つある「踊り」の場面をご覧いただきます。

▼10……『肉体の冠』

フランスの映画監督ジャック・ベッケルの『肉体の冠』です。明らかに、今までご覧いただいた映画から、映画の性質が何か変わったと思われたことでしょう。ここでようやく話題は劇映画へと移っていきます。アステアとロジャースも劇映画だったではないかと言われるかもしれませんが、ミュージカル映画のダンスシーンはやはりフィクションとドキュメンタリーの境界面であり、そのことが一番の魅力なのだと申し上げておきます。

10-1

10-2

ここからは本格的に劇映画の中の被写体、つまりは「演じるからだ」について見ていきます。

私は本当に、『肉体の冠』のこの場面が好きなんです。あえて、会話の場面は省いた形でご覧いただきました。それでも何が起こっているか、一目瞭然だったと思います。女は男とダンスを踊っていた。しかし、そのカンカン帽の男とは一度も視線を合わせることなく、画面の外を見つめている。女は、脇にいるハンチング帽の男と、一つの画面に収まることはないけれど、どうやら目が合っているようだ、ということが感じられます。女はどこまでもその男に視線を送り、男のほうも女から目を離さない、ように感じられます。ダンスが終わると女は振り返り、最後に男に視線をやって帰っていく。この眼差しが決定的です。もっとも離れる瞬間、それゆえに近づくよう誘う。やはりここでも「距離」の伸縮が始まっています。女はその後、ついにハンチング帽の男と決定的に近づきます。それまで二つの画面に分かれていた二人が、一つのショットの中で踊り始める。そして最初は顔を背け気味だった男が、女とどんどん正面から見つめ合うようになり、最後は笑い合う。そうしたことに元のダンスパートナーは苛立っている。このように明瞭に解釈できるのは、「顔」が映っているからです。そしてもちろん、特に忘れがたいのは、その「顔」がダンスによって回転していたことですね。回転する男と女の顔は常に交互に映っていました。二人がこのように顔と顔を向き合わせて踊るとき、それはまるで劇映画におけるカメラと被写体の関係のメタファーのようにも感じられます。言ってみれば、劇映画における被写体とカメラの関係性とはすなわち、「顔とカメラのダンス」と要約できるかもしれません。ただ、映画のなかの「顔」について語るためには「アメリカ映画」に触れずにおくわけにはいきません。その前にちょっと休憩を挟みましょう。

＊

前回にお話ししましたが、映画はその始まり（リュミエール兄弟）においてはドキュメンタリー的な性格がより強かった。そして、劇映画としての可能性をそれこそ劇的に開拓したのがアメリカ映画の父、グリフィスでした。グリフィスはクロースアップという技法を、「表情の拡大」のみならず「画面外に向けられた視線の強調」として方法化しました。それはやがて、視線に沿った「切り返し」という顔のリレーとしてアメリカ映画の中で定式化されます。例えばこんな風に。マイケル・カーティス監督の大ヒット作『カサブランカ』をご覧ください。

▼11……『カサブランカ』

黒沢清監督が発した問いの一つは「カメラをいったいどこに置くのか」ということでした。その置く場所によって作家性が表れる。アメリカ映画は「カメラは顔の前に置け」と定式化しました。つまり作家性もクソも、そこにはありません。しかし、そのことでかえって「品質保証」がなされたわけです。「顔」を映す映画は、観客を拒絶すること

11

のない映画です。アメリカ映画、いわゆる古典的ハリウッド映画が世界中に受け入れられ、席巻したのは、何よりそれが「顔」の映画であったからです。しかも、ただの「顔」ではありません。見目麗しい、もしくは目を離せないようなスターの「顔」です。その中でも最大のヒット商品の一つが、この二大スター、ハンフリー・ボガートとイングリッド・バーグマンの顔を映し出した『カサブランカ』でした。多くの観客と映画とが親密な関係を結ぶように促したのは何より、カメラに写されることを受け入れたスターたちの顔でした。このことで、アメリカ映画は世界中に広がっていき、世界中の映画を少なからず「顔」の映画、つまりは「アメリカ映画」としてしまうところまで行ったわけです。ジャック・ベッケルもフランス人ですが、間違いなく最も優秀な「アメリカ映画」の作り手の一人でした。

ただ、ここでまた一つイチャモンをつけたい。確かに『カサブランカ』は大ヒットした映画であり、今も語り継がれる「名作」なのですが、お見せした場面は私にはどうも面白くない。残念ながら、私にとってはベッケルの先ほどの場面の方がずっと面白い「アメリカ映画」として感じられます。この場面の何が面白くないのか。カメラの置く場所、もしくは置き方です。「顔」との関係の結び方がおよそ面白くない。カメラと顔の間の緊張関係、呼応関係というものが見て取れない。座っている二人の顔をサイズ違いで切り返しているだけです。スターの顔を見る快はあるとはいえ、「切り返し」という手法のつまらなさがここに露呈しているとも言えます。ダイアローグの上で感情は発展していくし、感情もクロースアップや音楽で強調されているけれど、どこかダイナミズムに欠ける。そんな風に言いたくなるのは、やはり「もっと面白いものを見た記憶がある」からです。それをご覧いただきたいと思います。

▼12……『次郎長三国志 第四部 勢揃い清水港』

これは先ほどお見せしたジャック・ベッケルの『肉体の冠』にも言えることなんですが、ここでは顔の明滅、点滅現象とでもいうべきことが起こっています。つまり、基本的に「顔」が映っているのですが、必ずしも常に映っているわけではない。そこには呼吸のような、潮の満ち引きのようなものがあり、顔が現れては消えて、また帰ってくる、ということが画面上に繰り返し起こっています。それは同じ人の顔とは限りません。「勢揃い清水港」というだけあって、次郎長一家が「勢揃い」したその「顔見世興行」のような華やかさがあります。三五郎、石松、虎三、鬼吉、次郎長親分、お仲、そうした次郎長一家のスターたち、その（それこそ）面々が一人ずつ紹介されていく。

ここで改めて、フレデリック・ワイズマンがドキュメンタリーでしていたことを思い出していただきたい。ルーティンの中に入っていくこと。回帰するものを待ち受けること。そこで見出されたプロフェッショナルたちの動きがまるでダンスのようであったこと。それ自体回転する機構を含むカメラは、回転するもの、繰り返されるものと非常に相性が良いようです。今ご覧いただいたマキノ雅弘の『次郎長三国志』において

消えてはまた回帰してくるもの、それは「顔」です。顔が消えてはまた戻ってくる。一人の人物が背後の敵に対するために後ろを向き、また前を向き直る、というだけではなく、一人の人物の顔が消えるとまた新たな人物が顔見世する。それがずっと続きます。それは結果として回転の連続として画面には現れます。マキノの映画は、この場面に見られるような「からだの回転」に満ちています。「回転」はもちろんジャック・ベッケルの『肉体の冠』ではもろにダンスとして提示されていたものですが、チャンバラ、つまり四方を敵に囲まれた状態に対応するという物語的な必然性と相まって、ダンス性が隠蔽されることによってかえってマキノの映画の中の「回転」は更に洗練された振り付け・ダンスとして観客に発見されます。

　顔が消えては現れる。「いないいないバア」という単純な遊びが赤ん坊を喜ばせるのは、おそらくそこに消えては現れるダイナミズムがあるからです。『カサブランカ』のお見せした部分がつまらなく感じられるのはダイナミズムがないからだと言いました。それは端的に「動き」がないということです。感情的な動きが、クロースアップや音楽等で捏造されているに過ぎない。それはモーション・ピクチャーとして決定的な弱点です。「敵を斬る」という物語上のカタルシス以上に、この回転

12

によって顔が見え隠れすること、点滅することで、単にずっと顔が映り続けるよりも遥かに画面に鮮烈さを与え続けています。この顔とカメラのダンスの最も洗練された振り付けは、マキノ雅弘を筆頭として、なぜか日本映画で最もよく見られるものです。さらに二人を紹介したいと思います。と言っても一人は既に前回登場した、成瀬巳喜男です。

▼13……『乱れ雲』

ここで指摘したいのは、この司葉子の「振り返り」です。これもやはり一つのダンスのようです。とは言え、これは単なる動きというわけではなく、いわゆる「心理」に動機付けられての振り返りです。愛を告げる加山雄三と顔を合わせていられない司葉子。彼が亡き夫を轢き殺した当の人物だからです。にもかかわらず司葉子を愛してしまった加山雄三は気持ちを伝えようとして彼女の顔を自分の瞳で捉えようとする。けれど、そのたびに司葉子は顔を背ける。だが、決定的に遠ざかることはしません。関係をこれ以上進展させないためには、彼の方を見てはいけない、しかし彼女は振り切って逃げることもしない。そのため、ここではやはり二人の距離が伸縮します。まるでアステアとロジャースのダンスのように、伸びては縮む距離を見ることによって、司葉子の「葛藤」を観客は読み取ります。そう、先ほど「心理に動機付けられて」と申し上げましたが、実のところ順序は逆です。このように動くから、このように距離が伸縮するからこそ、観客が「葛藤」という心理を司葉子のうちに見出すのです。「葛藤」は司葉子の中でなく、観客の中で育つのです。ただそのことに決定的に作用するのは、二人の表情をともに見たことです。加山雄三と司葉子の顔をより多く捉えること

13

によってのみ、二人の関係性への観客の理解は生まれてきます。

二人の間に生じているのは「逃げる」「追う」という二つの運動です。追うものと逃げるものは、常に同方向に向かいます。そのため、カメラは逃げてくる側で待ち構えていれば、両方の顔を捉えることができます。観客は二つの「顔」を同時に見て取り、その間に働く相互作用を感知することができます。加山雄三の募る想いと、司葉子の葛藤。それが単に語られたセリフ以上に感じられるのはやはり、この「逃げる／追う」と「振り返り」という運動、そしてそれを常に的確に迎えるカメラによります。からだとカメラの振り付けの最も洗練された形がここにあります。カメラと俳優の動きの間にエレガントな「調和」を感じることができる。こうした「振り返り」や「回転」のエレガンスは、一八〇度のライン、いわゆるイマジナリー・ラインを超えることのない「切り返し」という技法のダイナミズムのなさ・怠惰さを浮き彫りにしてしまうものです。

さらにもう一人、日本映画には成瀬以上にその「逃げた先にあるカメラ」を自身のフィルモグラフィを通じて徹底した監督がいます。増村保造です。『妻は告白する』をご覧いただきます。登山中に愛する男・川口浩の命を助けるために夫を殺した女・若尾文子が初めてその真実を男に対して告白してしまう、というシーンです。

▼14……『妻は告白する』

増村の映画でも、人物は幾度も振り返ります。まずは川口浩の「奥さん、滝川さんを殺したんですね」というセリフを受けて、若尾文子がハッと顔を背けるように振り返る。その勢いとともに、そこで当てられる強い照明が非常に印象的です。しかし、川口浩が真実を自分に告白させようと、また向き直させる。若尾文子が

14

嫌がってもまた向かせる。そして振り払うように若尾文子が向こうを向いてしまう。けれどカメラからは逃げられません。カットが替わり、カメラはまた若尾文子の顔の前に据えられる。しかし、川口浩は真実を知り、向きを変えます。今度は若尾文子とは逆方向を向いて背中合わせになる。そして川口浩は立ち上がり、この場を立ち去ろうとする。ここで逃げるものと追うものの立場が反転し、今度は若尾文子が追う側に回ります。カメラは追いすがる若尾文子を、彼女の振り返りまで捉えますが、川口浩に振り切られて、若尾文子は一人残される。そういう場面です。

個人的に増村のカメラポジションに非常に惹かれるのは、私自身が二十代の後半、一八〇度のラインに沿った「切り返し」という技法をつくづくつまらなく感じていた時期に出会ったということにも理由があります。増村のカメラはイマジナリー・ラインをポンポン超えます。これが起こるのは、そこにはやはり逃げる／追うという運動があるからです。それまでカメラに顔を向けていた人が、カメラから顔を背ける。逃げた先にまたカメラが現れます。逃さない。増村はカメラから逃げようとする人物の前に、通せん坊するようにカメラを置き直す。その都度、それまでは映っていなかった一八〇度反対の、「裏」の空間が映る。増村のカメラの置き方は、成瀬作品におけるカメラと人物の調和と比べて、遥かに登場人物に対して挑戦的なものに見えます。次に続く話題を先取りすると、増村はおそらくこの「逃げる女を追い詰める」というアイデアを、彼が助監督についた溝口健二から受け取り、自分なりに溝口とは異なる方法として発展させたのではないかと、私は考えています。増村映画においては一つ一つの人物の振り返りが、カメラによる新たな通せん坊を呼び込みます。どんどんカメラに追い詰められ、閉じ込められ、現実に行き場をなくした女はやがて画面外を見つめるに至る。「フレーム外を見つめる女の顔」。それが増村の象徴的画面です。増村が捉える女たちの顔は単なる「葛藤」とは違う、ここではないどこかへの「希求」を感じさせるものとなっています。最終的に女が見つめる画面外の空間が現実というよりももっと精神的な次元に達して感じられるのが、私が増村映画を愛してやまない理由です。

さて、こうして見てきましたが、なぜ日本映画がこんなにも人物の「振り返り」を発展させることができたのか、ごく簡単に私の考えを述べます。基本的にはそれは四面のセット、三六〇度の撮影空間に由来していると考えています。古典期においては総じて、アメリカ映画は三面（つまり一八〇度世界の）セットであって、日本映画は四面（三六〇度世界）セットだったと言います。アメリカ映画における三面セットは例えば舞台を思い出していただけたら良いと思います。俳優が振り返ったときに、その顔を追ったとしたら、舞台だったら客席、映画だったらつまりはカメラが置いてあったり、スタッフが待機しているゾーンが写り込んでしまうことになる。となると「顔の前にカメラを置く」というアメリカ映画的原則の中では、俳優たちの「振り返り」や「回転」は容易には発生し得ないものです。

日本の撮影所の場合は、四面全面セットを作ったうえで、その都度セットの壁を外したり、はめたりしながら、要するに三六〇度どこでも映すことが慣習でした。このため、より俳優の動きに対して柔軟に、自由にカメラポジションを選ぶことができた。このことは、相対的に狭い日本家屋の生活空間の中でどうダイナミズムを生み出すかという創意工夫の結晶でもあったでしょう。この狭い三六〇度空間が、「振り返り」という芝居が発達する土壌となっていたろうと考えています。

もう一つ、「振り返り」が発達した要因として考えられるのはまさに、その「芝居」という日本特有の演技のモードです。日本の撮影現場では俳優の演技について、未だに「芝居」や「お芝居」と呼ぶことが慣例です。また、演技のための場所は「芝居場」と呼ばれます。「芝居」という言葉には、単に「演技」を指す以上のより広い空間感覚が内包されているように感じます。「芝居」を見に行こう、という言葉遣いは一般的ですが、「演技」を見に行こう、はまずない。少なくともかなり限定された状況です。「芝居」には「演劇空間」「舞台空間」そのものという含みがあります。つまり「芝居」という言葉遣いが要請する演技のモードには常に「観客の存在」が前提されている、ということです。どこかしら舞台演技から地続きの、観客に顔を向けることの抵抗がより少ない演技のモードが「芝居」である、と仮にここでは言っておきましょう。この観客の存在を前提とする俳優の意識によって、カメラの方に顔を向ける「振り返り」はより「自然なもの」として俳優たちに受容され、日本映画の画面で華々しく咲き誇ったのではないでしょうか。

ここで当たり前のことを確認しますが、こうした「振り返り」や「回転」といった顔とカメラの「調和」は、劇映画・フィクションであるがゆえに撮り得たものです。前回、フィクションとドキュメンタリーは互いに分けられない、それは映画制作の基本単位である「ショット」にすでに根本的な性質としてどちらも備わっているからだ、という話をしました。それでも我々は慣習的に、ほとんど無意識的にフィクション的なもの、ドキュメンタリー的なものを見分けて話します。それは、画面に映っているある特徴によります。その特徴を通じて、我々は「フィクション」と「ドキュメンタリー」を腑分けしています。

画面に現れやすい特徴の中でも最も明快なものは、ドキュメンタリーにおいては「背中」がより映りやすく、フィクション映画においては「顔」がより映りやすくなるということです。ドキュメンタリーにおいて画面に背中が映りやすいのはなぜか。インタビューシーンなどももちろんあるとはいえ、ドキュメンタリーの作法として、基本的に何が起こるか知らずに、その場で起きることに従いながら作ることがより多いからです。何かが起きてから、動く。このときカメラは必然的に遅れを取り、背中を追うことになります。例えばテレビの「密着」タイプのドキュメンタリーで、カメラが人の背中を追う映像を何度も見た記憶を多くの人が持っているでしょう。被写体がどこに行くか知らない以上、カメラはついていくしかないのです。

ここでまた当たり前のことを重ねて確認します。カメラは機械です。しかもそれを扱う人間を必要とするような機械です。自動的に動くけれど、自動的に動き出すわけではありません。出来事に対して機械を操作するのはあくまで人間です。たった今申し上げた通り、カメラを扱う際には生身のからだとからだで反応し合うとき以上のタイムラグ、つまりは被写体に対する「遅れ」が必ず生じます。この「遅れ」を隠蔽するために、あらかじめ「顔をカメラに向けてもらう」劇映画は生まれた、と言ってよいでしょう。ごく簡単に言えば、ドキュメンタリーのカメラは無知的である一方、フィクションのカメラは全知的です。大概のフィクション映画の場合、脚本やそれに類する計画やリハーサルがあって、スタッフが何が起こるか知っているから、準備ができる。俳優がやって来る場所で待ち構えることもできるのです。劇映画において、演出家は役者に、顔をカメラに向けるよう交渉し、約束をしてもらうことが慣習となっています。だから、フィクションの映画は、こんなにも効率よく被写体から「顔」を見せてもらうことができるのです。

これはつまり、先ほど申し上げた「カメラは顔の前に置け」というアメリカ映画的定式は、実のところ正確ではないということです。おそらくはこのカメラ特有の遅さ・動かしがたさゆえに、その原則は逆に「顔をカメラの方に向けろ」という役者への命令へと転化していきました。カメラを動かすよりも、人のからだを動かす方がはるかに簡単だったからです。カメラは撮影部という部署しか扱えませんが、からだを動かすのは役者なら誰でもできます。商品としての効率を追求する以上、それは当然出てくる要求だったわけです。日本映画における「芝居」とカメラの関係も「顔をカメラに向けろ」という命令のバリエーションの一つです。顔を観客の代理であるカメラに向けること、少なくとも指示されてそれに従うことは役者たちにとって、単に「観客を意識のうちに入れる」以上の義務であったようにも思われます。「カメラを意識のうちに入れること」。これはつまり、役者のからだはあくまでスタッフの管理下・コントロール下にある、ということです。

ここまでで、すでに気づかれている方も多くいらっしゃると思いますが、「からだは嘘をつかない」ならば、そのこともまた映るのではないのか。「演技をしていること」「意識して、体をコントロールして、カメラへと顔を向けていること」、そうしたことの痕跡はやはり映るのではないのか。ええ、もちろん映ります。映っていると少なくとも私は思います。役者のからだの動きが必ずしも自発的なものではなく、あくまで演出家からの指示・命令を受けてやっている、こなしている。もし起こっていることがそういう事態であれば、からだにその痕跡が現れ、カメラはそれを記録するでしょう。それは確実に起こることです。前回お話ししたカメラの記録の力が、フィクションを撃つのはこの時です。被写体のからだが発するあらゆるサインが、撮られたものが虚構であることを告白する。断片化が映像の証拠能力を損なったように、ここでは記録の力が撮影者たちの作ろうとしているフィクションを破壊してしまうのです。と言っても、私は独りでこのことに思い至ったわけではありません。それもやはり黒沢清という師匠から受け取った考えなんです。ただし、そのことを直接聞いたわけではありません。黒沢さんはある講演のなかで、映画監督を目指すアジアの若者から「いったいどうやったらリアルな、迫真とも言える場面を作ることができるのか?」という問いを受けたことを回想しています。その講演録から、ちょっと長いですが引用します。

思い切って言ってしまうと、何のことはなく、映画に映っていることは全部リアルなのです。これはちょっと考えれば当たり前だと気づくはずです。カメラとはそういう機械なのです。(……)カメラは身も蓋もなく目の前のものを撮っている。それは、それそのもの、嫌になるくらいリアルなのですが、それを撮影していて、どうにも白々しく嘘っぽいのは何故か。だって当たり前だ、それは先日脚本で書いた通りだから。この感覚は、映画を撮ったことのない人にはわかりづらいかもしれませんが、一度でもカメラを回したことのある人は、おわかりではないでしょうか。俳優が目の前で予定通り台詞をしゃべっている、それがリアルにとらえられている、ということは、それはやはり俳優が台詞をしゃべっているように見えるわけです。俳優が言われた通りにこんな台詞をしゃべっている、ということがそのまま映ってしまっている。だからそれが嘘っぽいと感じるのは当たり前なわけです。それが映像というものなのです。

カメラで撮る、つまりそれは脚本を書いているときに頭のなかで想像していた様々なドラマ、物語性、エモーションといったものが、見事に次々と全部剝ぎ取られていく行為なのです。カメラとは、あらゆるものから「物語」や「ドラマ」を剝ぎ取ってしまう機械のようなのです。ただ、リアルにしか撮れない機械、それがカメラ。まったくしゃくにさわる機械です。そんな機械で物語を語ろうというのだから、映画はそもそも破綻したメディアだと言っていいでしょう。

(『黒沢清、21世紀の映画を語る』boid、二〇一〇年、一九三―一九五頁)

黒沢さんがここで語られていることを私なりに敷衍すると、俳優の身体は、カメラの回り始める前の時間もそこに持ち込んでしまう、ということです。どんなフレーミングも威勢のいい「よーい、ハイ!」というかけ声も、その連続性を断ち切ることはできず、俳優がそれまでどうやって過ごしてきたか、大げさに言えば「生きてきたか」ということがショットには流れ込んできます。つまり、撮ろうとしている被写体こそが必ずフィクション外の要素をフレーム内に、ショットのなかに密輸入しているのです。黒沢さんはそのことを指して、映画はフィクションを語るには「破綻したメディア」だと喝破しました。この文章を読んだとき、本当に目からウロコが落ちるような思いがしました。そうか、当たり前なのか、と。自分がそれまでずっと悩んでいた問題の答えを得たような気がしました。お気づきのように、本日話してきた考えの大元が、この引用の中に凝縮されています。あらゆるフィクションが、撮られたそのそばから、隠蔽しようと目論んでいた虚構性を告白してしまう。その点で、カメラと演技というものは相性が絶望的に悪い、とさえ言えるでしょう。これは大問題です。そのことを観客は問題にしないのでしょうか。

ただ、これに対する結論はほぼ出ているのです。もちろん、「顔をカメラに向けろ」という指示に従う身体は単に顔を向けるのみならず、身体や所作の何らかの部分でその指示自体まで伝えてしまう、それどころか彼は演じる当の人物でないことも常に告白しているのです。しかし幸か不幸か、大部分の観客はそんなこと、い、い、い、い、気にしません。気にするのは、よほどの変わり者だ、ということです。そうでなければ映画が、少なくとも劇映画がここまで続くはずがないのです。

「カメラと顔」の問題に関して言えば、俳優がカメラに顔を向けることは、言うなれば映画と観客の間の「お約束」です。「お約束」というのが貶めているような言い方であるならば、二つのからだの間の、最も美しい約束、と言い換えても良いかも知れません。俳優が自身の動きにコントロールを加える。そのことで生まれるぎこちなさは間違いなくあります。ただ、観客はそれを気にしない。正確には気にならないではないが、「顔」が見えることのほうをより大きなメリットとして受容しているということでしょう。むしろ「顔」が見えないのでは面白くない。観客はときに「顔」を見ることを楽しみに映画を見に来たりしているからです。

しかも、こうした「カメラと顔」の調和状態のうちに、カメラの存在が観客の意識から消え去ってしまう、ということが実際には起きます。呼応というか調和というか従属関係というか意見は分かれるかもしれませんが、多くの観客はこのとき、カメラと被写体の間にあった距離を意識することができなくなります。「見えない」からです。そのためにカメラの存在は観客の意識から消えてしまい、透明化します。観客にとって見えないものを意識し続けることは非常に負荷が高いからです。むしろ、それを忘れることによって観客である自分こそがその顔を眺めているような陶酔を味わうことができます。この、観客との圧倒的な親和性の高さゆえに、「役者がカメラに顔を向けること」において生ずる濁りは許容される、と言うか認識の隅に追いやられます。それどころか、そこで達成された調和は映画史において「至芸」の一つとしてあります。実際、私もマキノや成瀬、増村、そして古典的ハリウッド映画の達成を否定するための言葉はまったく思いつきません。

映画におけるフィクションと現実の葛藤を、このように短くまとめることは本来決してできません。ここではせめて、その葛藤を体現する人たちを紹介したいと思います。どうしても、生理的にその葛藤を打ち捨てることができない人たちです。カメラがからだの状態を極めて率直に記録する。ならば、からだの状態を「芝居」ならざるものにしてしまえばよい、そうすればそれもまた必ず写る、と考える人が出てきます。芝居は芝居である、とは言え、「芝居」をただの「演技」とすることぐらいはできるかもしれない。つまり、芝居から「カメラを意識の中に含みこむ」ことを完全に引き去ってしまう。からだがカメラに対してしていた配慮を引き去ってしまえば、そのこともまた必ず写る。ただ、被写体がもしカメラに写されるための配慮を全く欠いたとして、そのとき、それでもまだ映画は、映画であり得るのでしょうか。あるものを作りながら、同時に破壊するような人たちは、単純に考えて狂人です。ここで映画史を代表するような「狂人」たちを三人ほどご紹介したいと思います。一人目は、先ほど出た名前ですが、日本映画最大の巨匠ですね。溝口健二です。二本ほどご覧いただきます。

▼15……『西鶴一代女』

着物で十分速くは走れないという制約はあるにせよ、ここまで本気で走っている人を映画で見ることはまず少ない。にもかかわらず追い切れるカメラワーク、というのは撮影現場を知る人間からすると驚きです。的確に捉え続け、逃さない。しかも単に背中を追うのではまったくなく、あくまで女の「顔」を見ようとする。おそらく助監督をしていた田中徳三の発言だったかと思いますが、「溝さんのメ

15

インポジションは面追いなんです」と言っていた記憶があります。カメラは面を追う位置に置くということ。つまり、カメラは顔を追うということ。

『西鶴一代女』でもその「顔」に対する執着がはっきりと現れています。必死で逃げる女。その「顔」を必死で追うカメラ。ともすれば本当に逃しかねない。しかし逃さない。この「面追い」は当時の撮影所の技術によってのみ可能になったことと言えるでしょう。今より昔の方が技術が高いと言うと意外に聞こえるかもしれません。もちろんテクノロジーの発展という意味では現代の映画に分がありますが、撮影所の技術とは言ってみれば協業、共同作業の技術です。「同じ釜の飯を食う」という言葉がありますが、映画が最大の娯楽であった時代に映画を量産し続ける撮影所では、それこそ無数に呼応し合うスタッフたちが存在しました。俳優たちも基本的には撮影所に「俳優部」として在籍しており、絶え間なくスタッフと役者のフィードバックが存在し、言葉にされた知識とそうでない暗黙知、そして信頼関係が撮影所全体で蓄積・共有されていたと思われます。そこでこそ、先ほどご覧いただいたマキノや成瀬たちのような最高度の「カメラと顔」の調和的な関係が生まれていた。俳優たちがカメラに顔を向けることの心的負担は、今よりずっと低かったはずです。しかし今ご覧いただいた溝口の『西鶴一代女』で生まれていたことは、もう少し特殊なことのように思われます。「逃げよう」とする被写体と「追う」カメラの距離自体が伸縮するこのとき、カメラと顔の最高度の緊張状態を示すように「背中」と「顔」の中間地点としての「横顔」が画面上に現れます。

溝口健二の登場人物たちは「嫌で嫌でしょうがないから逃げている」と喝破したのは小説家の阿部和重さんでした。二〇〇六年の溝口健二国際シンポジウムで、私は客席でその話を聞きながら、この田中絹代の「横顔」を象徴的なものとして思い出していました。本気で逃げる人、その人の顔をやはり本気で収めようとすると、「横顔」として写り込むということなんです。登場人物が本気で逃げ出す、とはもちろん、溝口健二が役者が逃げ出すほどにしごき抜いていたということでもあるでしょう。だからこそ全力で演技をする、この場合は全力で逃げ出すのです。溝口健二がどれだけ役者たちをしごき抜いたかというエピソードには全く事欠きませんが、百聞は一見にしかず、ということで、溝口演出を端的に視覚化しているショットと私が思うものをご覧いただきます。ここでも横顔が映し出されます。

▼16……『夜の女たち』

これはもはや逃げられないと観念した女の顔です。彼女が次に映画の中に現れるのはいわゆるパンパン、売春婦としてです。たった1ショットで普通の女が「夜の女」に変わって

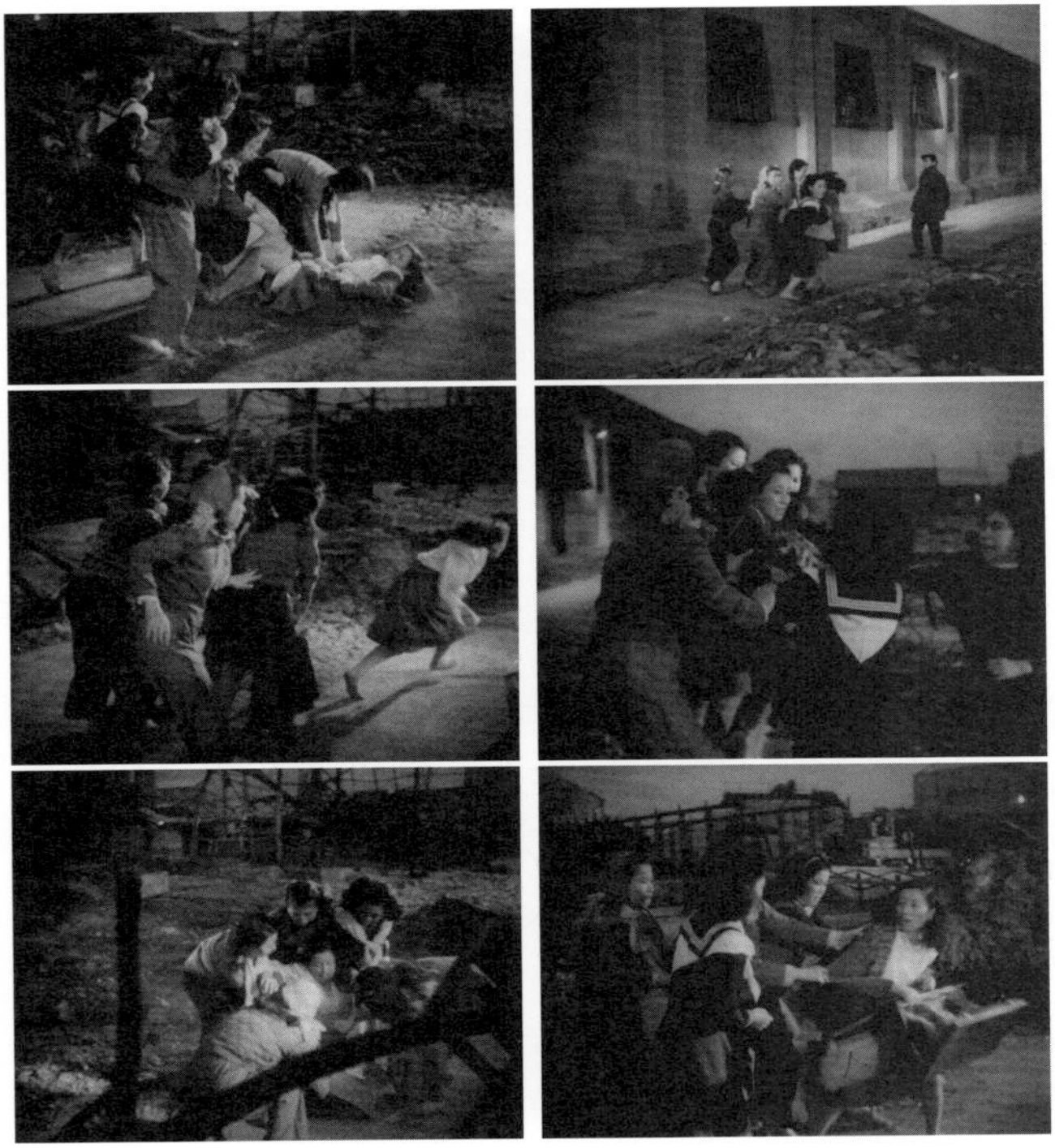

しまった。一度見て以来忘れられない、恐ろしいショットです。よってたかって追い詰められ、身ぐるみ剝がされ、半裸になって、他の選択肢をすべて奪われて、夜の女になる。溝口健二が役者を裸にひんむいて、その人をこれまでとは全く別の何かに変えてしまう。そのことを1ショットで示しています。これは現場で起きたことそのものであって、その記録を見ることに胸が痛むような気持ちと、フィクションとしての達成に抑えがたいような興奮も感じ、両義的な気分にさせられます。

最後の横顔は、本当に呆然という感じで、こんなことされたら自然とこんな顔になるよな、という気がします。ショットの最後の最後で、横顔が大きく見え、少しピントが外れてしまう。これは、おそらく狙いではないでしょう。ピントを外れるということは本来の動線を外れる、芝居を維持できなくなっている、と

16

いうことです。おそらく彼女の足がふらついていて、カメラに近づきすぎた。ピントを外れ輪郭が滲んでいくとき、私は何だか自分の目に涙がたまっているような気持ちになりました。感情が溢れ出しそうな表情です。芝居を超えて、本当にただこんな顔をしているように見えてしまう。この「ピントずれ」はいわゆる「芝居」の臨界点で起きたことという気がします。ここから先はもはや「芝居」ではまったくなくなってしまう。役者の身体に生じているフィクションとドキュメンタリーの境界面・臨界点のようなものを、溝口健二のカメラはただ記録しています。

ただ、「芝居」の臨界点と言うとき、それはやはりまだ「芝居」の領域、その境界線にギリギリ留まっている、ということでもあります。「顔をカメラに向ける」という義務は意識されないものになっているとしても、完全に消えているわけではない。彼女は映されることを許容している。だからこそ顔が映る。そして、顔を確かに映し得たからこそ、最高度の顔とカメラの緊張関係の記録となっている。その引きちぎれる一歩手前のテンションが記録されていることで、溝口の映画は今も世界中の観客に深い衝撃を与え続けています。しかし一方で、もし本当に役者がカメラの前から逃げ去ってしまったらどうなるだろう、と夢想せずにはおれません。それでもそのとき、映画は映画のままなのだろうか。この問いへの答えは意外と早く、八〇年代に訪れました。相米慎二監督の『ションベン・ライダー』をご覧いただきます。テレビの普及によって撮影所が崩壊した時代、映画をテレビと隔てるもの、映画を映画たらしめているものは何なのかという問いに作り手たちがさらされた、そういう時代を代表する映画です。

▼17……『ションベン・ライダー』

17

いかがだったでしょうか。印象に残るのは人が落ちるたびに上がる水しぶき。たまに起こる発砲の煙。そして、人がとにかく動いている、という事実。何だかそれ以上でも以下でもないものが記録されているような気がします。相米映画の伝説的と言っていいワンシーン・ワンショットが繰り広げられる場面です。私がこの映画の一場面を見た、というか見せられたのは大学一年の映画論講義のことでした。今よりずっと画質の悪いVHSの画面で見せられて、何が何だかほとんどわからなかった。それでもそのことを覚えているのは、見せた先生の超然とした態度によって、ですね。「すごいものを見ただろう」「これが映画なのだ」と、そう口にはしなくとも感じさせる、そちらの態度の方をより強く記憶しているような気がします。

そのとき、この貯木場の場面が1ショットで撮られたものである、ということは説明されるまで特に思い至りませんでした。ただ、その時点である意味では映画論の先生の思惑通りのことが起きていました。今まで中高生のときに見ていた映画、ましてやテレビドラマとは全然違うものを見ているということだけはわかったからです。今見るとなぜ「何が何だかほとんどわからなかった」のかも、わかるような気がします。それは「何を見たらいいのかわからない」からです。不鮮明な画面だったこともあり、私がずうっと感じていたのは「人が遠い」ということ、その結果として「顔が見えない」ということでした。不思議なものでそれだけで「何やってんだか全然わかんない」ような気持ちになるのです。アクションそのものはちゃんと映っている。水しぶきも銃の煙も映っているのに、「顔」がないだけで何も映っていないような気持ちになる。その自分の体験が、今日お話ししたようなことの出発点にあると思います。

この一場面を見せることで、その先生は私の「映画には顔が映って当然」というすごく無自覚な前提そのものを撃ち抜いたわけです。先ほども言ったような、古典的な映画において達成される「顔とカメラ」の調和の中で、映ることのない「カメラ」の方は意識から抜け落ちていってしまいます。私もその場面を見るまで「映画はカメラで撮られている」ということは知っているのだけれど、それを実感したことはなかったのだと思います。ただ、「人が遠い」と感じたそのとき初めて、それまで意識したことのない「カメラと被写体の距離」というものをおぼろげながら感じたように記憶しています。しかし、その距離はアステア＆ロジャースの伸縮するような、ある意味では決して離れることのない、約束ごとのある距離ではなかった。おそらくこの場面を見ただけで、誰が誰か、この場に何人いるか、正確に把握できる人はいないでしょう。人が次々にフレームに入っては消えていく。水に落ちたら人は見えない。でも、より人が見やすいようにカットが割られることもない。マキノの時のように、人は続けて入ってくるけど、『ションベン・ライダー』の彼らはカメラに顔を向ける気などなさそうです。ここではある意味、溝口健二が真に目指したもの、その一端が実現されている。人物がカメラに対して一切手加減なしに逃げ去ってしまう。

カメラが特定の人物を十分に捉えられる、ということがない。ついに俳優がカメラ前から逃げ去ることに成功したわけです。カメラと俳優の距離が引きちぎれていく、しかしその引きちぎれた距離をそれでもなお手繰り寄せるようにして撮っている、そんな印象があります。そのとき、撮影行為そのものがスペクタクルと化します。

先に言ったように、このとき撮影所はすでに崩壊してしまったが、技術自体は死に絶えたわけではありません。多くの技術者がフリーランスの状態で、仕事が来るのを待っていたわけです。相米慎二が役者たちをけしかけて、手加減なしにカメラの前から逃がそうとする。しかし、その手加減無用の扱いを受けることで、スタッフたちは自分の体に眠っていた技術を再起動されたような感覚を味わったのではないでしょうか。もはや

「顔」は撮り得ない。「撮り得ない」のは、狙い定めるべき被写体がもはや田中絹代の時のように一つではなく、無数に、思い思いに蠢いているからです。原理的にこれはもう撮りようがない。しかし「顔」を撮るべく培った技術の枠を尽くして「撮り得ない顔」をなおも撮ろうとする。ここでは先ほど述べたようなカメラと被写体の極度の緊張関係、というかそれが引きちぎられる様が映っています。「撮り得ないというできごと」自体が「カメラで記録される」、そういう映画崩壊寸前ともいうべき事態です。そのことによって、かえってこの1ショットは「撮影行為そのものの記録」という性格を帯びるようになりました。顔が一瞬消えることで、それが再び現れるときに鮮烈に感じられるのと同じように、『ションベン・ライダー』における「映らない」という事態は、普段ほかの映画で見るような「映っている」がどれほどの異常事態かを教えてくれます。メイキングカメラのように第三者的に撮影行為を記録しているのとは違います。それでも私はこの1ショットを見て初めて、「映画を撮る」ということはこういうことだったのか、と初めて体感しました。映画を撮るとはカメラで被写体を撮ることだったのか、と。

そこにはカメラが映っていません。にもかかわらず、カメラの存在をどんなメイキング映像よりも実感した体験でした。その点においてこの映画体験は、劇映画におけるそれよりもはるかに記録映画・ドキュメンタリー映画の方へと接近していたと思います。そこには「撮り得なさ」を通じて却って、撮影者のからだが、それまで見たどんな映画よりも強く刻まれていました。ただ何度も言うように、被写体がカメラの前から逃げ去っていくのであれば、それは映画づくりの、少なくとも劇映画の大前提が崩壊するということです。相米慎二の映画は、それでも被写体のしっぽを捕まえるようなスタッフの圧倒的な技術力とのバランスによって支えられていました。それを誰もができるわけではないというのは当然だし、相米慎二自身も「映画崩壊」寸前までのチキンレースを繰り返すこのような演出をずっと続けられたわけではありませんでした。狂人として相米慎二を紹介しましたが、私の解釈では相米慎二は狂人たらんとして勇気を振り絞り続けた常識人です。だからこそ、私は相米慎二から勇気をもらうのですが、それは今日する話ではありません（『他なる映画と 2』収録の相米論参照）。九〇年代以降の相米慎二は「顔」を撮ることへ回帰していきました。私はそれを全く後退とは思いません。「顔を撮ること」はおそらく映画が観客とともに生きていく上で非常に本質的なことだからです。

でも、「お芝居」ではない演技を撮りながら、それでもなおカメラが「顔」を捉えるためにはいったいどうしたらよいのだろうか。そのための実験をやり続けた男がいる。それが最後の狂人、ジョン・カサヴェテスです。『フェイシズ』というまさに「顔」を主題とした映画もありますが、今からご覧いただくのは、『こわれゆく女』という映画です。その映画から少し長めですが、精神に異常をきたした妻を病院へと収監することを決める場面、かかりつけの医師がやってくるところからシーンの終わりまでをご覧いただきます。

▼18……『こわれゆく女』

ついついため息が出てしまうようなシーンです。素晴らしい、というようなため息ではまったくなく、見ているとこちらのからだが極度の緊張状態に陥り、シーンが終わってそこから解放されたことから出てくる、そういうため息です。このような種類の演技や物語がお好きでない方は当然いるでしょう。ただ、私にとっては本当にこの世にこのような演技を生み、かつ持続的に記録した映画が存在し得るのか、と見るたびに驚く場面

18

です。映画史における最高の演技場面の一つと思います。

ここでは実にたくさんの顔が映っている。中心となるのは、ジーナ・ローランズ演じるメイベルの顔です。感情の波のアップダウンが本当に激しく、いかにも精神に異常をきたしたという感じがします。しかし、これはもちろん演技であって、だからこそすごいと思える。そして、彼女を見つめる誰の顔も彼女との関係性に即して実に的確な表情をしている。この的確さはどのようにして得られているのか。もちろん彼らは演じているのだけど、ジーナ・ローランズの演技が反応を引き出していると言っていいでしょう。夫のニックを演じたピーター・フォークがのちに「眼の前で君が壊れていく、信じられなかった」と、今もって忘れがたいシーンとして彼女に対して語っています。それは正直なコメントなのでしょう。おそらく共演者も、ジーナ・ローランズが演技を通じて、虚実の境界を踏み越え、本当におかしくなってしまったのではないかという不安を抱いたはずです。その反応こそが捉えられている。ジーナ・ローランズは、当初は舞台用に構想されたこのシナリオを渡された時、これを毎日やったら本当に精神がおかしくなってしまう、と思ったそうです。当然のような気もしますが、それはやはり自分の演技がその境界までいく、もしくは踏み越えていく性質のものだったからでしょうし、それが毎日ではさすがに戻れなくなると思った、ということでしょう。しかし、毎日やることはもちろんなかったわけですが、このシーンを何度も見て驚かされるのは、見ているシーンが結局のところ「何度も繰り返し演じる」ことでしか撮られ得ないものだからです。

このシーンが本当にすごいのは、その「本当に起こっているようにしか感じられない」演技が幾度となく繰り返されてできている、という事実です。そう判断するのは、人物たちの感情的な瞬間を捉えるうえで必要な位置に、常にカメラがあるように思われるからです。まるで感情の自動追尾装置でも発明されたかのように、カメラが顔と居合わせている。この場面を見ると、いつもそう言いたくなります。映画を撮る人間として、本当に信じられない思いがします。先ほどのシーンから、あるつなぎをもう一度ご覧いただきます。

▼18（再）……『こわれゆく女』

"Am I right, Nick?"「そうでしょ、ニック？」とメイベルが何度も尋ねる場面の、二つのショット。これは非常に奇妙な、掟破りとも言えるようなつなぎなんですね。演技のアクションもレンズの焦点距離も違うけれど、ほぼ同方向で撮られている。ただ、同軸のヨリともヒキとも言えない。後の方のショットでは、人物は少し大きく映されていますが、そんなには変わらない。一方で、レンズ自体はより望遠になっています。つまり、カメラは前のカットより離れた位置にあります。演技の調子や背景音の調子も微妙に違うので、これは違うテイクのものをほとんど無理やりつないでいるのだと判断できます。つまり複数テイクが存在する。これだけの演技を繰り返している、ということに驚愕せずにはおれません。そうした演技はどのようにして生まれ得るのか。俳優がカメラに対する配慮をしない、ということによってしかあり得ません。なぜ配慮していないと言えるのか。カメラがどうも、これから目の前で何を起こるか知らないようであるからです。

カメラが何を撮るべきか前もって正確に把握していないような感じがあり

18

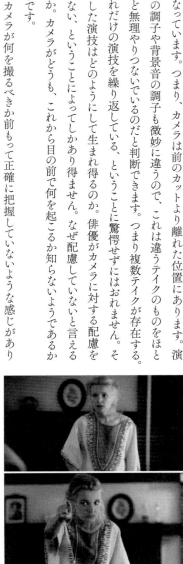

ました。ピントが外れ、時に「背中」が画面を覆ってしまう。今回改めて見返して、本当に挑戦的な撮影と編集だと思いました。この背中やピンボケは他のアングルからのショット＝編集素材を差し挟んでごまかせなかったのか。そのための素材は十分にあったこと、それだけ繰り返し撮られたことはまず間違いない。それでもごまかせなかったのだと思います。こうとしか編集し得なかった。まず、このような演技は、カメラへの配慮を一切廃棄して、ただ相手役と反応し合うことによってのみ可能だったでしょう。とすれば、カメラは何が起こるか知らず、起こったことをただ撮るしかない。戦略は一応あります。家の中の区切られた空間で撮ること。『ジョンベン・ライダー』のようなオープンスペースではないことで、人物の動きの限定性が高まります。また、シナリオ上この女性には「家にとどまりたい」という欲求が与えられているということ。それゆえ、役者がキャラクターを演じる限り、家の外に出ていくことはない。被写体たちの距離は決定的に離れることはなく、伸縮の範囲にとどまることになります。その中でカメラを配置すれば、向き合う登場人物たちの顔のどれかを捉えることは最低限できる。しかし、おそらく一度では撮りきれない。まず登場人物が多く、演技のアンサンブルがそろうには必ず時間が掛かったでしょう。そして、素晴らしい演技を更新すればするほど、それに見合うリアクションショットも十分に撮らなくてはならない。しかし、カメラは役者たちがどう動くか正確には知らないわけです。驚かされるのは、それなのにピントの合いづらい望遠レンズを使っていることです。これは俳優から十分に距離を取り、彼女らの間で相互反応が生じることを最優先した結果です。そうでなければ真正なリアクションが生じることもまたありません。映画の現場を知る者からしたら、地獄のような状況ですが、それが自身の求める演技を捉えるためのカサヴェテスの選択でした。ポジション数と演技の質から判断して、テイクを十数回は重ねたでしょう。そうすることによってしか撮り得ない演技を撮れた。

さて編集だ、となったときに今度はおそらく「切れない」という問題が彼を襲ったはずです。

先ほどワイズマンがバレエを編集するにあたって、バレエ本来のリズムに沿わざるを得ない、という話をしました。おそらく同様のことが、このような充実した演技においては起こるはずです。よく撮れていない場面をカットし、よく見えている「顔」に差し替えることも編集できっと試したはずです。しかし、そのことでかえってもともと1ショットの時には存在した「今ここで何かが起きている」ことの生々しさが損なわれてしまう、失われてしまう。「顔」を撮り損なっているとしても、そこには被写体に対して呼応しようとした撮影者のからだの感覚、彼が感じていた持続が残されているからです。そして、演技を必死で捉えようとする撮影者は、確かに自身のからだがそこにあったことを露呈させてしまうけれど、役者の動きへの追従に自身の役割を限定することで、観客の意識に対して存在を消そうと努める古典的な透明性を回復してもいます。そうした両義的な感覚は、ショットに撮影現場のドキュメンタリーとしての性格と、劇的な真実とも呼ぶべき性格を全く同時に与えます。そのとき、カサヴェテスはそのショットを切れない。編集素材が言うことを聞いてくれないような感覚をカサヴェテスは編集中にたびたび感じたはずです。結果として残っているのが、ピント外れや大きく写り込んだ背中です。ただ、背中が映っているからと言って、それを単純にドキュメンタリー的とは言いたくない。ここで映る背中が、あくまで顔を求めることで写り込んだ背中だからです。フェイクドキュメンタリー的に、本当らしさを捏造するように撮られた背中とは全く違います。私にとってジョン・カサヴェテスこそ、フィクションとしての映画の力と、ドキュメンタリーとしての映画の力を同時に最大化している映画作家の代表です。そのことは端的に、この場面の顔と背中の混淆において表れています。

カサヴェテスの映画の一つ一つのショットは、必ずしも見目麗しいものではないにもかかわらず、決定的な調和を示している撮影所時代の日本映画のショット連鎖に勝るとも劣らない、シーンとしての強度を獲得しているように私には思われます。見直すたびに驚かされるのは、このシーンでは頻繁にカットとカットがアクションや位置関係のレベルではつながっていないことです。にもかかわらず、強烈な「持続」の感覚がこのシーンにはあります。あらゆるショットがつながって息づいて見えるということに、この映画を見返すたび、その前以上に驚かされます。ここでも「つながらないのに、つながっている」。カサヴェテスは映画を現実的な時空間の連続性に全く従属させない。にもかかわらず、その断片を強くつなぎとめる編集原理がある。その編集原理とは何か。何度見ても、その正体は未だにわからないというのが正直なところなのですが、私は「エモーション」と呼びたいと思います。

撮影も、編集も、セオリーに従っているものはほとんどありません。おそらくあらゆるテイクは、連続的に見せるには問題を抱えていたでしょう。編集に際してカサヴェテスは、撮られたショットを再‐断片化して、編集で使用できるようなかたちでエモーションを掬い出す、という作業をしていたはずです。撮ったショットを最も適切な「断片」へと切り出し、然るべき緊張を保持するように編み直す。気の遠くなるような編集作業を経て、映画は観客に提示されています。こうでしか撮り得なかったものを、こうとしかつなぎ得ない、というところまでカサヴェテスが磨きあげている。そのことで観客もまた、この映画を見る時にエモーションを感じることができています。

ただ、ここで言うエモーションは、単に精神的な現象ではありません。あくまで登場人物たち、役者たちの具体的な動きを通じて感じられるものです。その動きはもはや、振り付けられたものではなく、役者自身から発露した自発的なものとして感じられます。その自発性の印象が先に述べたような『こわれゆく女』に残っている技術上の混乱や失敗を通じて「強調されている」「捏造されている」と考えるべきではないとも思います。そうした混乱や失敗はあくまで自発的な動きが生まれるように演出し、それを本気で追いかけた結果でしかない。証明する手立てはありません。これればかりは、見て感じるほかはないものです。

こうでしかあり得なかったものを見ているそのとき、観客はこの「動き」と、あとは「声」を通じて、人のからだを突き動かす内的な何かが存在していることを感じ取ります。エモーションというと「感情」と訳されますが、ただ個人の気持ちとかフィーリングとかとは全く違うレベルの、人を内側から突き動かし、人と人の距離を伸び縮みさせているものが、ここには存在しています。そうした「動き」や「声」がまた連鎖的にエモーションを、つまりは新たな「動き」や「声」を相手役から引き出す、相互作用している。エモーションとは、そうやって人と人との間を還流しているもの、私たちから溢れて、あいだを流れるもののことです。役者を通じて、スクリーンを超えて、観客までも届いてしまうような何かです。だから、私たちはこの場面を見ているときに、からだ自体がその場にいるように、緊張状態に陥る。カサヴェテスの映画を通じてそういう「エモーション」を確かに見た、感じたことが、私が映画をつくり続ける最も大きな理由の一つです。

そろそろまとめましょう。すべてを同時に手に入れることは基本的にはできません。「顔」と「背中」を同時に撮ることはできません。溝口健二、相米慎二、ジョン・カサヴェテスというこの三人に共通していることはといえば、やり方は違えど「芝居」を廃棄することで、被写体にとってカメラが何らかの形で再び「異物」となったということです。フィクションという「被写体がカメラに顔を向けてくれる」形式を選びながら、言ってみればドキュメンタリーに再接近している。しかし「被写体にとってカメラが異物である」こと自体を変えられないのだとしたら、その異物はいかにして被写体と共にあることができるのでしょうか？ 溝口はその境界面として「横顔」を撮りましたが、カサヴェテスや相米においては「顔」と「背中」の混沌がそのまま映ってもいます。単純に言えば「顔」を撮りたければ、その分ドキュメンタリー的な力を失うことになります。その逆もまた然り。そういうトレード・オフの関係があるとして、ではあなたはいったい、何を見せてもらうのか。

ここまで色々なからだを見ていただきました。「重ねた時間」「熟練のダンス」「顔」「背中」。そのどれも、この上なく素晴らしい現れ方をすることがありました。問題にすべきは「いったい、何をカメラに見せてもらうのか」ということです。「時間」なのか、「呼応」か「顔」か「背中」か、それとも「エモーション」なのか。はたまた「魂」とも呼ぶべきものなのか……。映画監督は演出家として被写体からカメラに「いったい、何を見せてもらうのか」を決め、それに狙いを定めなくてはなりません。「いったい、何を見せてもらうのか」、これは果たして、かつて黒沢さんが立てたのと同じような、映画を作るための根本的な問いになり得るでしょうか。わかりません。ただ、いつからかずっと私の胸に住み着いている問いです。

カメラに「いったい、何を見せてもらうのか」――そのことが決まれば自然と、「いったい、どうやってそれを見せてもらうのか」という具体へと、ものごとは移っていきます。その具体が演出です。「演技」を引き出すこと。果たして演出とは何か、演技と演出はどのような関係にあるのか。それが次回のテーマです。しかし、すでに随分と長い話になってしまっています。次回へとつなぐために、ジーナ・ローランズの発言を引いて終わりにしたいと思います。

フランスの映画批評誌『カイエ・デュ・シネマ』のインタビューで「カサヴェテスの作品では、あなたには相当自由が与えられていたのでしょうか。即興で演技なさってるような、つまりそのくらいとても自然な印象を受けるのですが」と問われたジーナ・ローランズはこう答えます。――「それって最高にすばらしい褒め言葉だわ！

こういった感情はどこから生まれるのか理解しようと努めたりもするのよ。だって本当はわたしたち書かれた台本を読んでるだけなんですもの！」（『カイエ・デュ・シネマ・ジャポン』七号所収）

ちなみにピーター・フォークもまた、カサヴェテスはもちろん俳優でも監督でもあったけれどそれ以上に「何よりも脚本家だった」と回顧しています。私自身は彼女たちの発言を聞いて、鈍い驚きのようなものを感じました。あの演技が即興ではまったくなく、むしろ「書かれた」ものであるのか、と。ただその驚きが鈍いものにとどまったのは、むしろ深い納得があったからです。そうでなくてはあのような演技を繰り返すこと、つまりはエモーションを繰り返し生じさせることは決してできない、と腑に落ちました。

役者とはカメラの前で演技を繰り返してくれる存在です。その繰り返しがあって初めて、カメラは役者の「芝居」ならざる演技に、間に合い、居合わせることができる。エモーションに到達できる。ワイズマン作品で見た通り、「繰り返し」とカメラの相性のよさは、疑いようもありません。では役者が演技をよりよく「繰り返す」にはどうしたらよいのか。映画の起源よりも更に古くから在るものを低く見積もってはなりません。脚本の存在です。書かれたテキストがあるから、同じことを何度もできる。失敗してもリトライできる。当たり前のことしか言っていませんが、テキストを使って演技をする、ということは「私が、役者から見せてもらいたいもの」を引き出す上で最も合理的なことと思えました。脚本という書かれたテキストがあることは「演技は演技でしかないようにカメラに写る」という変えがたい現実と対するためのほとんど唯一の突破口とも感じています。

次回、特に「シナリオ」を用いた「演出」がどう「演技」を引き出すか、に絞って考えていきたいと思っています。予告しておきますと、本来今回触れたかった二人の監督、ジャン・ルノワールと小津安二郎のことは、次回必ず取り上げます。そのことで、「演出」と「演技」が決して分かれたものではなく、お互いに作用し合う共同作業なのだ、という当たり前のことも改めて示せたらと思っています。今日も長々と、本当にありがとうございました。

他なる映画と 第三回

映画の、演技と演出について

二〇一八年一二月二三日、bdbd（仙台）
「映画のみかた006 濱口竜介による映画講座」
（主催＝幕の人）

本日はお越しいただきありがとうございます。濱口です。

幕の人企画「映画のみかた」にお誘いいただき、「他なる映画と」と題したシリーズでこうしてお話をしておりますが、本日が第三回で最終回となります。第一回は「映画の、ショットについて」で、主にカメラがショットに与える二つの性質――記録性と断片性――を果たして映画監督はどう扱うのか、という話をしました。前回の第二回は「映画の、からだについて」で、撮影現場には被写体と映画作家の、互いに他なる二つのからだが存在し、それが相互に影響を与え合っている、という当たり前の事実を、しつこいぐらいに確認しました。そして第三回の今日のお題は、その「二つのからだの相互作用」について具体的に踏み込む「映画の、演技と演出について」となります。ただ、このお題もまた難しいものです。というのは、話題にするものの一つ、「演出」は基本的に映画の画面には現れないものだからです。第一回の言葉遣いで言うと、断片化の結果として演出は「フレームの外」もしくは「カメラの回し始めより前」に置かれて記録されません。多くの映画では、演技は映っていても、演出は映っていない。今日は、その不可視の「演出」の痕跡を見定める手助けとして、前半は特に「シナリオ」に頼ります。皆さんのお手元にも紙の資料としてお配りしています。

ここでお断りしておきたいのは、シナリオから演出の痕跡を浮かび上がらせる、ということが常に、どの映画に対しても可能であると思っているわけではない、ということです。ただ、今日取り上げる映画に関しては、その素晴らしさの秘密を知りたくて、藁にもすがるような思いでシナリオを入手して確認したとき、自分の中で非常にビビッドに「ああ、こんなことをしていたのか、だからこうなっていたのか」と、「演出」というものが浮かび上がるような思いがした作品を選んでいます。今日は、いくつかの点として存在している情況証拠を取り上げて、私自身の撮影現場での経験・記憶、言ってみれば「からだ」全部を使いながら、どのような演出があったかを推理していく、そういう話になります。だから今日皆さんが聞くのは、映画演出というものの確かな姿というよりは、私自身の妄想か、仮にもう少し確かなものだとすれば私自身のからだのありようだと思います。そういうものとして、話半分に聞いていただきたいと思います。

では、まず最初に、前回の最後に約束した映画監督の作品を取り上げます。小津安二郎の、『東京物語』と双璧を成すような代表作『晩春』です。ご存知の方も多いでしょうが、この二作の間に撮られた『麦秋』含め三作すべてに、女優の原節子が「紀子《のりこ》」という役名で出演しているため、まとめて「紀子三部作」と俗に呼ばれています。

このうち『東京物語』に関して私は、二〇一六年に刊行された雑誌『ユリイカ』の原節子追悼特集号に「『東京物語』の原節子」という文章を寄せました（『他なる映画と 2』収録）。四千字の原稿依頼だったにもかかわらず、一万一千字になるという我ながら力の入ったものだったのですが、実はこれは未完成ヴァージョンだったんですね。元々は『晩春』論も含めるはずだったところを、字数が膨れ上がってしまうので、泣く泣くカットしました。

そうして中途半端になってしまった『晩春』に対する考えをどこかで発表したいとは思っていたので、今日をその場とさせていただきます。四場面の映像抜粋と、お渡ししたシナリオ抜粋を交互にご覧いただきながら、話を進めていきたいと思います。ちなみに、今日取り上げるとチラシに題名を示した三作品に関しては、物語展開の極めて主要な部分をお見せすることになりますし、基本的にすでに全編をご覧になっているという想定で話を進めます。見ていない方はご容赦ください。では、まず最初の場面です。

▼01……『晩春』(S#11)

01

▼『晩春』シナリオ

S#11 室内

[……]

周吉「ふうん――(呼ぶ)おい、紀子……」

セーターに着替えた紀子が出て来る。

周吉「清《せい》さんいないかな?」

紀子「何かご用?」

周吉「ちょいと見といでよ、一圏《イーチャン》やろう」

紀子「もうお書けになったの?」

周吉「あと少しなんだ」

紀子(笑って)「駄目よ」

と台所の方へ去る。

周吉「おい!――おいッ!」

で紀子が顔を出すと、

周吉(癇癪声で)「お茶お茶ッ!」

紀子、笑って引込む。服部、微笑して清書をつづけ、周吉も再び机に向う。

(『小津安二郎全集』井上和夫編、新書館、二〇〇三年より)

はい。ここは実はシナリオをご覧いただくほどのことはないのですが、注目いただきたいのはこの笑顔の「駄目よ」です。ちなみに野田高梧と小津の連名によるシナリオには、この「駄目よ」に対して「（笑って）」というト書きによる指示が書き込まれています。そのことから、禁止を告げる言葉と大きな親しみのコントラストが演出意図そのままであったことがわかります。でも、それにしても何だか大きい。こんな大輪の花が咲いたような笑顔は、果たして想定されていたものであったのか、という気がしなくはありません。ひとまず、この「駄目よ」の語尾が「よ」であったことを何となく記憶していてください。続けて二つ目の抜粋をご覧いただきます。

▼02……『晩春』（S#52）

02

▼『晩春』シナリオ

S#52　茶の間

［……］
紀子「ゲーリー・クーパー？」
まさ「そうそう、クーパーか、あの男に似てるの、口元なんかそっくりよ」
紀子「……」（笑っている）
まさ（自分の額から上を手でさえぎって）「この辺から上違うけど」
紀子、クスクス笑う。
まさ「ねえ、一度会ってみない？　ほんとに立派ないい人よ」
紀子「………」
まさ「ねえ、どお？」
紀子「あたしまだお嫁に行きたくないの」
まさ「まだってあんた、どうしてさ」
紀子「どうしてって……あたしがお嫁に行くと困るのよ」
まさ「だれが？」
紀子「お父さんよ、あたしは馴れてるから平気だけど、あれで変に気むずかしいところもあるの。あたしがいなくなると、お父さん屹度困るわよ」
と立って縁側へ出る。
まさ「困るったって仕様がないわよ」
紀子（縁側の椅子に腰かけて）「だけどお父さんのこと、あたしが一番よく知ってるのよ」
まさ「でも、お父さんはお父さんのこととして、あんたはどうなのさ？」
紀子「あたしそれじゃいやなの」
まさ「そんなこと言ってたら、あんた一生お嫁に行けやしないよ」
紀子「それでいいの」
で、言葉が途絶える。
まさ「――ねえ紀ちゃん、さっきの三輪さんねえ……」
紀子「――？」
まさ「お父さんにどう？」
紀子「どうって？」
まさ「あんたがいなくなりゃ、お父さんも困るだろうし……」
紀子（じっと見返して）「――？」
まさ（つづけて）「どうせ誰かに来て貰うんなら、あの人なんかどうかしら――ちょいと、も一度ここへ来てすわってよ」
紀子、立ってゆく。
まさ「あの人も、いいお宅の奥様だったんだけど、旦那さま亡くして、子供さんもないし、気の毒な人なのよ。ねえ、どうかしら？　――しっかりした人だし、好みもいいし……」
紀子（真剣な顔で）「そのお話、お父さん知ってらっしゃるの」

まさ「こないだ、ちょっと話してみたんだけど……」
紀子「お父さん、なんておっしゃって？」
まさ「フンフンってパイプ磨いてたけど、別にいやでもなさそうだった」
紀子（急に不機嫌に）「だったらあたしにお聞きになることないわ」
まさ「でも、あんたの気持も聞いときたいしさ、どう？」
紀子（素ッ気なく）「いいんでしょ、お父さんさえよかったら」
いかがだったでしょうか。大輪の花のような笑顔を浮かべていた先ほどの原節子＝紀子の表情に大きな陰りが見えます。彼女の表情はこの映画の中で激しく変化していくのですが、その転換点がこのシーンです。その転換がどのようにして呼び込まれているかを見ていく前に、前提として私が当初『晩春』という映画を見終えて抱いた感想を言っておきたいと思います。それは、どこか紀子＝原節子という人が何だか「異常」な「狂気の人」のように思われた、ということです。このシーンに最も端的にその振幅は現れているのですが、全編見通した人にとっても明らかだと思います。『晩春』における原節子の示す感情の振幅は、二十代後半の女性が父親の再婚に対して見せる感情としては明らかに過剰なものです。

あんなに笑っていたのが、このような厳しい表情を見せるというのは、紀子のキャラクターに与えられた潔癖性的性格から――つまりは亡くなった母に対する父の不貞を怒っていると――正当化しようにも、この映画では亡くなった母のことが紀子の口から漏れることは一切ありません。ここから、よく言われるように、娘を嫁に出す父の気持ちと、父を残しておけない娘の葛藤以上に、『晩春』という映画が紀子の父への「近親相姦」的な感情を扱っているという読みの可能性が浮上します。確かにそう考えたほうがより妥当なようにも見える。いや、原節子の演技がその印象を与えてしまっている、と言ったほうが良いでしょう。後で見るように、この映画は最終的にはかなりアクロバティックにその印象を収めてしまいます。しかし、それが「近親相姦」的な感情ではなかったのだと考えるならば、ますます原節子は「狂気の人」として見える。「じゃあそれこそ、あの激しい感情の揺れは何なんだ」と、こちらの解釈そのものが揺れるんですね。一つの解釈で読んでいこうとすると、その解釈を阻害する要素が含まれている。私自身は、何度も見直した現在、解釈として何の結論も持っていません。ただ、この解釈の揺れ、曖昧さこそが、まさに『晩春』が今も世界中の観客を惹きつけてやまない魅力なのだとは、確信しています。

なぜこのようなことが起こるかといえば、答えは非常に簡単で、単純に原節子の演技のひとつひとつが過剰である、ということに尽きます。『晩春』は彼女のキャリアの転換点でもあって、ここに至るまで彼女は徹底して「美人女優だけど大根役者」という扱いを受けてきたわけですが、小津との初タッグでもあるこの『晩春』で演技賞を受賞するなどして、彼女の女優としての評価もだんだんと改まっていく。見た誰しもが忘れがたい歴史的な女優へと彼女がなっていく上での転換期の作品なんです。ただ、彼女の「大根役者」的演技がどこに由来しているのか、なぜ彼女は小津と組むときに異常に輝いたのかということを考えたとき、それはある状態から別の状態への移行——つまり変化や成長——というよりは、彼女のからだの特質に由来して同時に起こるふたつの事態として、私には見えてきました。

先ほど、このシーンが紀子の感情の転換点だと言いました。それは何によって導かれているのか。私の仮説を言うと、語尾によって、ということです。もう一度、今度はシナリオ（S#52）と照らし合わせながら、紀子の語尾の変化を見てみましょう。

最初は、杉村春子演じる叔母に対して「あたしまだお嫁に行きたくないのよ、」と言います。ここは映画本編ではシナリオと違って、語尾の「よ」が加えられているという点にも注目いただきたいです。書き換えられたのか、原節子の即興なのか、それはわかりません。でも、まだここは「よ」でないといけない。正しい、という気がします。後で説明します。

「あたしがお嫁に行くと困んのよ」
「お父さんよ。あたしはもう慣れてるから平気だけど、あれで変に気むずかしいところもあんのよ。あたしがいなくなると、お父さん屹度《きっと》困るわ」

ここでは、シナリオの「気むずかしいところもあるの」に「よ」がついて「あんのよ」になっています。これも、「よ」でなくてはならない。まだ語末を「の」とするには早いからです。「困るわ」と言い捨てて、紀子は縁側に出ます。ここはシナリオでは「わよ」なんですが、「わ」に変わっている、これもそうでなくてはならないのだ、という気がします。

「だけどお父さんのこと、あたしが一番よく知ってんのよ」
「あたしそれじゃいやなの」
「それでもいいの」

ここでついに「のよ」から「よ」が取れて、「の」がむき出しで現れる。そこで「言葉が途絶える」、というト書きがあります。ある種、コミュニケーションの拒絶のようなものがある。

「そのお話、お父さん知ってらっしゃるの？」

ここでの疑問形の「の」の使い方は「の」が単に内向的なだけの語尾ではない証拠である、と指摘をしておきます。

「だったらあたしにお聞きになることないわ」

先ほども縁側に向かう時に出てきた「わ」です。この瞬間に特に顕著ですが、「わ」が使われるときにはどこか切断のニュアンスがあります。

こうした語尾、「よ」「の」「わ」っていうのは現代では、特にそれがいわゆる「女言葉」「女性語」と言われる用法の場合、「そんな言葉遣い、実際はしないでしょう」と、性差を不必要に強調するものとして槍玉に挙げられるような言葉遣いです。そのため実は現代の脚本家が書くことの少ないセリフの語尾なのですが、それでもある程度よく目にするのは字幕や翻訳を通じてではないでしょうか。どうしても、そのキャラクターが女性であることをたった一文字で表現できる簡便さがあって根絶はなかなかされない。『晩春』でのこうした語尾の使用が、当時の日常生活をどの程度反映したものであったか、確かめようがないので、私はその使用の是非をリアリティの観点からは問いません。ただ、ここでこうした語尾がシナリオ上でも使われ、映画の中にも残っているということだけを確かな現実として受け止めて、話を進めたいと思います。

これらの語尾から私がほのかに感じるニュアンスを無理矢理ではありますが、言語化してみます。まず「よ」。ローマ字に分解してみると、yとoからできている「よ」です。最初に見た「駄目よ」において「よ」は、「駄目」の語をその単体よりも明らかに弱め、和らげています。yの音にはそもそも、「やわらかさ」が備わって感じられます。このyが、発声時に含まれる息の量は決して多くないoというニュートラルな母音と合わさると、どこか柔らかく人とコミュニケーションをする語尾としての「よ」が生まれます。「ヨチヨチ」とか「ヨボヨボ」とかはこうした「よ」の弱さ・柔らかさを使った擬音なのだという気がします。語尾の「よ」には、自分はこう考えているということを他者に伝えるのだけれど、究極的にそれを押し付け切らないようなニュアンスがあります。そこには軽みがあって、自分自身の考えというよりは世間知のようなものを伝えるライトな伝達、という印象があります。

では「の」はどうか。「の」はローマ字に分解するとnとoからできています。鼻音であるこのnの音、何となくのイメージですが、「ネバネバ」とか「ネチャネチャ」という擬音に使われることからも感ぜられるように、ある種の粘着性がnの音には宿っています。これが決して強くない母音oと組み合わされることによってできあがる「の」は、先ほど「女性語」に仮に分類してしまいましたが、どちらかと言えば「幼児語」という印象があります。語尾に「の」をつけて話す子供、例えば「いいの！」と口にする子供には「ぼく・わたしはこのままでいい」という抵抗のニュアンスが感じられます。攻撃性は必ずしもないけれど、他者によって変えられることは拒む。論理的な理解を求めるわけでもなく、自分の未成熟さのうちに留まる点で、自分自身との癒着が感じられる語尾、という印象です。それは幼児的でもあるけれど、「の」より前に発された言葉が「自分自身の変えがたい部分」であると告白しているようなところがあります。「あたしそれじゃいやなの」「それでもいいの」というこのシーンでの紀子のとりつくしまのなさと呼応していて、「よ」よりもディープに、発話内容と話者自身のつながりを感じさせる語尾でもあります。

ただ、その「の」を呼び寄せる契機となったのは「わ」です。彼女は「お父さん屹度困るわ」と言って、もうこれ以上この話はしたくないというように縁側に出ます。『晩春』における紀子の「わ」の用法はどこか「他者との切断」とも結びついているような印象が、彼女の動きからも生じてきます。「わ」は、wとaの組み合わせです。「わ」は人を驚かす時に「わっ」と言ったりしますね。何でかわからないけど、自然とそう言う。wの役割をyやnのように意味的には言えないのですが、言う時に口をすぼめないといけない子音ではあります。また母音aは母音の中でも一番発される時の息の量が多く、その分、会話相手に向かっていく強い指向性を持っています。このaがwと組み合わさると、wによる「ため」があってaで声が遠くまで飛んでいく「わ」が生まれます。「わ」には内から外へと強く向かっていくようなニュアンスがあります。「よ」のような柔らかさは伴わず、他者に対して自分はこうなのだとより強く宣言、断定するようなニュアンスを持った「女性語」の語尾です。

おそらく言語学的にもっと正確なアプローチがあるとは思うのですが、私にその能力がないので、こじつけは明らかにありつつ、一脚本家としてここまで言ったようなことは確信してもいます。私自身は脚本を書くときに、特に女性言葉としての「よ」や「わ」は使いません。理由は先ほど言った通り、単純に現代では使わなくなったというところが大きいですが、それ以上に、こうした語尾が望ましくない演技を役者から引き出すような気がするからです。今挙げた「よ」「の」「わ」などの語尾には、述べたようなニュアンスがやはり確実に存在して、役者からいわゆる「芝居がかった」演技を必然的に引き出してしまう。

現在、このような語尾を伴うセリフは、現実では言わないのだから、現実では言わないような言い方でしかそもそも言いようがなく、観客は「この世に存在しないもの」を見せられているような気になってしまう、そういう事態が必然的に起こるだろうと考えています。それが何かの戦略であればよいのですが、基本的にはただ単に観客のツッコミを誘う要素であるので、使っていないのが現状です。何であれ、このようなことを細々言うのは、たった一文字の語尾が強烈な指向性を持った演出として機能する、ということを脚本家-演出家としての自分は意識的にであれ無意識的にであれ知っている（としか言えない）からです。語尾はそれ自体、ひとつの演出となります。そこでもう一個、個人的には非常に気になる語尾を見てみましょう。

03

▼03……『晩春』（S#71）

▼『晩春』シナリオ

S#71 茶の間

［……］

紀子、冷やかな顔で、戻ってすわる。

周吉「叔母さんからも聞いたろうが佐竹っていうんだがね、その男。――お父さんも会ってみたが、なかなか立派ないい男なんだ。あれならお前としても、まア不満はなかろうと思うんだが、とにかく明後日行って会ってごらんよ」

紀子「…………」

周吉「お前もいつまでもこのままでもいられまいし、いずれはお嫁に行ってもらわなきゃならないんだ。ちょうどいい時だと思うんだが……」

紀子「…………」

周吉「どうだろう。叔母さんも大へん心配してくれてるんだよ。なア――？」

紀子「でもあたし……」

周吉「うむ？」

紀子「このままお父さんと一緒にいたいの……」

周吉「そうもいかんさ」

紀子「…………」

周吉「そりゃお前がいてくれりゃ何かにつけてお父さんだって重宝なんだが……」

紀子「だったらあたしこのまま……」

周吉「いや、そりゃいかんよ。お父さんも今まであんまりお前を重宝に使いすぎて、つい手放しにくくなっちゃって……すまんことだと思ってるんだ」

紀子「…………」

周吉「もう行ってもらわないと、お父さんにしたって困るんだよ」

紀子「だけど、私が行っちゃったら、お父さんどうなさるの？」

周吉「お父さんはいいさ」

紀子「いいって？」

周吉「どうにかなるさ」

紀子「それじゃあたし行けないわ」

周吉「どうして？」

紀子「ワイシャツだってカラーだって、お父さん汚れたままで平気だし、朝だってきっとお髭お剃りにならないわ」

周吉（苦笑して）「髭くらい剃るさ」

紀子「だけど、あたしが片づけなきゃ、机の上だっていつまでたってもゴタゴタだし、それに、いつかご自分でお炊きになった時みたいに、おコゲのご飯毎日召上るのよ。お父さんのお困りになるの目に見えるわ」

周吉「うむ……。だが、もし例えばだ、そんなことでお前に心配をかけないとしたらどうだろう？　仮りに、誰かお父さんの世話をしてくれるものがあったら……」

紀子「誰かって?」
周吉「例えばだよ」
紀子「じゃお父さん、小野寺の小父さまみたいに……」
周吉（曖昧に）「うん……」
紀子「奥さんお貰いになるの?」
周吉「うん……」
紀子（愈々《いよいよ》鋭く）「お貰いになるのね、奥さん」
周吉「うん」

紀子「じゃ今日の方ね?」
周吉「うん」
紀子「もうおきめになったのね?」
周吉「うん」
紀子「ほんとなのね?　……ほんとなのね?」
周吉「うん」
紀子「……」（堪えられなくなる）
そしてさッと立ち上ると、逃げるように出てゆく。

皆さん、もうお分かりになったと思いますが、「ね」です。脚本上には「愈々鋭く《いよいよ》」とト書きがあることも留意しておきたいのですが、この愈々鋭くなっていくのと並行した最後の「ね」の連発はほとんど恐ろしいものがあります。「ね」はn‐eです。先ほどの「の」にも感じられるn音に宿った粘着性に母音e（え）が結合する。このe（え）は、音としては空間的に強い指向性を持つ助詞「へ」と同一です。粘着質の子音nと空間的指向性を持った母音eが重ねられてできた「ね」には、自己と会話相手の「癒着」を作ろうとしている、そんな印象が私にはあります。しかし、「ね」という語尾の恐ろしさは、それを発したことで却って相手の他者性が強く浮かび上がってきてしまう、ということに尽きます。相手の同意を、あらかじめ既に自分の言葉の中に含んでしまっている——問うまでもなく、答えが決まっている——傲慢さが、関係を遅かれ早かれ破壊してしまうのです！　日本映画で主要人物の誰かが相手に「ね」と発したらそれはもう不吉なサインと思ってよいと思います。私などは、この語尾の「ね」を聞くともうほとんど自動的に、関係の不幸な結末を予期して身構えてしまうところがあります。ただ実際のところ必ずしも、そんな映画ばかりではないので、これはもちろん行き過ぎた私の妄想なんですが、私にとって「ね」はほとんど呪いとも言えるような響きを持っています。

「よ」「の」「わ」「ね」と出揃い、それぞれの語尾に固有のニュアンスもある程度確認したところで、最後の抜粋を見ていただきたいと思います。こうした語尾が最終的に、紀子＝原節子をどこに導いていくのか、見ていきましょう。

▼04……『晩春』(S#93)

どうでしょう。恐ろしくはなかったでしょうか。原節子の示すこの異常なまでの艶めかしさは何なのでしょうか。やはりここでは単に「娘の父への愛情」と呼ぶには度が過ぎたものを感じざるを得ません。何か見てはいけないものを見たような気さえします。

私がこのような「語尾」による演出という着想を得たのは、このシーンの脚本を読んだときです。映画では時系列で一つ一つ発される言葉が、脚本上では同時に一覧できてしまうので、それこそ「視覚的」にその異常性を感じたのですね。何でこの人の語尾こんな「の」ばかりなの……と、慄きました。そしてこの異常さに、それを書いた小津や野田高梧が自覚的でないと考えるのは難しいと思いました。「の」ばっかりだな、と読み返してきっと思ったはずです。しかし、おそらくこうでなくてはならなかった。だからそのまま残っている。言い添えておきたいのは、私は書き手が意識的に「の」を演出として使った、と言いたいのではないということ

04

▼『晩春』シナリオ

S#93 夜 部屋

紀子がカバンに荷物をつめ、周吉は紀子が買って来たらしい絵葉書などを見ている。

紀子「お父さん、それ取って頂だい」

周吉「うん?（とそばの何かを取って渡し）早いもんだね、来たと思うともう帰るんだね」

紀子（頷いて）「でも、とても愉しかった、京都……」

周吉「うむ、来てよかったよ——ぜいたくいえば切りがないが、奈良へも一日行きたかったね」

紀子「ええ……」

周吉（見ていた絵葉書を渡す）「オイ、これ」

紀子、受取ってカバンに入れる。

周吉（手廻り品などをゴソゴソ片づけながら）「こんなことなら、今までにもっとお前と方々行っとくんだったよ、もうこれでお父さんとはおしまいだね」

紀子「……」（荷物をつめていた手がふと止る）

周吉「帰ると今度はいそがしくなるぞお前は——叔母さん待っているだろう……」

紀子「……」（項垂れている）

周吉「明日の急行もいいあんばいにすわれるといいがね」

紀子「…………」

周吉「まァ、どこへもつれてってやれなかったけど、これからつれてって貰うさ。——佐竹君に可愛がって貰うんだよ——（そしてふと紀子の様子に気がつき）どうした?」

紀子「…………」

周吉「どうしたんだい?」

紀子「あたし……」

周吉「うむ?」

紀子「このままお父さんといたいの」

周吉「……?」

紀子「どこへも行きたくないの。こうしてお父さんと一緒にいるだけでいいの、それだけであたし愉しいの。お嫁に行ったって、これ以上の愉しさはないと思うの——このままでいいの……」

周吉「だけど、お前、そんなことといったって……」

紀子「いいえ、いいの、お父さん奥さんお貰いになったっていいのよ。やっぱりあたしお父さんのそばにいたいの。お父さんが好きなの。お父さんとこうしていることが、あたしには一番しあわせなの……。ねえお父さん、お願い、このままにさせといて……。お嫁に行ったって、これ以上のしあわせがあるとは、あたし思えないの……」

周吉「だけど、そりゃ違うよ。そんなもんじゃないさ」

紀子「……?」

周吉「——お父さんはもう五十六だ。お父さんの人生はもう終りに近いんだよ。だけどお前たちはこれからだ。これからようやく新しい人生が始まるんだよ。つまり佐竹くんと、二人で創り上げて行くんだよ。お父さんには関係のないことなんだ。それが人間生活の歴史の順序というものなんだよ」

紀子「…………」

周吉「そりゃ、結婚したって初めから幸せじゃないかもしれないさ。結婚していきなり幸せになれると思う考え方がむしろ間違ってるんだよ。幸せは待ってるもんじゃなくて、やっぱり自分たちで創り出すものなんだよ。結婚することが幸せなんじゃない。——新しい夫婦が、新しい一つの人生を創り上げてゆくことに幸せがあるんだよ。それでこそ初めて本当の夫婦になれるんだよ。——お前のお母さんだって初めから幸せじゃなかったんだ。長い間にいろんなことがあった。台所の隅っこで泣いているのを、お父さん幾度も見たことがある。でもお母さんよく辛抱してくれたんだよ——お互いに信頼するんだ。お互いに愛情を持つんだ。お前が今までお父さんに持っててくれたような温い心を、今度は佐竹くんに持つんだよ——いいね？」

紀子「…………」

周吉「そこにお前の本当に新しい幸せが生れてくるんだよ。——わかってくれるね？」

紀子「……」（頷く）

周吉「わかってくれたね？」

紀子「ええ……我儘いってすみませんでした……」

周吉「そうかい……わかってくれたかい……」

紀子「ええ……ほんとに我儘いって……」

周吉「イヤ、わかってくれてよかったよ。お父さんもお前にそんな気持でお嫁に行って貰いたくなかったんだ。まア行ってごらん。お前ならきっと幸せになれるよ。むずかしいもんじゃないさ……」

紀子「……ええ……」

周吉「きっと佐竹くんといい夫婦になるよ。お父さん愉しみにしているからね」

紀子「……」（頷く）

周吉「そのうちには、今晩ここでこんな話をしたことがきっと笑い話になるさ」

紀子（微笑を浮かべた顔に羞いを見せて）「すみません……いろいろご心配かけて……」

周吉「イヤ——なるんだよ、幸せに……いいね？」

紀子「ええ、きっとなって見せますわ」

周吉「うん——なるよ、きっとなれるよ、お前ならきっとなれる、お父さん安心しているよ、なるんだよ幸せに」

紀子「ええ……」

とか明るい微笑でそっと涙を拭く。

とです。セリフを推敲する試行錯誤の中で、無意識的な判断でこのようなことが起きている。こうとしか書けなかった。

先ほど「ね」にはほとんど呪いのような響きがあると言いました。しかし、実際のところ、あらゆるテキストにはほとんど呪術的とも言える力が封じ込められています。スペル（spell）には「綴り」と「呪い」という意味がともにありますが、テキストは書かれる際に、ある「意味」や「ニュアンス」が封じ込められていて、それは読まれるのであれ、口にされるのであれ、その封印をほどいた者に然るべく影響を与えます。それが言葉というものです。

ここで原節子の、この定義不可能な艶めかしさを引き出しているテキスト的な要素は二つあると思います。一つは皆さん、もう十分にお分かりと思いますが、「の」です。原節子の気持ちは、夥しい数の「の」の語尾を伴って笠智衆に伝えられることになります。

「このままお父さんといたいの」
「どこへも行きたくないの」
「お父さんとこうして一緒にいるだけでいいの」
「それだけであたし愉しいの」
「これ以上の愉しさはないと思うの」
「このままでいいの」
「いいえ、いいの」

「お父さん奥さんお貰いになったっていいのよ」――ここだけ「よ」なのがまた意義深く感じられます。

「やっぱりあたしお父さんのそばにいたいの」

「お父さんが好きなの」

「お父さんとこうしていることが、あたしには一番しあわせなの」

断言しますが、ここで原節子のこの定義不可能な艶めかしさを引き出しているのは、この異常なまでの語尾「の」の多用です。ただ、それだけでは十分ではありません。ここには、もう一つのより気づきづらい要素があります。それはこれまではあった「笑って」や「鋭く」「素っ気なく」などといった感情的なニュアンスを含んだト書きがこの場面では見当たらない、ということです。ここでのト書きは「もうこれでお父さんとはおしまいだね」という周吉の言葉を受けた紀子の「手がふと止る」こととそのまま「項垂《うなだ》れている」ことだけであって、ト書きによる指示の水準が、感情から行為へと移っています。今まであったような感情的な指示がない、ということはここで小津は原節子の自発性に期待を寄せている、ということではないかと想像します。勝手におやりなさい、ということ。書き手もしくは演出家からしたら、「それを言っちゃあおしまい」という事態があるわけです。それを「かくかくしかじかこういう意味で」と俳優に一義的に演じられてしまったら、その映画の魂が死んでしまうような、そういう場面は存在します。『晩春』においては、ある曖昧さが決然と保たれねばならない場面、それがここだったのだと想像します。ただ、原節子にとっても演じるヒントはある。それは、もちろんこれまでこの役柄をどう演じてきたか、ということ。そして、この語尾の「の」です。

紀子の沈黙から明けた第一声「このままお父さんといたいの」は明らかに先行する周吉の「これでもうお

父さんとはおしまいだね」に対する応答でしょう。「手がふと止り」「項垂れて」自分の内的な世界へと迷い込んだ紀子が、自分の感情を摑み取ってそのセリフを発する。そういう場面です。そのとき、決定的な役割を果たしたのが、この「の」なのだと思います。この場面の紀子はこの「の」に導かれて、自身にとっても定義不可能な感情をそのまま、ただ自分自身の真実を周吉にさらけ出して、伝えている。書き手が無意識に書き込んだ「の」が、原節子の無意識に働きかけている。そんな気が私にはします。そうして娘の父への思いとも、性的な誘惑とも取れる、多義的な、しかしたった一つの感情が現れる。ちなみにこの一連を締めくくる紀子のセリフ「これ以上のしあわせがあるとは、あたし思えないの」の語尾の「の」は実は映画ではn音の僅かな痕跡があるのみで、「の」としては聞き取れません。口の形も「の」と言おうとしているようにも見えますから直前のシナリオ書き換えによるのではないでしょう。ただ、この「の」はもはや音声にはならない。「これ以上のしあわせがあるとは、あたし思えない」。これもこうでなくてはならないでしょう。「の」が消えることで、内向的なニュアンスはついに消えて、原節子の感情はまっすぐ笠智衆へと向かうことになるからです。ここでついに『晩春』の紀子像が完成したと言ってもいい。不覚にもここで、この女性を紀子と呼んだり、原節子と呼んだりと、呼び方が混乱してしまうのは、まさにもはやそれを分けられないと感じるからです。紀子自身、もしくは原節子自身がここで差し出されているような印象がある。そのことがあらゆる時間と場所を越えて、観客を深く動揺させるのではないでしょうか。その動揺に、紀子＝原節子を前にした周吉もしくは笠智衆は耐えられない。それは彼の異常な瞬きの数にも表れています。

▼**04**（再）……『**晩春**』（S#93の一部、無音で上映）

正直、異常な数の瞬きで、これが演出なのか、無意識的なものなのかわかりませんが、ただただ異常であるとだけ指摘しておきます。フィクションであれ、現場で起きたことであれ、それはこの場での真実と言うべきからだの表現となっていると私には思われます。

　ここから応答として、感動的とも取れる父から娘への訓話があるわけですが、それまでほとんど用いられなかった語尾、「だよ」を周吉が多用しているということは留意しておいていいと思います。それは「世間一般」の見地から紋切り型の言葉で女性の気持ちを封じ込めてしまう男性の言葉として読むことも、まったく可能なものです。上から世間知を教え諭す男の言葉によって、原節子の女性としての感情はまた奥深く封印されていってしまう、ようにも見える。笠智衆を見ようとしない原節子の氷のような表情がその印象をまた強めています。すると、彼女は笠智衆の「なるんだよ、幸せに……いいね？」という言葉に対して「ええ、きっとなって見せますわ」と答えます。これをどう捉えたらいいでしょう。やはり「切断」としての「わ」であって男性の愚かさに対する決別のようなものなのか、それとも本当に文字通りの娘からの父への幸福宣言なのか。ここで曖昧さが極まるのは、結局のところ、ここでの原節子の笑顔に翳りの色がほとんど見られないからです。先ほどまでの紀子のほとんど性的とも言えるような艶めかしい告白と、この娘としての晴れがましさという相容れない事柄が一途に、それぞれ何の裏も感じさせないような形で表現されています。それはもちろん分割されたショットで示されているものであって、撮影現場でひと続きの演技が為されたのではないでしょう。それらの演技を編集でひと連なりにつないで示されたとき、あれほど強烈だった「艶めかしさ」はどこかに雲散霧消し、「娘」とし

04

ての印象だけが残ります。ただ、そうやって提示された同一のからだ（紀子＝原節子）から読み取れる感情のニュアンス、その振幅があまりに激しいため、私は初見時に「異常」な「狂気の人」のような原節子を見出してしまったわけです。ちなみにこの最後の部分ではト書きで、このように書かれています。「明かるい微笑でそっと涙を拭く」と。私の考えでは、『晩春』の曖昧さ、つまり紀子の「狂気」は、原節子がこうしたテキストの指示を、実に忠実に遂行していることに由来しています。

シナリオを読んでから『晩春』を見返すことで、私は原節子が本当に単純に、「素直に」シナリオ通りにやっているんだという印象を受けました。当たり前に思われるかもしれませんが、ト書きによるニュアンスの指示だけでなく、こうした語尾も含んだセリフそのものが持っている指向性も含めて、無意識的なレベルに至るまでのニュアンスをいちいち最大限受け止め、表現してしまう。それが原節子の特質ともいうべき、「素直な」からだです。こうしたテキストの一つ一つに非常に素直に反応してしまうことが、「大根役者」であると同時に、歴史的に稀有な存在感を持つ「大女優」でもある原節子の二重性につながるのだと、私は考えています。

これはいわゆる「脚本が読める役者」ということともまた違います。例えば端的に「大女優」と言って差し支えない高峰秀子なんかは、順番通りには決して撮らない成瀬巳喜男を相手取るときに、脚本の流れを読み込んで、演技の強弱を自分で設計してしまう。そのことを高峰自身がインタビューなどで証言していますし、実際に映画を見てもそういうところがあるのだという気がします。そういう脚本を右から左に水平的に読んで流れを捕まえて、演技を設計するような「賢さ」を原節子は決して持たなかったのではないか。むしろ、与えられたテキストの一行・一語を最大限受け止めてしまう、いわば「垂直的な」脚本の読みをする人だったのではないか。与えられたセリフを、それが指し示す通りに精一杯、一生懸命に表現してしまう。これが原節子が大根役者と呼ばれてしまう所以であったのではないかという気がします。その性質はどちらかと言えば「脚本の読めない」「勘の悪い」役者のものでしょう。

でも、この原のからだの特質、異常なまでの「素直さ」が小津安二郎とは格別の親和性を持ったということなのだと思います。小津の演出においては基本的には役者が「演技をしやすいように」という配慮は二の次、三の次に回されているという印象があります。カット割りの細かい小津映画においては、演技の連続性は、撮影のその都度、絶たれます。伝え聞くところから判断するしかありませんが、演技のためのいわゆる糊代部分——役者が演じやすいように本来使うつもりの少し前の部分から助走として始めること——もほとんどなかったでしょう。極めつけの断絶は、おそらくは役者の視線の先に相手役がいなかったということだと思います。その位置は、多くの場合カメラによって占められているからです。相手役に対してリアクションをすることができず、感情的な連続性は何重にも断たれることになります。そんな中で、自分自身だけで役柄のシチュエーションを立ち上げて、そのとき想定される感情的レベルへと至らなくてはならない役者の、小津組における負担は計り知れないものがあります。こうした条件のもとで、小津の映画は当然「演技」の映画と言うよりは、「撮影」の映画という側面を強めることになりました。だからこそ、小津は『晩春』において、原節子が細切れの撮影においてもなお、これほどの感情的深みに達したことに深く驚いたのではないでしょうか。それは原節子の持つ、テキストをそっくりそのまま受け取る「素直な」からだがあってのことです。そのことでおそらく『晩春』は、小津の予想を超えるような、しかしおそらくは真に望んでいたような定義不可能性、曖昧さを獲得するに至ったのではないでしょうか。

『晩春』において、演技を繰り返させることで有名な小津が、原に対してほとんど注文をつけなかったのは有名な話です。原節子もインタビューで次のように言っています。

セーヴされないで、自分でやりすぎちゃったところがあるのかもしれません。小津さんとおっしゃる方は大分押さえられる方ですけれども、私がはじめてだったからです。あれで私は何か御褒美頂いちゃったのですけれどもね。

(『日本評論』一九五〇年一〇月号)

この「セーヴされな」かったことを、原節子が言うように、初回ゆえの手加減と捉えてしまう人もいるようなのですが、小津がそのような手加減をするということの方がずっと考えづらいとも思います。小津もまた非常に素直に原節子に驚いていた、と私は確信しています。そうでなくては、その後もあれほどに重要な役柄を与え続けるはずがありません。むしろ密かに興奮さえ覚えていたのではないでしょうか。それは、彼がついに演技と撮影が真に拮抗しあった映画を作る可能性をつかんだということです。それはつまり、小津は自身の映画がついに溝口健二の映画を超える、その糸口を原節子に見た。そういうことではないか。これは本当にただの妄想ですが、私はそう考えています。小津は次のように述べています。

僕は過去二十何年か映画を撮ってきたが、原さんのように理解が深くてうまい演技をする女優はめずらしい。芸の幅ということからすれば狭い。しかし原さんは原さんの役柄があってそこで深い演技を示すといった人なのだ。

(『アサヒ芸能新聞』一九五一年九月九日)

これは時期的に「紀子三部作」二作目の『麦秋』撮影当時の言葉と思われます。原節子に最大限の評価を与え、明らかに『麦秋』以後も原節子に役を与えることを考えている。そして、実際その通りになるわけです。『麦秋』に関して、私は他の二作ほど詳しく見たわけではないのですが、そこにはどこか原節子の特性・垂直性をどう使うべきか計っているようなところがあります。『麦秋』では原節子に与えられるセリフ回し自体は、前の話者が言った言葉をそのまま引き取って使うなど、むしろ流れ、つまりは水平性を意識させるよう仕向けているような印象があり、その過剰な垂直性を封じ込めているように見えます。原節子＝紀子が結婚を決める決定的な場面でも、姑となる杉村春子に対して「ええ」という受諾の言葉しか発さずに、そこではむしろ『晩春』のような感情的な深みや振幅は欠いて提示されます。

一つ言えるのは、小津は『麦秋』から、果たして原節子に対してどのようなテキストを与えるべきなのかということに心を砕き、試行錯誤をしていたということです。『麦秋』のシナリオを書く際、原節子の普段の人となりや発言を共通の知人に聞いていた、それをある程度そのままセリフに反映したというエピソードも残っています。小津は原節子に与えるテキストの精度を最大限高めようとしたのではないでしょうか。なぜなら、テキストはそれ自体、演出だからです。特に原節子に対してはそう働くことを、小津は理解していたからです。『麦秋』を経て手に入れた水平方向のダイアローグを、小津は原が汲み取ることに長けた垂直方向のダイアローグと組み合わせて、階段を段々とくだるように原節子＝紀子を感情の深みへと導いていった、そうしてあの『東京物語』が生まれた、というのが私が「紀子三部作」に対して、仮に描いている見取り図です。「『東京物語』の原節子」に関しては先ほど申し上げた通り、そのままのタイトルの論考を過去に書いていますので、興味ある方は是非ご参照ください。

長くなりましたが、続く話のために、ここまでで確認しておきたいのは以下の点です。まず、テキストはそれ自体スペル（呪文や魔法）のように役者の身体に働きかけ、それが演出になるということ。ただ、役者の身体の特性・固有性がセリフを規定する、つまりは逆に役者がテキストに働きかけもする、ということ。そうしてテキストと役者は固有の出会い方をするのですが、テキストと役者が理想的に出会えば真に観客を驚かせるような演技として現れる、ということです。ここには演出と演技の相互作用があります。そのことを休憩を挟んで、小津がおそらく生涯意識したであろう、溝口健二の映画を見ながらまた確認していきます。

*

先ほど、『晩春』を見ながら、テキストが俳優との間に起こすある出会い、のようなものについてお話をしました。これは小津においては、テキストと俳優の直接的な出会い、関係性として現れましたが、それはむしろ特殊な事態という気がしなくもありません。普通はもっと間接的な現れ方をします。俳優はそれぞれのテキストを担って、他の俳優の前に現れます。演技は多くの場合、俳優同士の相互作用として、映画の画面に定着します。その究極的な例と言えるのが、溝口健二の映画です。今日は、すでに告知している通り『近松物語』から、三つの場面をご覧いただきます。と言うか、そこの「声」を聞いていただきたいのです。

溝口健二の映画を語ることの難しさは、語るまでもなく一目瞭然にすごい、ということだと思います。『近松物語』の場合は、二人の人物が素晴らしい演技をしていて、それがこれ以上ないような的確さによって捉えられている。そこに尽きてしまって、それ以上に重ねる言葉が見つからない、というのが正直なところです。

しかし、一体どうやってこのような場面が生まれてくるのか、そのような演技に俳優は達するのか。言葉にならなさは、ついつい伝説による説明へと人を向かわせます。とにかく「もう一回、もう一回」とリハーサルを重ね続けたとか、役者に「反射してますか?」とやはり執拗に問いかけたとか。その徹底的な粘りを通じて、ついに役者から通常見られないような濃密なエモーションが生まれ来る。実際そうなんでしょう。それはやはり考え得る限り最もシンプルな方法論であるとは思います。ただ、それだけではないはずです。どのような精密さがあれば、そのようなシンプルな積み重ねを通じて、あの驚くべき演技が生まれ来るのか。それを見定める方法はあるのか。ここでも、藁をも掴むような思いで脚本に手を伸ばしました。やはり、わからないながらもヒントは得ました。それは長谷川一夫が演じた手代の役の名前、茂兵衛という名前です。ここから三つほど、抜粋をご覧いただきます。

05

▼05……『近松物語』(S#22)

これは最初に香川京子=おさんが、茂兵衛と二人きりで話す場面です。画面外から響くこの「茂兵衛、茂兵衛」という呼び声、特に一言目の「茂兵衛」を聞いて何だかとてもドキッとしました。どこか淫靡というんでしょうか、二人にはまだ何ら性的な関係は生まれていないわけですが、誰にも知られてはならない秘密へと手代を誘う女主人おさんの声は、この時点の二人の関係を反映するようにまだ手探りの、柔らかい響きを持っています。ちなみにこの呼びかけは依田義賢による脚本にはなく、「ふと、気配にふり返ると、おさんが立っている。」という描写でした。このように名前を呼ぶ演出へと変更された決定的な理由は、わかりません。ただ、脚本と照らし合わせて見ていくと、「茂兵衛」という名前にまつわるある妄想が湧いてきました。この響きを覚えていただいた上で、次にとても有名なシーンをご覧いただきます。

成り行きと誤解によって、大経師という暦――今で言うカレンダー――の店を飛び出して、道行きを共にしている女主人・おさんと手代の茂兵衛ですが、追い詰められて心中を図ります。非常に有名な、小舟の上で二人の関係が劇的に変わるシーン、素晴らしい演技をそのまま収めた長回しです。

06

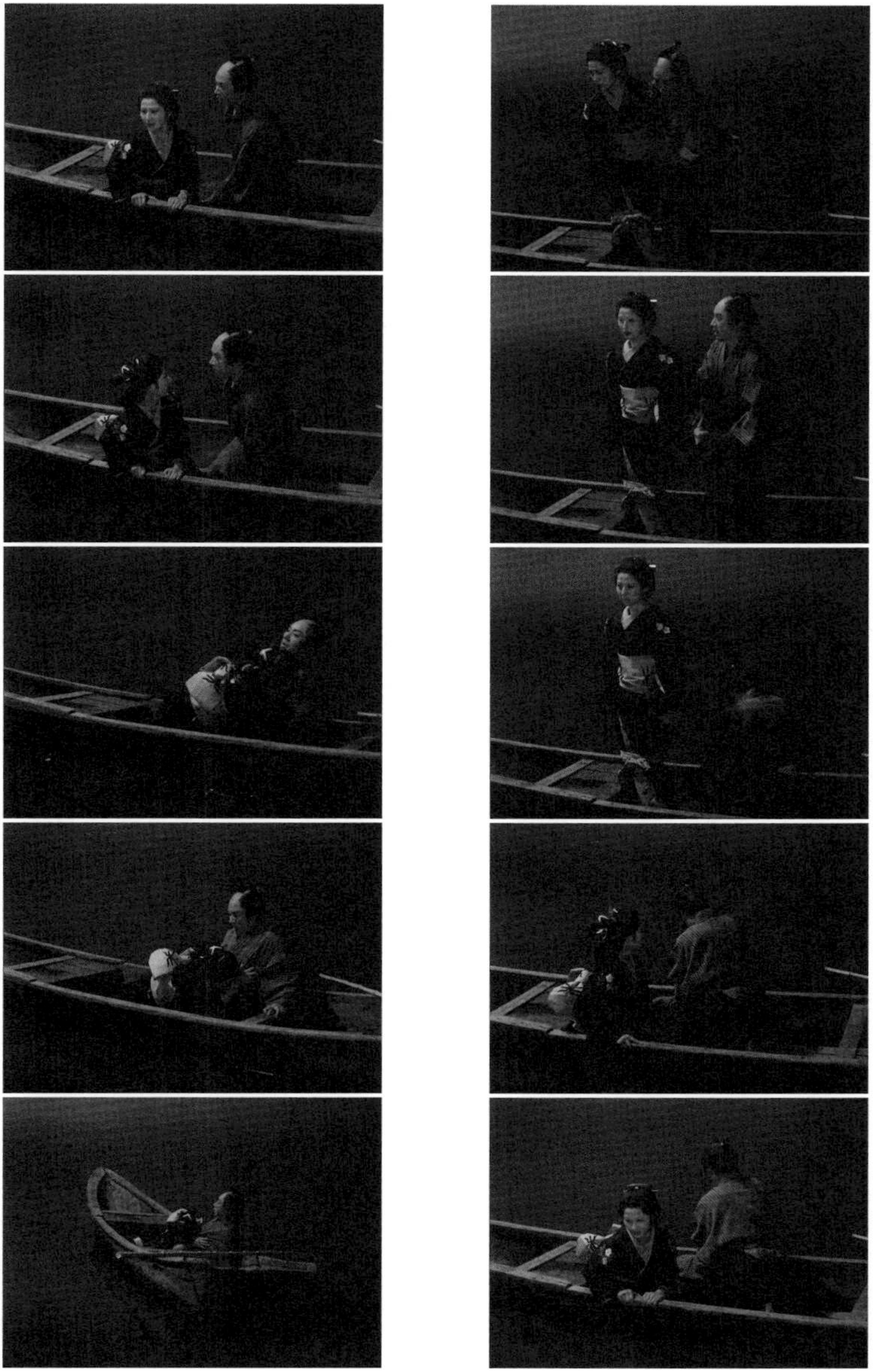

▼『近松物語』シナリオ

S#59　琵琶湖

夕暮の湖に、おさんをのせた小舟を、茂兵衛が漕ぎ出している。人目のない、葦のひとむらのかげに漕ぎつけると舟をとめる。

茂兵衛「おさんさま……」

おさんは、異常な顔で、うなずく。

茂兵衛は、覚悟のきまった、むしろ平静な顔で、おさんの手をとる。

茂兵衛「しっかり、茂兵衛につかまって、おいでなさいませ」

おさんは、茂兵衛の身体にすがりつく。

二人は草履をぬぐと、

おさん「わたしのために、とうとう死なせるようなことにしてしもうて……許しておくれ」

茂兵衛は、おさんの視線を逃がれ、……

茂兵衛「茂兵衛は、もとから、お慕い申しておりました、よろこんでおともするのでございます」

おさんは、はげしい衝動に、胸をつかれて、眼を見ひらき、まじまじと茂兵衛を見る。

茂兵衛は促して、

茂兵衛「さ……、おさんさま、どうなされました」

おさん「…………」

茂兵衛「お怒りになりましたか、悪うございました」

おさん「お前の一言で、死ねなくなった」

茂兵衛「今更何をおっしゃいます」

おさん「死ぬのはいやや、生きていたい」

二人の目には、はげしい情熱が、みなぎって、強い力で抱きしめる。

（F・O）

（『依田義賢 人とシナリオ』日本シナリオ作家協会、二〇一四年より）

▼『近松物語』採録

S#59　琵琶湖

小舟が画面上手からフレームインする。

座っているおさん、立っている茂兵衛。

茂兵衛がしゃがむ。

——カット替わり——

茂兵衛、おさんの顔を見つめる。

茂兵衛「おさんさま、お覚悟はよろしゅうございますな?」

腰紐を茂兵衛に渡すおさん。そのまま腰を上げて少し後ずさり、舟の後部に座る。

おさんの膝元に迫る茂兵衛。腰紐でおさんの足を括り始める。
おさん「わたしのために（茂兵衛の肩に手を置く）、お前をとうとう死なせるようなことにしてしもうて。許しておくれ」
茂兵衛「何を仰います。茂兵衛は喜んで、お供するのでございます。」
腰紐を縛る茂兵衛。
茂兵衛「いまわの際なら、バチも当たりますまい。この世に心が残らぬよう、一言お聞きくださいまし」
おさんを見つめて、また目を下げる茂兵衛。
茂兵衛「茂兵衛は、茂兵衛はとうから……、あなた様を、お慕い申しておりました」
と茂兵衛はおさんの足に取りすがる。
おさん「えっっ……！」
おさんのふくらはぎ辺りを（着物の上から）撫でる茂兵衛。
おさん「わたしを？」
茂兵衛「はいっ……」
身を起こし、おさんの手を取る茂兵衛。
茂兵衛「さっ、しっかり、しっかりつかまっておいでなされませ。さあ……」
茂兵衛は立ち上がり、おさんの手を握ったまま立たせる。
おさんはあらぬ方向を見ている。気づく茂兵衛。

茂兵衛「おさんさま、どうなされました……？」
茂兵衛は身を離し、自分の手を離さないおさんの手を下げさせる。
茂兵衛「お怒りになりましたのか？」
画面奥の方を向いて、そのまま座り込んでしまう茂兵衛。
茂兵衛「悪うございました」
おさんが茂兵衛の方へパッと向き直り、そのまま座る。そして、茂兵衛とは反対方向（カメラの方）へ顔を向ける。
おさん「お前の今の一言で、……死ねんようになった」
茂兵衛「今更何をおっしゃいます」
おさん「死ぬのはいやや……！　生きていたい……！」
クルッと茂兵衛の方に向き直るおさん。
おさん「茂兵衛……！」
おさんは勢いよく茂兵衛に抱きつき、取りすがる。震えるように、茂兵衛の腹部に（着物の上から）頬を擦り付ける。
すっかり腰が引けて、おさんを抱きしめようともしない茂兵衛。
小舟は船尾を回転させて画面奥へ……。

溝口の真骨頂、という感じです。脚本とはそれなりに違うのですが、はっきりと言えることは決して多くはありません。ここに上下の動きが加えられている、ということ。「立つ／座る」というだけでなく、脚に紐を巻きつける仕草も上下の運動を強調していると言えます。そして、もちろん俳優という肉体がある以上、当然のことなのですが、脚本からは決して感ぜられないのは二人の激しい息づかいですね。言葉の中に多量の息が含まれている。最後に指摘したいのは、おさんが抱きつく寸前に発される「死ぬのはいやや、生きていたい」というセリフは元々あるのですが、続く「茂兵衛」という名前の呼びかけは脚本に存在しない、付け加えられているということです。それは、先ほどの密やかな「茂兵衛」という呼びかけとはまったく違う、相手に全身を預ける先触れとしてふさわしいものに思われます。この名前にこれほどのポテンシャルがあったのかと驚かされます。

この茂兵衛という名前、自分で口にしてみるとわかりますが、音声としては「も（mo）・へー（he）」ですね。先ほど語尾の「わ」について、口に溜めを作って息を前に出すことが、内から外に向かうニュアンスを作り出していると言いましたが、この「もへー」という名前がまさにその運動の理想形となっています。この「もへー」という名前の爆発力のようなものを、実際に口にすると感じることができます。「も」のm音を出すためには、明確に口をつぐまないといけない。そこで溜められた空気が、それ自体息を含む次のh音とともに放たれ、そのまま「えー」と伸ばされる。溜めた息をバッと遠くへ飛ばすような、そんな文字の連なりです。ゴジラが放射熱線を口から放つときみたいなイメージがあります。先ほど息づかいに触れましたが、声を出すとは、実は息を吐くことに他なりません。人は自分の身体そのものを一つの管楽器のようにして、息を音にします。楽曲・楽器・プレイヤーに最高のものが揃えば、それは互いの潜在的な能力、ポテンシャルを引き出し合うでしょう。それと同様に「茂兵衛」という理想的な音声が、香川京子のからだから潜在能力を引き出しているし、香川京子もまた「茂兵衛」という名前に潜んだポテンシャルを開いていきます。そして、その音声はただ一人の人間を求める強い指向性を示しています。香川京子の全身全霊が、茂兵衛＝長谷川一夫に向かっていくことになります。

このシーン、それまでまったく茂兵衛を男として見ていなかったおさんが果たして急に茂兵衛を好きになれるのか、現実的に考えた際の疑念を打ち破るような、見たら納得をせざるを得ないシーンです。はっきり言えるのは、この映画の中でこの場面に至るまで、これほど彼女の中に眠っていた生きる活力のようなものが表現されることはなかった、ということです。彼女の生を徹底して押さえつけようとするこの封建社会、クソみたいな世界の中でも、それでも生きたいと願っている彼女にとって、ある男の名前を呼ぶことがそのまま「生きる」ということと重なり合ったように見える。この名前を口にすることなくして、おさんがこれほど激しく身を投げ出すことは想像できません。彼女が死に向かってではなく、生に向かって身を投げ出すためには、この名を呼ぶことが必要だったのではないか。「茂兵衛」という名前を呼ぶことと、彼女の生がここでは一直線につながります。では「茂兵衛」という名前が最終的に、香川京子からどれほどの生命力を導き出すかを見てみます。最後の抜粋です。

▼**07……『近松物語』**（S#70・71）

いかがだったでしょうか。この茂兵衛という名に更にまだこれほどのポテンシャルがあったのかということに驚かされます。茂兵衛はこの声を聞いて耳を塞ぐ。これは脚本の通りです。ただ自分が脚本家だったら書く際に「大丈夫か?」と思うような、リアリティを持たせるのに不安を覚える描写です。実際、脚本では「こだまを伴って」と何らかの音響処理をして、この声を抽象的に表現するよう促しています。しかし、溝口は香川京子の声をナマのまま使いました。この声を聞いたらそう使わざるを得ない、という気がしますし、実際、茂兵衛に耳を塞がせるに十分な声になっていると思います。何たる声の伸びかと驚かずにはいられません。

元の脚本と採録と見比べると、おさんが「茂兵衛」と口にする回数は、より多くなっています。ここでもやはり、溝口や依田義賢がまさかその名の響きが持つ効力を明確に意識して「茂兵衛」という名を脚本により多く書き加えたのだ、とは主張しません。ただ、この名前に隠されている不思議な力が、無意識的に二人

07

▼『近松物語』シナリオ

S#69 もとの［茶屋の］内部

「……」
婆さん「どうなされたのや」
おさん「茂兵衛……」
　と、呼び、裏口へ出てゆく。

S#70 雑木林

　炭焼小屋が向うに見えている。

　茂兵衛は、草むらに身をかくし、心の苦痛をおさえている。

　おさんが「茂兵衛……茂兵衛……」と呼ぶ声が、こだまを伴って、きこえて来る。

　茂兵衛は、手をあてて、耳をふさぐ。

　おさんが、茂兵衛の隠れているすぐ傍のところへ来る。

おさん「茂兵衛……、茂兵衛……」

　と呼ぶ。が、茂兵衛は答えない。

　おさんは涙を浮べ、
おさん「茂兵衛……」

　と、もう一度呼ぶ。が、返事がない。諦めて、他の方を探しに行こうとするが、木の根につまずいて、草鞋の紐を切り、倒れる。辛うじて、立ち上り、切れた紐を結ぼうとする。

　その時、茂兵衛が、耐え切れず、駈け出て来る。

茂兵衛「おさんさま……」

　茂兵衛はおさんを抱きしめ、無言のまま、炭焼小屋の中へ連れて入る。

S#71 炭焼小屋

　茂兵衛はおさんをすわらせ、足もとを見て、
茂兵衛「おけがは、ありませなんだか……」
　おさんは、涙にあふれる頬を、茂兵衛にすりよせ、
おさん「ひどい、ひどい……」
　と、いい、茂兵衛の背を、気狂いのように打つ。茂兵衛は、打たせるに任せ、
茂兵衛「許して下され。……悪うございました」
おさん「なぜ逃げるのや」
茂兵衛「私のために、この上の苦労をおかけ申しては、すまぬと思いまして……」
おさん「茂兵衛と離れて、わたしが、生きてゆけると思うてるのか……」
茂兵衛「悪うございました。……もうどこへも参りません。……お放しいたしません。……許して下され」
　おさんは、茂兵衛の腕の中で、はげしく嗚咽している。
　茂兵衛は、いとしさに耐えず、しっかり抱きしめる。

おさんは、茂兵衛を見上げ、涙に汚れた顔を、一生懸命に、微笑んでみせる。

（F・O）

▼『近松物語』採録

S#69〜71 雑木林

逃げる茂兵衛に気づいたおさん。
おさん「あ、茂兵衛!」
斜面を駆け下りるおさん。
おさん「茂兵衛ー!」
逃げる茂兵衛を追うおさん。茂兵衛はおさんが気になるのか振り返りながら。
おさん「茂兵衛ーっ!」
まだまだ下がるおさんと茂兵衛。
おさん「茂兵衛ーっ!」
――カット替わり――
振り返りつつも逃げる茂兵衛。
おさん「茂兵衛ーっ!」
木陰に隠れる茂兵衛。
おさん「茂兵衛ーーーっ!」
画面奥に現れるおさん。
おさん「あっ（とつまづく）」
つまづいたおさんを気にする茂兵衛。
おさん「茂兵衛ーーーっ!」
名を呼びながら立ち上がるおさん。尋常ならざる声の震え。
手拭いを噛み、こめかみを両の掌で抑え、目を伏せる茂兵衛。
おさん「茂兵衛っ……!」
歩くおさん。またつまづく。
おさん「あ、あっ……」
見かねた茂兵衛が這い出てくる。嗚咽するおさん。
おさん「茂兵衛……」
おさんの足を見る茂兵衛。おさんが顔を上げる。
茂兵衛を叩くおさん。
おさん「何で、何で逃げるのやっ……」
おさんの目が見られない茂兵衛。
おさん「私を一人置いて……。お前は何とも思わないのか……!?」
地面につっ伏し、嗚咽するおさん。
茂兵衛はおさんの左足を取って口づけ、手でさすり、手拭いを結わえつける。
茂兵衛「私のために、苦労をかけ申して……、申し訳ございません」
嗚咽をやめないおさん。
茂兵衛はおさんを見て、上半身の方へにじり寄る。

茂兵衛「おさんさま……。大経師へお帰りくださいませ」
おさん、大きく息を呑む。
信じられないものを見るように茂兵衛を見ながら上半身を起こす。
茂兵衛「旦那様も、喜んで、迎えてくださいます」
茂兵衛はおさんの両肩を摑み正対するように回り込む
（カメラに背を向ける）。
茂兵衛「どうぞ、どうぞお帰りになってくださいませ……！」
茂兵衛はおさんの膝に顔を埋める。
おさん「私が、お前なしで生きていけると思うてるのか？」
おさんは茂兵衛の手を取る。

おさん「お前はもう、奉公人やない、私の夫や、旦那様やっ……！」
おさんが茂兵衛に抱きつく。
そのまま倒れこむ二人。
おさんは嗚咽する。
茂兵衛「悪うございました……！ 悪うございましたっ……！」
茂兵衛はおさんを上にするように抱き替える。
茂兵衛「もうおそばを離れません。もう離れませんっ……！」
二人とも声にならない、感極まった声を出して抱き合う。

にこのような書き加えを促したのではないかという気はしています。『近松物語』をはじめ溝口の助監督を何作も務めた田中徳三が、溝口と依田の二人がどのように現場で脚本を直していたかを証言しています。

「この台詞はこんなところで言う台詞じゃない」ということになり、その場で直しはじめる。（……）台本通りには撮られなかった監督さんですね。（……）黒板がありまして、記録の人間や助監督が、溝口さんがしゃべることをそこへ書きとっていくわけです。それを見ながら、「この台詞はいらんな」と言われれば消していく。そうやってつくっていく場合もあれば、「依田を呼べ」ということになることもありました。（……）そしてその場で一からやり直しですよ。これがたいへんなんです。スタッフも俳優も、そのあいだは待つしかない。

（『国際シンポジウム　溝口健二』朝日新聞社、二〇〇七年、一〇〇―一〇一頁）

想像するに、今ご覧いただいたこのシーンこそ、このようにして書き直しを重ねた場面ではないかと思います。大きく三つほど変更点を取り上げてみます。

一つめに関しては、撮影日より前に変更していたであろうと思われるのですが、まず「S#70雑木林」「S#71炭焼小屋」と二つに分かれたシーンが一つの「雑木林」で展開されています。おそらく分けるメリットがない、と溝口は考えたのではないかと思います。それこそ小津とは真逆に、役者のテンション・連続性を最重要視した結果でしょう。段取りを二つに分けてしまうとそれだけ、役者がそこまで培ってきた感情が雲散霧消してしまう可能性があるわけですから、一つにできるものは一つにしてしまおう、というのは役者の演技を重視した場合にはいかにも合理的な選択だと思います。

ただ長回しのこの場面は、信じがたくナチュラルな完成度ですがセットでしょう。セットであるということは、明らかにロケーションで撮られた先立つショットとは時間も場所も隔たっているということであって、前のシーンからは否応なく演者の感情の連続性は断たれているということです。そうした役者の感情を、このショットのためにいわば「再起動」する必要がある。この場面は何十回もテストをしたと香川京子自身がインタビューで証言しているのですが、それ自体やはり彼女の感情を再起動し、あるべきステージまで引き上げるのにかかった時間でしょう。そうした執拗なリハーサルを経て、あの「茂兵衛」というショット冒頭の叫びは、むしろ前のショットの最後よりも一段高まった形で獲得されています。

「再起動」に関連して、二つめの大きな変更点を指摘すると、それは茂兵衛がおさんに大経師の家に帰るように勧めるところです。脚本になかったセリフが足されています。これが脚本上に存在しないことは構造面では理解できます。というのは、茂兵衛がおさんを思えばこそ離れていくという描写はまさにこの少し前にあり観客も理解していることで、同じことを二度する必要はないわけです。だから脚本家の発想としてはこのセリフは要らない。ただ、現場の演出家にとってはこのセリフは必要なのです。構造上は必要なくても、演技のために必要なのです。先ほど『晩春』の笠智衆の「これでもうお父さんとはおしまいだね」というセリフが、原節子の役柄を自己の内面へと向かわせるという話をしましたが、ここでも茂兵衛に別れを告げられるというある種の否定・拒絶をテコとして、おさん＝香川京子の感情を再び強く振動させる必要を溝口は感じたのではないでしょうか。言ってみれば、ここでの長谷川一夫は演出家・溝口の化身としてフレーム内に現れています。このシーンの強度の中心は、間違いなく香川京子の声なのですが、それを最終的な高みへと導いているのはフレーム内の演出家・長谷川一夫です。

最後に指摘する変更点は、やはりあの決定的なセリフが書き加えられているということです。「お前はもう、奉公人やない、私の夫や、旦那様やっ……！」というこのセリフは書き加えられたものであり、間違いなくおさん＝香川京子を今見たような感情的高みに導く上で決定的な役割を担ったセリフです。「旦那様」という言葉に現代の感覚から違和感を覚える方もいるかもしれませんが、あくまでそれまでの「女主人と奉公人」という主従関係、上下関係をおさんが自ら転倒させるという点こそ重要なのです。

そもそも、このシーンでは限りない上下関係の転倒・逆転が起こります。まずおさんが転ぶ。そして転んだ女主人おさんの脚に、奉公人である茂兵衛が上から口づけをする。これもまた長谷川一夫の演出家としてのひと仕事という気がします。最終的におさんが「お前はもう、奉公人やない、私の夫や、旦那様やっ……！」

というセリフと共に茂兵衛へと飛びかかっていくのですが、先ほどの舟の上とは違って覆いかぶさるのではなく、今度は自分を下にする。でも、それをまた長谷川一夫が抱え上げて、上にする。抽象的なレベルでも具体的なレベルでも、何度となない上下の転倒があります。転倒が持つ効果というのは、単なる「背徳感」とかそんなものではなく、自分がそれまで知らず知らずに引いていた境界線を超えていくことで、生の新たな側面が切り開かれていくということです。そこには境界線があることで、却って明確に意識される世界の広がりがあります。二人の震えは、そうした未知の風景を前にして起こるものと言えます。では、その決定的なセリフをもう一度聞いてみましょう。

▼07(再)……『**近松物語**』(「お前はもう、奉公人やない、私の夫や、旦那様やっ……!」)

どうでしょう。ここに至って発されたこのセリフの響きにはそれまでの叫びとは違う、ほとんど性的な愉悦のようなニュアンスが宿ってはいないでしょうか。ここでは、「奉公人やない」と自ら否定の前振りを入れることで感情の自家発電のようなものが起こっています。「私の夫や」と対等の関係に据えようとしますが、それでもまだ足らない。それで「旦那様やっ」となるわけです。おさんが茂兵衛を上に据えるのは、むしろ自分自身が高みに向かって昇り詰めるきっかけを得るためです。この直前に脚に口づけされたということ自体が、やはり香川京子に高まりを与えているでしょう。最終的にこのセリフに宿った愉悦・感情的高まりは果たして聞いてよかったのかと思うぐらい、猥褻に感じられます。服を着たままで、性交の描写もなく、むしろだからこそ現れる猥褻さがあるということを溝口は知っていました。溝口が狙い定めていた猥褻さとは、いわば存在そのものが露呈されることです。そして、それは声を通じて現れる。彼が撮影の直前に至るまで、徹底的にセリフを直し続けたのは、彼もまたテキストそのものが演出することを知っていたからです。演者の感情、もしくは魂は、適切なダイアローグのルートを経ずには現れない、ということを知っていたからです。結果としてこのセリフと声を通じて、おさんとも香川京子とも言えない一人の女性がそのまま露わになってはいる。

しかし、このシーンをいっそう優れたものにしているのは、最終的に長谷川一夫の身にまで起きた変化です。長谷川一夫という歌舞伎出身の二枚目の大スターなわけですけれど、このシーンでは基本的に、果たしてそうしないと終わらないと思ったからなのか何なのか、徹底して演出家というか、香川京子の引き立て役に回っているところがあります。それは彼女の顔をカメラに向かせるよう両肩を摑みつつ、自らは背中を向けるように回り込む、あの意識的な動きからも明らかです。ただ「旦那様やっ……！」と香川京子が飛びかかってくることで、長谷川一夫の体にも異変が起こります。

脚本で「悪うございました。……もうどこへも参りません。……お放しいたしません。……許して下され」となっているセリフは、映画の中では「悪うございました……！」の二度繰り返しと「もうおそばを離れません。もう離れませんっ……！」と変わっています。その変化はあまりに自然なことに見えます。意味も別に変わっていないし、感情的な高まりを表現する上でむしろ妥当な変化とも言えますが、ただこれは、歌舞伎出身の二枚目スター・長谷川一夫が型を捨てて、感情にセリフを明け渡した瞬間と言ってよいと思います。徹底して型の演技を守ってきた長谷川一夫の演技が、ここで破れる。長谷川一夫にとっては、おそらく香川京子自体がひとつのアクシデントのようなものとして迫ってきたのではないでしょうか。それに対する咄嗟の反応として、彼の演技は生まれていて、この部分で彼の声に含まれる激しく、かつ密やかな息づかいはそれまで聞くことができなかったものです。

更に興味深いのは、ここで長谷川一夫がグイッと香川京子を自分の上に持ち上げていることです。おそらくこの一瞬、長谷川一夫は、香川京子の顔が自分のからだで隠れているかもしれないと危惧したはずで、彼女の顔をはっきりとカメラに見せるための振る舞いです。「女の顔」に対する溝口の強い執着を、何度とないテストを通じて長谷川一夫がよく理解していたからでしょう。長谷川一夫はここからほとんど声にならない声を漏らしてシーンを終えます。演技の型の崩れはむしろ極まっている。この一連すべてが、この上なく感動的だと思います。長谷川一夫のからだに染み付いた習慣が、まだ演技の経験が十分にあるとは言えない香川京子によって壊され、作り替えられているようです。奉公人と女主人が逆転するように、演出家と演者がここでは逆転してしまったような印象があります。長谷川一夫の一連の所作や声から感じられるのは、それこそ長谷川一夫のからだが、意識と無意識、これまで培ってきたものと未知のものの間で激しく揺れているような激しいダイナミズムです。

要約します。この場面を素晴らしくしているのは、まず徹底的なテキストの精錬によるものだということです。現場直前まで、演技をしかるべく立ち上げるために修正が積み重ねられたテキストがまずある。そして、そのテキストを互いに担った俳優同士による相互作用があるということです。先ほど原節子に関して言ったように、テキストと俳優のからだの理想的な関係は、固有の、たった一つのものです。溝口と依田が書いたテキストは香川京子と長谷川一夫にはそれぞれまったく違うように働きかけるのです。その違いはなんら否定されるべきものではありません。相互作用が理想的に機能したとき、つまり俳優同士もまた固有の出会いを経験するとき、どこかしら「即興的な」瞬間が現れるのです。テキスト自体は決まっている。しかし、その場で確かに、決まり切った約束事を超えた何かが演技を通じて、生まれている。観客はその場で事件に立ち会っているような感覚を得ることになります。テキストはあくまで即興的なものを呼び込むための準備である。先に進む前にそのことを確認しておきましょう。

その上で、ここで時代を一気に飛ばします。現代において小津や溝口に迫るとしたらこの人だろうという人の映画を見てみます。現代と言っても二十年前ですが、黒沢清監督の『CURE』です。早速、少し長めの一シーンを見ていただきたいと思います。『CURE』の主人公は二人、と言ってしまっていいと思います。役所広司演じる刑事と、萩原聖人演じる容疑者です。刑事の妻は精神を病んでおり、刑事は重荷に感じてはいても、彼女を放り出すことはできないまま、仕事に追われる毎日です。萩原聖人は、自分では手をくださないけれど、彼と話したものは次々殺人を起こし、催眠による殺人教唆の容疑者として逮捕されました。しかし、彼の精神は障害を示していて、精神病院に入れられています。刑事である役所広司は、事件の真相を求めて精神病院に向かいます。そういう場面です。ご覧ください。

▼08……『CURE』(S#65)

いかがだったでしょうか。黒沢清映画についてのイメージというのは人それぞれあると思いますが、中にはその俳優演出を、指示された通りに人が動いているふうに見える「機械仕掛け」のように感じている方もいるのではないでしょうか。ただ、このシーンにあふれるエモーションはそういう固定観念を覆して余りあるもので、黒沢清が俳優演出の面でも第一人者であることを示していると思います。でも、そうした認識の転換は私自身の体験だったことを告白しておきます。あるとき『CURE』を見直していて、これほど演技という面で優れた映画だとは思っておらず、深く驚きました。最初は単純素朴に自分は、役所広司が本当に怒って見えることに驚いているような気がしていました。ただ、時間が経つにつれて、自分が本当に驚いているのは彼の感情状態の起伏の激しさ、1ショットのうちに連続して「人間の感情と身体はあそこからここまで飛躍できる」という事実を示されて、自分は心底恐れ入ったのだ、と理解しました。二十年前の映画ですが、個人的にはこの演技を明確に超えていると感じる現代日本映画に未だ出会っていない気がします。こうした素晴らしい演技を呼び込んでいるものは何なのでしょうか？

脚本を読み直していて、端的にこれが本当に優れたダイアローグであることにまず思い至りました。ありえないほど、素晴らしい。ダイアローグというのは基本的にはコミュニケーションです。発話と応答の連続体です。もちろんここでも表面的にはそうなのですが、実のところ二人は、自分の発する問いに答えさせようとして、応答の拒否を互いに繰り返していることがわかります。特に中盤までこのダイアローグは、コミュニケーションなのだけれど、内実としてはディスコミュニケーションであるように構成されています。これほど成立しない会話は、一般的な人間関係の想定では書くことができません。この二人に与えられた特殊な設定の妙が、ここではキャラクターのリアリティを一切損なうことなく、この本来ならあり得ない会話を成立させています。

萩原聖人演じる間宮というキャラクターは劇中で自ら語る通り「空っぽの存在」であって、問いを発するのみで答えを持ちません。そのため、刑事という本来尋問する立場にある高部＝役所広司に対して、「空っぽ」である間宮は質問返しや応答拒否を繰り返し、高部を苛立たせる。このダイアローグの構造自体が、必然的に高部＝役所広司の感情を増幅させていくようになっています。苛立ちをエスカレートさせて、ついには空っぽの間宮に吸い込まれるように、自分自身のうちに鬱積して、誰にも漏らすことのできなかった自分の妻に対する憎しみにも似た感情を吐露します。圧巻なのはこの部分です。

ただ、脚本を見ていくと、このシーンはただテキスト通りになされたシーンではない、ということがわかります。お配りした採録の方を見ていただくと、脚本と比べて、役所広司の演技が変わっている部分が確認できます。私にとって特に興味深かったのは、以下のゴチック体の部分です。――「何でお前らみたいな狂った奴が楽して、俺みたいなまともな人間が苦しまなきゃなんねんだよ！　あんな女房の面倒を一生面倒見なきゃいけねんだよ俺は!!」

この部分は丸々脚本にはありません。溝口がそうしたように、黒沢清も撮影現場でセリフを書き換え、付け加えたのでしょうか？　違うと思います。つまり、この部分は役所広司の即興です。そう考えるには情況証拠しかありませんが、この部分は私が『CURE』を見ながら深く驚いた、まさに頂点ともいうべき箇所であって、そのセリフが脚本に書き込まれていなかったということには実は深く納得するような思いがしました。私がこの部分を即興と考える根拠をご説明するために、シーンの後半をもう一度ご覧いただきます。

▼**08**（再）……『**CURE**』（S#65後半）

ここでの動き、間宮の前に来てから机の方に向かうという動きが二度繰り返されます。一度目は「ピリピリピリピリピリピリ」と自分の頭を叩く部分です。一旦机に向かうのですが、振り返って「なんでお前らみたいな狂った奴が楽して」と問題の部分を言い始めます。そして、もう一度間宮の方に向かっていく。「俺みたい

08

S#65 同［＝精神病院］**・特別室**

高部、入ってきてドアを閉める。
部屋の奥でくつろいでいる間宮。
高部、間宮の向かいに坐る。

間宮「どうした？　手が震えてるぞ」
高部「（フーと深呼吸し、気を落ち着け）……やっとわかった。間宮邦彦、それがお前の名前だ」
間宮「ふーん」
高部「おい、メスマーって何者だ？」
間宮「誰？」
高部「メスマーだ。お前は武蔵野医科大の精神科で、メスマーとそれから催眠術について研究してたな？」
間宮「何が？」
高部「残念ながら、もうその手は通用しない。お前が覚えていようがいまいが、俺は調書を作成してお前を正式に逮捕し、殺人教唆で送検する、それで終わりだ」
間宮「……（唐突に）あんた、奥さんが死んでる姿、想像したろ」

愕然とする高部。

間宮「（はっきりした口調で）あんたの女房、病気なんだってな」
高部「え？」
間宮「自宅で世話するのは大変だろ」
高部「……それ、どこで聞いた？」
間宮「教えてくれたよ、若い刑事が……女房の話、いやか？」

必死で動揺を抑えようとする高部。
短い沈黙──。

高部「（動揺を抑え）ま、いい。時間はいくらでもある。どのみち、お前はもう逃げられない」
間宮「逃げたいのはあんたのほうだ」
高部「お前の手口はわかってる」
間宮「俺に何でも話してみろ。そのために来たんだろ？」
高部「間宮、お前、犯人たちに催眠術を掛けたな？」
間宮「頭のいかれた女房がいたんじゃ、刑事もかたなしだな」
高部「うるさい！」
間宮「仕事の顔と私生活の顔はきっちり分ける、それがあんたのやり方だ」
高部「犯人たちとどこで知り合った⁉　どうやって暗示を掛けたんだ⁉」
間宮「刑事のあんたと、夫としてのあんたと、どっちが本当のあんたなんだ？」
高部「やめろ！」
間宮「どっちも本当のあんたじゃないよな？　本当のあんたはどこにもいない。女房にもそれがわかってたんだ」

高部「（動揺している）違う！　そうじゃない！」
間宮「見ろ」
　間宮、不意にライターを取り出し、火を点ける。
　高部、間髪入れずにそのライターを奪い取って投げ捨てる。
高部「ああそうだ。女房は俺の重荷だ。お前に言われなくてもそんなことはわかってる。俺は刑事だ。どんな時にも絶対に感情を外に出すな、たとえ家族の前でも、そう教育された。その結果がこうだ。俺にはあいつの心がわからない、あいつにも俺のこの苦しみはわからない、そうなったのは全部俺の責任だ。わかってる、そんなことは」
間宮「そうするしかなかったんだろ？」
高部「そうだ。そうするしかなかったんだ。しかしな、いいか？　俺はこれでいいと思ってる。人間はこうあるべきだとも思ってる。気ままに、楽しく、平和に人生を送る……冗談じゃない。社会はそういうふうにはできてない」
間宮「あー社会が悪い、そういうことか」
高部「お前のような奴がいるからだ。お前のような犯罪者が、俺の頭をピリピリいら立たせる。お前たちがいなければ、俺だって女房とうまくやっていけたんだ。だから俺は女房を許す。お前たちは許さない」
間宮「（ニコッと笑って）すごいじゃない」
高部「……（冷静に）面白かったか？　俺の話」
間宮「ああ」
高部「よし。じゃあ次はお前の番だ。たっぷりしゃべってもらうぞ」
間宮「すごいよ、あんた」
　ふたり、しばし沈黙。
高部「……どうした？　ライターがないとしゃべれないのか……ほら」
　とライターを拾い、火を点けて机の上に置く。
　と、どうしたことか急に天候が変わり、雨が降ってくる。
「……」

（『シナリオ』一九九八年二月号より）

▼『CURE』採録
（後半のセリフのうち、脚本にない部分、脚本と異なる部分をゴチック体で示す）

S#65 精神病院・特別室
部屋に入ってくる高部。
間宮「どうした？ 手が震えてる」
コートの袖に手を隠す高部。
高部「やっとわかった。間宮邦彦、それがお前の名前だ」
——カット替わり——
間宮「あ、そう」
高部「間宮。メスマーって何者だ？」
間宮「誰？」
高部「メスマーだ。お前は武蔵野医科大の精神科で、メスマーと催眠暗示について研究してたな？」
間宮「何が？」
高部「お前が覚えていようがいまいが、俺は調書を作ってお前を正式に逮捕し、殺人教唆で送検する。それで終わりだ」
高部、椅子に座る。
間宮「あんた、奥さんが死んでる姿、想像したろ」
不穏な音がする。間宮が立ち上がり、前に出る。
間宮「あんたの女房、病気なんだってな」
高部の前を通り過ぎ、缶に口をつける間宮。
間宮「自宅で世話するのは大変だろ」
高部「それ、どこで聞いた？」
間宮「教えてくれたよ、若い刑事が。いやか？ 女房の話」
飲み干した缶を投げる間宮。
高部「まぁ、いい。時間はいくらでもある。ともかくお前はもう逃げられない」
間宮「逃げ出したいのはあんたの方だ」
高部「お前の手口はよくわかってる」
間宮「俺に何でも話してみろ。そのために来たんだろ？」
高部「間宮。お前、犯人たちに催眠暗示を掛けたな？」
間宮「頭のいかれた女房がいたんじゃ、刑事もかたなしだな」
高部「うるさい」（※脚本上は「うるさい！」）
間宮「仕事と私生活の顔をきっちり分ける。それがあんたのやり方だ」
高部「どうやって暗示を掛けたんだ？」
間宮「刑事のあんたと、夫としてのあんた、どっちが本当のあんたなんだ？」
高部「**どうやって暗示を掛けたんだ？**」
間宮「どっちも本当のあんたじゃないよな？ 本当のあんたはどこにもいない。それは女房にもわかってるんだ」
高部「**どうやって暗示を掛けたんだ？**」
間宮、ライターを拾って火をつける。
間宮「見ろ」

高部が立って、そのライターをはたき落す。

高部「ああ、そう**だよ！** 女房は俺の重荷だ。お前に言われなくてもわかって**んだよ、そんなことは！** 俺は刑事だ。どんな時でも絶対に感情を外に出すな、（壁際の机に向かいながら）たとえ家族の前でも。そう教育されてきた**んだよ。**その結果がこれだ」

高部、机の上のものを払い飛ばす。

高部「（奥の部屋へと向かいながら）俺にはあいつの心がわからない。あいつも俺のこの苦しみはわからない。そうなったのは**みんな**俺の責任だ。わかってる**よ。だからどうだっていうんだ!?**」

間宮「そうするしかなかったんだろ？」

高部「そうだ**よ！ 他にどうすりゃよかったんだよ!?**（間宮の方へと向かいながら）いいか？ 俺はこれでいいと思ってる。人間はこうあるべきだとも思ってる。気ままに、楽しく、平和に人生を送る、冗談じゃない！（間宮の前に立ち止まる）社会は**そんな**ふうに**なってないじゃないか！**」

間宮「あー社会が悪い、そういうことか？」

高部「お前みたいな奴がいるからだ。お前みたいな犯罪者がいるから俺の頭はいつも、（頭を叩きながら）ピリピリ**ピリピリピリピリ、いらつくんだ！**」

高部は一旦机に向かい、手をつく。

高部「（間宮を振り返り）**何でお前らみたいな狂った奴が楽して**（また間宮の方に向かっていく）、**俺みたいなまともな人間が苦しまなきゃなんねんだよ！ あんな女房の面倒を一生面倒見なきゃいけねんだよ俺は!!**」

振り返り机に突っ伏す高部。再びものを払い飛ばす。しばしの間。

高部「お前**らがいなきゃ、**俺だって女房とうまくやってけたんだ。俺は女房を許す。**だが、**お前たちは許さない」

間宮「すごいじゃない」

高部が間宮の方を向く。

高部「面白かったか？ 俺の話」

間宮「ああ」

高部「よし。**今度は**お前の番だ。たっぷりしゃべってもらうぞ」

＊＊＊（カット替わり）

椅子に座る高部。向き合う二人。

高部「どうした？ ライターがないとしゃべれないのか？」

高部、ライターを拾って火をつける。

高部「ほら」

――カット替わり――

間宮「**すごいよ、あんた**」

――カット替わり――

部屋が急に暗くなる。「……」

なまともな人間が苦しまなきゃなんねんだよ!」と間宮の前に立つ。ここで「あんな女房の面倒を一生面倒見なきゃいけねんだよ俺は!!」と叫びます。この部分は、他の部分と比べて明らかに書き言葉的ではなく、話し言葉特有の同じ言葉の言い直し、のゝたゝくゝりゝが出てきます。これを言い終えると、役所広司はまた机に向かっていく。私がこの部分を即興と考えるのは、単に話し言葉的な乱れがセリフに現れたからだけではありません。

このような動線の指示を、黒沢清がするとはどうも考えづらいからです。全く同じ動線を二度繰り返す、というのはそれまでの線的ですっきりした動きとは異質なものです。それまでは、このように同じ動線を行ったり来たりを繰り返すことはありませんでした。この行ったり来たりは、一言で言えば野暮ったく、文字通りのたくっているようで、ここまで採用されている洗練された動線作りとは印象が異なります。しかし、この動きはおそらく、役所広司が自分の演技のために、自らの感情の発展のために必要としたものです。

ちなみに黒沢さんとは個人的なお付き合いもありますが、今日のこの日まで真相は聞いていません。推理し、妄想する権利を確保するためです。私の考えを言います。黒沢清監督が指示した動線は最初の一回のみだと思います。机に一回行って終わるはずだった。でも、おそらく役所広司にとって、その瞬間の感情は、十分な高みに達していなかった。

まず、そこで感情を上げきれなかったのは、そこに至るまでに上げすぎてしまったからです。役所広司の即興は正確にはどこから始まっているかというと、「うるさい」というセリフの箇所からです。ここは脚本では「!」が付いていますが、映画の中ではまだ冷静さを保った「うるさい」です。そしてここから「どうやって暗示を掛けたんだ?」を役所広司は三度繰り返す。このことでディスコミュニケーションの印象を強めている局面ですが、脚本では後ろの二回は「やめろ!」「違う! そうじゃない!」と既に激しく動揺している。役所広司はここは抑えた。何のためか。これも落差を作るためです。次にライターを叩き落としに立ち上がる、その立ち上がりをきっかけとして自分の感情を爆発させるための準備、溜めと言えるでしょう。ちなみに脚本上の「ライターを奪い取って」「投げ捨てる」という二段階のアクションを、叩き落としの一回に圧縮しています。これが感情の起爆剤となり、役所広司のセリフは書かれたものをはみ出していきます。即興の度合いを増していきます。

ここで特徴的なのは、語尾の「んだよ」という言葉遣いです。書かれたセリフより、乱暴になっていく。ここで、自分でも少し口にするのを迷うぐらいの妄想を口にしてもいいでしょうか。「どうやって暗示を掛けたんだ?」と三度にわたって役所広司が繰り返したのはおそらく、この「んだ」に惹かれて、正確には「ん」、nの音に惹かれてのことです。どこか幼児的な響きもある、自分自身との癒着を含んだこの「n」の音を、役所広司は社会的には露わにできない自分自身を引き出すために利用しています。ただ、感情に落差がつかなくなったのは、このためでもあります。ライターを叩き落として以降、徐々に高まっていくとはいえ、役所広司の感情は基本的にはずっと昂ぶっています。このため、本来その後机に突っ伏すだけの落差が作れなくなってしまった。「ピリピリピリピリピリピリ」も大変印象的なところで、即興性もより強まっていますが、これでも足らない。次のクールダウンに至る絶対的な「落差」を作り出すためには、自分の演技がもはや崩れてしまうギリギリまで行かないといけない。そうして役所広司は振り返って、もう一度萩原聖人の方に向かって言うわけです。「何でお前らみたいな狂った奴が楽して、俺みたいなまともな人間が苦しまなきゃなんねんだよ! あんな女房の面倒を一生面倒見なきゃいけねんだよ俺は!!」と。

この人格崩壊の力を利用して、役所広司は机に崩れ落ちる。ついでに、ものを払い飛ばす。ちなみに黒沢清は、この後訪れる長い沈黙に不気味な背景音を付けています。このいかにも「沈黙を埋めた」感じの音付けはおそらく、予想外にその沈黙が深く、長かったということだとも思います。役所広司にとっても、演技を立て直す、冷静さを回復するために本当にかかった時間なのではないでしょうか。監督にとっても現場で見ていて「これ、大丈夫か」と不安になるような沈黙の長さだったのではないかと想像しますが、結果的にはこれをOKテイクとした。この演技を見ていれば、当然だと思います。

注目すべきは、役所広司が演技に際して取り続けたリスクです。感情が揺れまくっている一方で、物語を怠りなく進むべき方向に向かわせてもいる。自分自身の感情をコントロールするというよりは、手放している。自分の感情を荒波に見立てて挑んでいく、サーファーのような印象があります。もちろん、そうした演技をすること自体が喜びであり、役所広司が役者をやる理由でもあるのだと思います。それにしても、いったいどうして、これほどの長回しで、これほどのリスクを取り得たのか。おそらくは決して潤沢とは言えない予算の中で、コストのかかるフィルム撮影で、ここまでのリスクを取る理由、もしくは条件付けとは一体なんでしょうか。妄想の仕上げとして言うと、これはテイク2なのではないかと思います。正確には二つ目のOKテイクなのではないかという気がします。

これほどの素晴らしいダイアローグがあり、役所広司ほどの役者が演じていれば、テイク1からOKテイクと言ってもよいようなテイクが出てしまうことは大いにあり得ることだと思います。このテイクがあれば、もう撮らなくてもいいかもしれない。しかし、フィルムは現像までどんなミスがあるかもわからない。確認できないまま、この1テイクだけで現場を終わらせることは不安だし、何よりもったいない気もする。とはいえ、監督として役者に感情的な負担のある演技を要求する上で、何か指示を付け加える必要も感じます。例えばこんな風に言うのではないでしょうか。「今のはとてもよかったです。十分OKなんですが、せっかくなので次のテイク、今よりもう少し自由な感じでやってみましょうか」と。このことが、役者に冒険を許可します。「もう撮れている」という安心が、役者を自由にする。私の拙い考えでは、これほどまでの冒険をできるのは、安全が確保されているからこそです。そうやってカメラを回してみたら、すごいものが撮れてしまった、のではないか。

妄想が広がり過ぎたかもしれません。実際のところ、指摘した箇所はすべて脚本に書き足されたものかもしれませんし、動線もまったく指示通りなのかもしれません。もしくは、これは何度もやってついに得られた一度きりのOKテイクなのかもしれません。ただ、何であれ役所広司からこれほどの演技が引き出されているということの背景として、「役者の安心をつくりだす」監督と役者との間の信頼関係を想像しないことは、私には難しいのです。

それがどのようなものであったか、想像を伸ばしてみたときに、少なくとも「自分に自由が与えられているという役所広司の確信」がなくしてはこの演技は生まれないように私には思われました。そして、その自由は、テキストという極めて確かな土台なくしてはそもそも持ち得なかったものです。こうした即興的な瞬間を呼び寄せたのは、そもそものダイアローグの素晴らしさであり、今回ほとんど触れなかった萩原聖人はフレーム内にいながら、やはりほとんど演出家のようであったと、話題を移す前に言い添えたいと思います。

私が確信しているのは、最も素晴らしい演技には必ず即興的な瞬間が含まれる、ということ。そして、そこには捉えられてしまった偶然があるということです。ここまで、実にしつこく、脚本の細部を情況証拠として勝手な推理を繰り広げてきました。本当だろうかと訝った人もきっと多いと思います。私自身、語尾の「の」や「茂兵衛」という名前が明確な原因となって、ああしたシーンが生まれたとは実のところ思っていません。それらは確かに私が言ったように働いたかもしれない。語尾の「の」と原節子のからだ、「茂兵衛」という名前と香川京子のからだは確かに互いに働きかけたのかもしれない。しかし、それらはすべて「偶然」なのです。

その日その時その場所で、たまたまそうなった。テキストが演者のポテンシャルを開いてしまった。もしくは、演者がテキストのポテンシャルを。偶然。それをカメラやマイクが捉えた。だからこそそれを「かけがえのない瞬間」として我々は見ている、ということです。偶然というのは英語では「co-incidence」＝同時に起こるできごとのことです。本当にその時を逃しては、二度と起こらないような正確さでもってそれらがともに生じた。出会った。私が一貫して指摘しているつもりでいるのは、実のところそうした「正確な」偶然です。ここでは演出家の与えるテキストと俳優の演技が、理想的に作用し合う。演出と演技が、お互いにとっての原因であり結果となる。それが「出会い」ということです。それはテキストに対して起こったことでもあるけれど、まったく同時に俳優のからだに対して起こったことでもある。つまりそこで起きていることは、基本的には互いに弱め合うはずのフィクション（テキスト）とドキュメンタリー（現実のからだ）の、ほとんどあり得ないような一致・両立なのです。だからこそそれは、現実がフィクションを破壊せんとしてもたらす数多のハプニングやノイズとは異なる、「正確な」（と呼びたくなる）偶然として感じられるのです。『晩春』でも『近松物語』でも『CURE』でも「正確な」偶然が起こっており、カメラとマイクがそれを捉えている。歴史的名作と呼ばれるものには、このような偶然の「出会い」が連鎖的に生じており、それを事後的に見れば、（ほとんど運命だったかのように）驚くほど綺麗に筋道が通って感じられる。だからこうして指摘もできるのです。

決まったテキストがあることは、偶然が起きることを決して邪魔しません。役所広司が数々の偶然を摑み取っていったように、テキストという準備があることがむしろ、然るべき偶然（の連鎖）の条件となります。テキストがあるから同じことを繰り返せる、同じことを繰り返せる中で、役者の安心と集中状態が同時に作られていく。この時のみに起こる偶然があるのです。そのことを今日の最後のパートで、まずは前回予告したもう一人の監督、ジャン・ルノワールのある記録映像を取り上げながら、見ていきたいと思います。

＊

「演技と演出について」考える最後のパート、今からお見せするのは『ジャン・ルノワールの演技指導』という短編映画で、監督はジゼル・ブロンベルジェ。映画監督ジャン・ルノワールの作品も手がけた非常に有名なプロデューサー、ピエール・ブロンベルジェの妻です。その映画から、「イタリア式本読み」と言われるリハーサルの風景をご覧いただきます。この映画で「演技指導」されているのはジゼル本人で、彼女はエミリーという少女の役のセリフを読んでいきます。

▼09……『ジャン・ルノワールの演技指導』

いかがだったでしょうか。そう言われても、何ともねえという方が

09

多いかもしれません。正直、私自身も未だに、見聞きしていて「あの読み方が良くて、この読み方がダメ」というルノワールの指摘に同調できるわけではありません。見るたびに印象が違う、というのが正直なところです。でも、もしかしたらルノワールもそうなのではないか、という気もするのです。注意をどこに向けるかで、何に気づくかは全然違ってしまう。そういう極めて些細なものを相手にしているのかもしれません。ご存知の方もいるかもしれませんが、私は今から四年前の『ハッピーアワー』という映画の制作ぐらいから、最新作の『寝ても覚めても』まで、このイタリア式本読みを見よう見まねでやっています。言いそびれましたが、「本読み」というときの「本（ホン）」とは、日本の映画業界の言い回しで「脚本・台本」のことを指しています。

絶対にこのやり方でやってやるんだ、とは考えていませんが、これは実際、非常に合理的な方法であるという印象は持っていて、これからも適宜改良しながら、この方法を使ってみようと思っています。というのも、この「イタリア式本読み」が先ほど話したような「偶然への準備」となる、という感覚があるからです。それは今しがたご覧いただいた場面で、ルノワールが非常に直接的に言葉にしています。ルノワールの発言を振り返ってみます。

「一切感情を入れずに読むんだ。（……）最初にセリフを読む時、感情を入れたらどうなる？ 紋切り型になりどこかで見たようなマンネリの表現になる恐れがある。すでに試された使い古しの表現だ。我々が目指すべきは（……）セリフを通して君とエミリーが結びつくこと。先入観を排して初めて結びつくことができる。既存の人物像から真のエミリーは見出せん。それを見つけるのが我々の仕事だ。一本の映画を作る際、俳優や監督がすべての役をそうやって見つければ、名作が生まれる。従来の人物と違う独自の役になるからだ。それこそが真の創造というものだ。」

「電話帳を読むようにセリフを読む。いかなる感情も交えず、ひたすら棒読みするんだ。すると徐々に心が開き、精神が目覚めて、感情が湧き上がる。そして優れた俳優にはある瞬間が訪れる。火花が散って、突然人物が浮かび上がるんだ。」

（DVDの日本語字幕より。高部義之訳）


『ジャン・ルノワールの演技指導』の中で、ルノワールは本読みの最中に何かつかんだら、ある方向づけを行います。この場合は「暴力性」というものがエミリーとこのジゼルの間をつなぐ絆になると感じたようです。実際、この先はその方向性でルノワールは演出していきます。そうやって最終的にジゼル・ブロンベルジェが達した境地を見てみましょう。私は初めて見たとき、非常に驚きました。

▼10……『ジャン・ルノワールの演技指導』

私自身の現時点までの経験で言うと、私は本読みに関しては途中でニュアンスを方向づけることはせず、ただひたすらにニュアンスを抜いて、繰り返し役者に読んでもらいます。それはルノワールの言うような「火花」を本読み中には感じることがないからです。私がまだ十分に鋭くないのだと思うのですが、そのような確かな感触を本読み中につかむことは少ないです。ただ、それでも繰り返し繰り返し読むこと

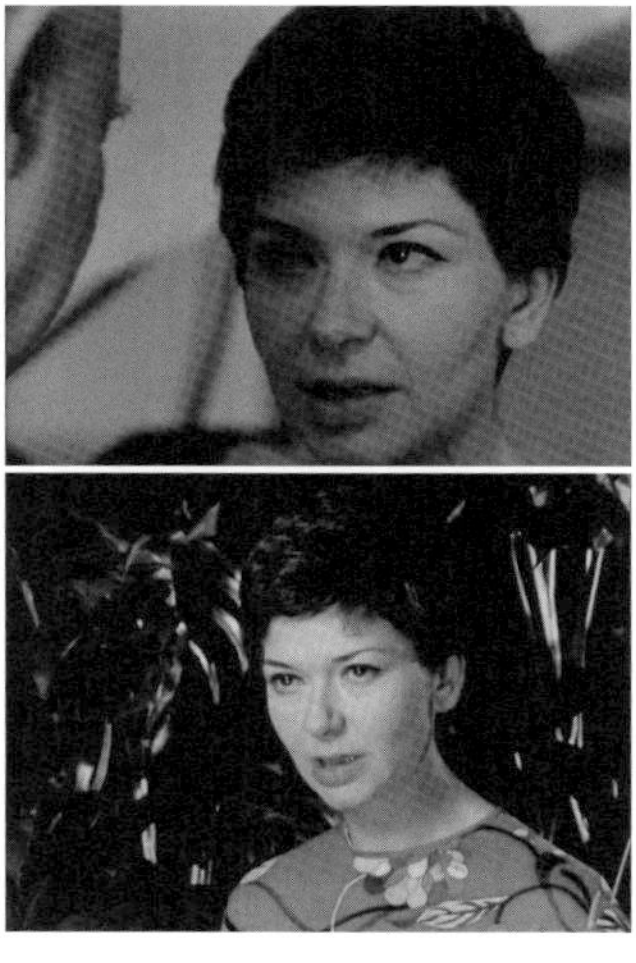

10

で、テキストと役者の親和性が高まっていくのは感じます。簡単に言えば、役者のからだがテキストを口にすることに慣れていく。まず読めば読むほど、テキストに含まれる意味に、役者はある種、鈍感になっていく。意味はすり減って、文字面そのものみたいに読むことができるようになる。そういう印象はあります。ニュアンスなしに、抑揚なく読んでいるのだけれど、妙にしっくり来ている、声に厚みが加わっているような印象を受けます。そして自動的にセリフが出てくるようになるぐらいまで繰り返し本読みをして演技本番を迎えたときに、こうした「火花」がまさに起こったような印象を受けることは確かにあります。こうした「火花」とは、先ほどから話しているテキストと俳優のからだの「偶然の出会い」が、正確な形で起こるということに他なりません。それが起こると、自分の書いたテキストの本当の意味を知らされたような思いになります。

　この本読みが「偶然を迎える準備をする」上で合理的な方法である理由は、ルノワールが記録映像の中で言っていた次のコメントに尽きます。

> 「「［犬が］子供を噛んだ」［というセリフ］で感情が入った。噛まれた子供を想像すると、たちまちその映像が頭に押し寄せる。子供のひどい傷を想像してはいけない。君が役柄を自分のものにした時、想像するのは子供の傷ではないかもしれん。エミリーの心は謎だ。噛まれた子供にはまったく同情せず、ドン［犬］を哀れに思うだけかもしれん。我々は思いがけない方法で、彼女の苦しみを表すことができるはずだ。大きな悲しみに触れ、笑うかもしれん。ののしり、唾を吐くか、身じろぎもしないか……今はまだわからん。だから勝手に決め付けて可能性を閉ざすのはよそう。彼女を深く知るためセリフを棒読みするんだ。」

現場に行くまで、撮影が実際に始まるまで、どうなるかわからない、ということ。このこと自体は当然ですが、「どうなるかわからなさ」の度合いを、進んで高く保っておくということです。偶然は、「ああでもあり得るし、こうでもあり得る」というオープンな状態でない限り、その場に呼び込まれません。

そうした偶然だけが唯一、ある役柄やセリフを、既存の表現の繰り返しとは違う「今ここで起きている」とはっきり感じられる「かけがえのない」何かにしてくれるのです。ある方向性をあらかじめ決め込んでしまうと、偶然が起きる度合いはそれだけ減る、つまり可能性が閉ざされてしまいます。しかし、ただ単に「どうなるかわからない」状態にしておくのとは違います。本読みを繰り返すことで、演者のからだにとってその言葉が口から出てくることは自然な、もしくは自動的なものになります。役者がそのセリフを口にする、ということ自体は逆に強く固定されると言ってもいい。「イタリア式本読み」とは「どうなるかわからなさ」の度合いをある程度高めつつ、同時に限定する方法です。テキストとからだの関係を結びつけると同時に、ある「遊び」を保ちます。単純化して言うと、からだをテキストの文字面とははっきりと結びつけつつ、テキストの意味との関係はできる限りフリーなままに保つ。それを口にした時にどのような感情が生じ得るか、ということに関しては未決定の状態を演技本番まで保ちます。つまり、本読みは役者にその未決定性を受け入れてもらうための準備作業でもあります。

本番においてその日その時その場所で、テキストとからだがどのような出会い方をするかは常に偶然に、あくまでたまたま決定されます。しかし、どんな偶然でもいいわけではもちろんありません。どうやって望ましい偶然、「正確な」「然るべき」偶然を捕まえるのか。徹底的に準備を重ねる必要があるでしょう。イタリア式本読みに先立つ準備があるとすれば、一つは自分が起こしたい、望ましい偶然に向けて徹底的にテキストを精錬する、つまりは書き直すということです。テキストにそれが起きるポテンシャルが備わってなければ、望ましい偶然は起こりません。簡単に言えば、テキスト自体がよくなければ、どれだけ本読みをしても意味はないということです。そして、もう一つの本読みに先立つ準備は、そのテキストにふさわしいからだを選ぶこと、つまりキャスティングをすることです。更には小津・野田や溝口・依田がしたように特定の俳優たちのからだに照準を定めて「テキストの精錬」を重ねる必要があります。そして、ジャン・ルノワールのような目と耳を持っていれば、本読みをしながら望ましい偶然に向けて、あらかじめ感情的な発展をより方向づけしておくということもできるのでしょう。ただ、何であれ、テキストやキャスティング、演出が正しいかどうかを事前に決定することはできません。「正確な」偶然が起きた時にだけ、それが正しかったと事後的に感じられるのみです。

しかし、ここでもう一つの側面を見る必要があります。「イタリア式本読み」は、俳優が前もってしてくる準備や計画をそぎ落とすための作業です。逆に言えば、俳優は前もって準備や計画をせずにはいられないということでもあります。実のところ、準備や計画を私は絶対に必要なものだと思っています。問題は俳優が本番で、準備や計画によって構築した「想定」へと逃げ込んでしまう傾向があることです。言うなれば、目の前の現在に照準を合わせることなく、過去にやった演技や想定したイメージの再現を試みようとする。でも、これは致し方のないことです。「イタリア式本読み」が必要となる背景にあるのは、俳優が撮影現場で感じるそうした強烈な不安です。俳優がセリフの言い方を準備してきた上で、それを手放せないのは、現場で手詰まりに陥ることを避けるため、無能の烙印を押されないためです。もしくはいずれ観客によってそのように判断されてしまわないための予防線として、彼らはすでに記憶や経験の中にある、安全なクリシェに頼ろうとします。他者から否定される、「NO」を突きつけられることはそれほどに過酷なことなのです。

こうなると、「イタリア式本読み」とはそうした過酷さを剝き出しにするような方法であることもわかります。それは、俳優に鎧を脱ぎ捨てて、剝き身で視線に晒されることを強いるからです。偶然性を高めるということは、失敗の可能性＝リスクを高めることに他なりません。この手法は実はそのリスクを俳優に全面的に負わせるものでもあります。現場の権力構造の中では、監督は俳優に説明なしにNGを出すことが究極的には許されてしまうし、言うなれば監督は物事が進まない責任を、「無能さ」の印象と共に俳優に押し付けることができます。そんな状況では、自分が保護されていないと感じた俳優が、自分で自分を守る方向へ向かうことは当然です。望ましい偶然が起こる可能性はそうして遠ざけられていってしまう。だから、偶然を、即興的な瞬間を期待するこの手法は、もう一つの演出上の態度と組み合わせなければ決して効果を持つことはありません。ここで、ジャン・ルノワールと、彼にイタリア式本読みを教えたという俳優ミシェル・シモンの対談を見てみます。ご覧いただくのはフランスのテレビシリーズ「現代の映画作家」の一本で、『我らの親父ジャン・ルノワール』というタイトルでジャック・リヴェットが監督したものからの抜粋です。完全には確認できないですが、おそらく質問者はリヴェットです。今回の映像の字幕は、海外版DVDの英語字幕を基に私が翻訳して付けたものです。

▼11……『我らの親父ジャン・ルノワール』

ルノワール「何か言いたいことが？」

質問者「カメラ裏で撮影助手を蹴りましたよね？ 彼がレンズと俳優の距離をメジャーで測っていたからです。あなたは俳優を大切にするそのあまり、メジャーを突きつけた男をクビにしたのです。魔法が壊れてしまったから」

ルノワール「そうだ。まさに演技をしようとしている俳優の前でいったい何を……。演技は一つの神秘なんだ。どうして上手く行ったか説明できない。そんな一種の奇跡なんだ」

シモン「とてつもない奇跡だ」

ルノワール「その通りだ。だから演じようとしている俳優の鼻先にメジャーを突きつけるなんて……」

シモン「顔のすぐ前でカチンコを叩いたりも」

ルノワール「ありえないことだよ。あの頃は若かったから、そういうことを禁ずるだけの元気があったし、カッとなってよく怒鳴りつけたりもした」

シモン「怒ったな。（目を合わせて笑うシモンとルノワール）今そいつらが三十年経って自分の手柄のように『牝犬』を自慢している。クソだ」

ルノワール「ああ。何であれみんな今に至るまで、ミシェルからも私からも大事なことを学んでいない。俳優へのリスペクトだ。未だに軽んじられている。道のりは遠い」

シモン「そうだ」

質問者「俳優たちが大好きだったんですね」

ルノワール「もちろん。今もさ。（笑う）」

シモン「そして私もジャンが大好きだったんだ。彼の愛を感じていたから。どんな自分にもなることができた。他の誰ともできなかったことも、君とならできた」

スタッフたちの注視やいずれ観客の無限の視線に晒されることに由来する、カメラの後ろ側にいる人間とは比べものにならない俳優の心的負担を想像しないような、リスペクトを欠いた人間は現代の撮影現場においても未だに存在します。私は決して蹴りませんけれども、ルノワールとシモンの気持ち自体は理解できます。「イタリア式本読み」と組み合わされるべき演出家の態度、それは役者を尊重するということです。守る、と言ってもいいかもしれない。ここでもミシェル・シモンとルノワールの距離の近さが印象的なのですが、ジャン・ルノワールがジゼル・ブロンベルジェに演技指導をする際の、距離の近さを覚えているでしょうか？　いきなりルノワールに「私が母親役だ」って言われてもちょっと笑ってしまう。それぐらい近いものでした。私自身はこの『ジャン・ルノワールの演技指導』を本当に何度も見返しています。今日の最初に言いましたけれど、演出そのものは基本的にフレームやカットの外部にあるため、見ることができません。でも、『ジャン・ルノワールの演技指導』は演出そのものが映っている、大変貴重な記録映像・証拠映像なのです。最初は特に「イタリア式本読み」という手法について学びたくて見ていたのですが、ある時期からこのルノワールと役者の距離感が気になるようになりました。あの距離だともうほとんどお互い以外は目に入らないはずです。そういう二人きりの空間――「結界」のようなものをルノワールは役者との間に作っています。

思えば一九三〇年代、『ゲームの規則』という映画が一番有名ですが、ジャン・ルノワール自身がよく自作に俳優として出演していました。単に出たがりなのかなと思っていましたが、あれはおそらく、フィクションの中に入る、俳優の側に立つという振る舞いだったんではないかという気がします。演出だからと言ってフィクションの外側にいるのではなく、誰よりも俳優のそばにいるという態度表明だったのではないか。ちなみに、ジャン・ルノワールは決定的な演技の場面においてよく、『演技指導』の中でジゼル・ブロンベルジェに対してそうしたように自分自身が役者の視線の先に立ったようです（「『ピクニック』の撮影風景」という映像の中にそのことが記録されています）。実際の相手役でないことのやりづらさの方を先に想像してしまうのですが、役者との間に直接的に結ばれる関係性はルノワールの演出にとって、最も重要なものだったのでしょう。そして、それは小津映画のカメラ位置と俳優の関係にそっくりだということは指摘しておきたいと思います。

前回の講座とのつながりで言えば、そのショットにはたとえ断片化されたとしても被写体と撮影者の関係性がそのまま記録されます。そして、まさにそれこそが二人の監督にとって必要とされた、ということです。ここでさらに、ルノワールともう一人の映画作家との類似を指摘しておきたいと思います。ミシェル・シモンが言います。彼の愛を感じていた、だから私も熱烈に愛した、彼の前だったら何でもできた、と。この発言を聞いて、とても驚きました。それは私が最も影響を受けた監督の出演俳優たちの証言とそっくりだったからです。その証言を紹介します。

ピーター・フォーク「人間の振る舞いは多様性に富み、所詮映画や舞台の演技で表し尽くすことなどできない。だから彼は役者に主体性を持たせたんだ。普通の監督の前だったら、こんなことをしたら自分の俳優としての評価が下がるんじゃないか、と守りに入ってしまうところだが、ジョンはみんなにぎりぎりの演技をするように勇気づけていた。役者っていうのは長年演じていると、自分でこうすればこうなるとわかってくるんだが、ジョンはそうじゃないものを望んでいたんだ。それはありがたいことだけど、実際そういう環境におかれると恐ろしいものだ。でもジョンを信頼してたからね。彼の前ではどんなことでも出来た。」

（『Switch Special Issue 3 映画監督ジョン・カサヴェテス特集』一九九〇年、三九頁より）

ジーナ・ローランズ「彼と仕事をすること、それは自ら役者でもある監督に愛されることなの。(……)彼は役者を勇気づけ、他の監督の前では、気後れしてとがめられるだろうと恐れてしまっていた領域にも、自分は踏み込むことができると信じさせてくれるの。」

(同前、三五頁より)

監督ジョン・カサヴェテスについての出演俳優たちの証言です。出演俳優といっても一人は彼の親友で、もう一人は彼の妻ですけれども。ミシェル・シモンがジャン・ルノワールについて語った言葉とあまりに似ていないでしょうか。ジャン・ルノワールとジョン・カサヴェテスの映画は、ともに俳優たちから感じられる即興性にどこか似た雰囲気があるとは言え、やっぱり全然違います。それでも、やはりそうなのかという深い納得を抱いたりもしました。私が二十年近く映画を作ってきて、この四、五年ぐらいでようやく腑に落ちたことがあります。当たり前の事実なんですが、演じるということはとても大変なことなのだ、ということです。俳優にとって本当にこわいことなのだ、というそれだけのことなんです。特にカメラの前で演じることは、不特定多数の、無数の他者のジャッジに晒されるということであって、それがどれだけ底知れない恐怖であるか、ということに以前は十分に思い至っていませんでした。その恐怖に立ち向かうためには、どんな役者も励ましと肯定を必要としています。それがない状態では、役者は「偶然」に対して自分を開いていくことができない。そうした励ましや尊重のない状態では、役者は自分で自分を守らなくてはならなくなる。紋切り型の演技という殻にすぐに戻って行ってしまう、ということを理解しました。ルノワールやカサヴェテスの映画に映る俳優たちの自由さや存在の輝きは、こうした励ましや肯定を背景としているのだ、と。

しかし……、ここで終わればいい話なのですが、終わりません。私にとって特別な映画の中から一場面をご覧いただきたいと思います。ジョン・カサヴェテス監督『ハズバンズ』の一場面です。ただ、先にお断りしておきますが、嫌な気持ちになる方がいるかもしれません。今まで話していたことと全く違うじゃないか、と思われるかもしれない。もしそうなった方には申し訳ないとあらかじめ申し上げておきます。この場面についての説明は難しい。というのは、映画本編の中でもかなり突然始まるからです。気が付いたら観客も説明なしに巻き込まれている。それでも最低限の説明をしておくと、四十歳の男性三人は亡くなってしまった共通の親友の葬式に出た後、家に帰る気持ちになれず、既に二日にわたって飲み続けています。それは彼らの魂の彷徨でもある。そして今から見る場面では、どうやら酒場で出会った人たちに対して「歌のコンテスト」のようなものを繰り広げているらしい。それではご覧ください、この期に及んで一〇分ぐらいあります。

▼12……『ハズバンズ』

『ハズバンズ』は私が二十一歳の時に見て衝撃を受けて以来、今も映画をつくる際に常に、頭のなかにある映画です。これほどまでに生きた人間が画面のなかにいる、と感じられるような映画をつくれるだろうか、と。ただ、私が初めて『ハズバンズ』を見たときにはこの場面はありませんでした。この映画が一九七〇年に公開されたときに、この場面になると客が劇場から大量に出て行ってしまうために、配給会社がカットした部分なのです。正確には、今ご覧いただいた酒場のシーンは全体では二〇分以上に及ぶのですが、そのうち、男性（ピーター・フォーク）が服を脱いでひと笑いが起きるぐらいまでを残して、そこ以降が一〇分以上カットされていました。以来、『ハズバンズ』の上映は一三一分のヴァージョンで行われていたのですが、十年ほど前にアメリカで一四二分ヴァージョンのＤＶＤがリリースされました。今ご覧いただいたのは、そこで初めて見られるようになったシーンです。正直申し上げて、この削除された場面を初めて見た時に、これを切った配給会社の判断はまったく責められないと思いました。自分も二十歳そこそこの時分にこのシーンを見たならば、受け入れられてはいなかったろう、という気がしたからです。ここでは男三人が寄ってたかって女性をいじめており、削除された場面ではそれがやむことなく、更にエスカレートして続きます。では、このヴァージョンを初めて見終えたとき私はどう思ったか。その感想は一旦置いておいて、明らかに問題含みなこの場面の、「問題」を見ていきましょう。

この場面がどのようにして撮られたかを監督のカサヴェテス自身がインタビューで語っています。ちなみに、言っていませんでしたが三人の男のうち「アーチー」は前回取り上げた『こわれゆく女』にも出演していたピーター・フォーク、「ハリー」はベン・ギャザラという俳優、そして「ガス」と呼ばれている人物こそが、監督のジョン・カサヴェテス本人です。

［そのシーンは］即興でやった。脚本もあったけど、出来がよくなかった。はっきりしてないんだ。セットを埋めるために雇われたエキストラの連中は、そこにいるだけって感じだった。それが気に入らなかったんで、こう言った。「このシーンは即興しよう。ビールやウィスキーをテーブルに置いてくれ」。どうなるか分からなかったけど、とにかく始めてみた。ピーターとベンは理解してくれるって信じてたよ。他の連中も分かってくれるだろう。彼らはリアリティを壊したりしないだろう。ぼくらは二台のキャメラを使って、それぞれ異なるやり方で四回撮影した……一人ひとりの役者に歌を与えた。「どんな歌を知ってる？」って聞

きながらね。そして言った。「これがこの場面の精神［spirit］だ。ここは歌の場面なんだ。歌を軽く考えたりしないでほしい。心をこめて歌えば、きっといいシーンになる」。ピーターもベンも、ずっと一緒にやってきたおかげで何をしようとしてるか理解してくれたよ。それから撮影を始めた。人々が歌うにつれて、何かが起こった。みんなが目的を分かってくれた。みんな何をすべきか分かったし、期待に応えてくれた。彼らは心から歌って、がんばって自分自身をさらけ出そうとした。ぼくは止めた。「おい、こいつはひどいぜ。やめちまえ。もっと楽しんでやれよ。それが無理なら——出てってくれ。俺たちは楽しむためにここにいるんだぞ」。ぼくは撮影中にそう言って、三人目の人物のままで、その場面を監督しようとしたんだ。

（『ジョン・カサヴェテスは語る』遠山純生・都筑はじめ訳、ビターズ・エンド、二〇〇〇年、一五八頁）

このインタビューによれば、この場面は「即興」演技によるということです。前回紹介した「ジョン（・カサヴェテス）は何よりも脚本家だった」というピーター・フォークの言葉と矛盾を感じられる方がいるかもしれませんが、それ自体、デビュー作の『アメリカの影』以来、伝説的な「即興」演出家としてカサヴェテスが認識されていたことへの一つの異議申し立てとして口にされた言葉でした。カサヴェテス自身も基本的に、自分の「即興」演出が筋書きなしの「アドリブ」と同一視されることには一貫して抵抗していました。「アドリブと即興とは別のものだ。何をすべきか分かってないのと、ただ何かを言うのとは別のことなんだ。ぼくらは書かれた脚本に従って即興している。未熟な創造性には頼ってない」（同書、一四八頁）と言っています。しかし、これだけ聞いても「即興」と「アドリブ」の区別がつかないと思うので、もう少し腑分けします。前作『フェイシズ』について語っているカサヴェテスの言葉を引きます。（出典の *Cassavetes on Cassavetes* という本は、先ほど参照した

『ジョン・カサヴェテスは語る』の元になったものです。その日本語版が先行出版された後にも、編者のレイモンド・カーニーが取材と調査を重ね、原著は大幅増補のうえ刊行されました。）

『アメリカの影』の後、ものごとは前もって書かれていたほうがよいということに気づいた。そのほうが問題は少ないんだ。一度脚本が書かれてあったほうが、人はより自由に演じられる。そうでなければ緊張は過大なものになる。それに対処するのは難しい。俳優が自身で役を解釈しているから、観客が即興の印象を受け取る——それが起きていることだ。（……）感情は即興だった。セリフは書かれていた。態度は即興だったんだ。セリフはぼくが与えるけど、解釈は彼ら（俳優）によるものでなければならない。

（*Cassavetes on Cassavetes*, ed. Ray Carney, Faber and Faber, 2001, p. 161. 濱口訳、傍点引用者）

ジョン・カサヴェテスが本当に狙い定めているものとは、前もって書かれたセリフの解釈を俳優たちに委ねることによって演技の場で生じる、俳優自身の「感情」です（その点ではジャン・ルノワールとも近いでしょう）。感情が「即興」なのです。セリフや振る舞いの具体が脚本に書かれていたり演出家に指示されたりせずに俳優によってその場で発明される演技のことを特に、ここからは「アドリブ」と呼びましょう。ただ、話が複雑なのは、実際のところカサヴェテスは「アドリブ」も折々で採用している、ということです。お見せした『ハズバンズ』の場面に関して、カサヴェテスは「脚本はあった」とは言っていて、一応「歌のコンテスト」として脚本時点から構想されたものはあったようですが、先ほど引用した証言からすると、結果的に、想定されたものから離れて「アドリブ」が入り込んでいると想像されます。「何を歌うか」は決まっていたのでしょうが、それに対する反応は筋書きのないものだったことがうかがわれます。役者との事前合意のない出来事が大いに含まれているのではないか、とも。私にとってひときわ興味深いのは、主演俳優の一人でもあった監督ジョン・カサヴェテスが、まさにフレームの内側で監督をした、と発言していることです。そう、言わばこれは『ジャン・ルノワールの演技指導』と同様に、監督が演出をしているそのさまの記録映像なんです。

そう解釈したときに、この場面からは二つの種類の危険性が浮かび上がってきます。一つは「アドリブ」という手法の危険性。もう一つはより本質的な、「演出」という行為そのものに潜む危険性——暴力性と言い換えてもいいもの——です。ただ大前提として、ここに映っているものは果たして本当に「演出」と呼ぶべきものなのでしょうか？ ここまで話を聞いてきた皆さんは、尊重・励まし・肯定はどこへ行ったのだ、ここには役者の「安心」というものが果たして映っているのか、と思われたことでしょう。しかし、「自分をさらけ出す」よう求めるこの歌のコンテストは、何故か審査員を気取る三人の男たちの、求めているものはそれではない＝NOと口にする態度と相まって、著しく演出-演技と似通った構造を持つようになっています。そして、その「NO」が暴力へとエスカレートすることも含めて、これが演出のあり得る一側面であることは間違いのないことです。未だにどこかでこんな類のことは行われているかもしれない。その暴力性は忌避されるべきものである、と私が考えていることはこの場で明言しておきたいと思います。一方で、私がそれで話を終わらせられずに、この場面について考え続ける理由の一つは、まさにここに演出というものの最も避けるべき可能性と、演出の「核心」とも言うべきものがまったく同時に存在し、しかも渾然一体となっているように感じるからです。これから私が試みるのは、その腑分けです。上手く行く作業かはわかりませんが、やってみましょう。

映画における俳優演出はほとんど必ず、監督と俳優の関係を規定するような権力構造を背景としています。先ほども言ったように、現場において監督は究極的には説明なしにOK／NGを決定できる存在です。逆にいえば、誰もその判断基準を正確には言語化できないからこそ、予算とスケジュールという枠組みのある映画制作においては監督という存在が必要とされています。その説明無用の決定権が、監督をそのまま撮影現場における絶大なる権力者としてしまう（ただ現実には、監督の置かれている状況ももっと複雑で、基本的には常に説明を要求されもします）。『ハズバンズ』のこの場面が示しているのは、この監督＝演出家に与えられた権力、特に「NG」即ちNOと口にすることが、他者への「暴力」へと転化していく様子です。

この場面で、暴力性を更に拡大させているのは、「アドリブ」という手法が『ハズバンズ』の物語構造と掛け合わさっているという点です。「親友を失った男三人が心のやり場がわからずに、思いつく限り無軌道に、好き勝手をやる」というこの映画の物語構造そのものが、「演出」に含まれる暴力の芽を成長させます。主演の三人のうち、ベン・ギャザラとピーター・フォークは「モラルを踏み外せば踏み外すほど、物語展開に寄与する」という指針を与えられてアドリブで演じているため、自己判断としてどんどんモラルを踏み越えたことをしようとします。その結果として、ここでは男同士の、いわゆるホモソーシャルな「ノリ」が発生している。本来なら状況をコントロールし得る監督カサヴェテスもまた俳優として同様の指針のもと演じてもいるため、この状況に歯止めが生じません。この男三人からの「ノリに合わない」彼女に向けた「楽しめ」「歌え」「そうじゃない」という指示とダメ出し、即ち「演出」は人格を無視した暴力として彼女に襲いかかっています。そこにどれほど事前の合意があったかどうかを見定めることはできませんが、「アドリブ」の採用が「物語（フィクション）」と「撮影現場（現実）」を限りなく近づけてしまっている印象は強くあります。

彼女の名前はリオーラ・ハーロウと言います。劇中ではリオーラと実名で呼ばれてもいますね。彼女が後にこのシーンに関して何か話していないか、探してみました。先ほども引用した本の編者レイモンド・カーニーがリオーラ・ハーロウにも取材していて、その中でごく短くですが言及されていました。ちなみに、この書籍は日本で先行出版されたものよりも、編者によるカサヴェテスへの批判的記述を多く含んだものになっている印象です。カーニー曰く、この即興場面を演じていて彼女は「自分に向けられた言葉が、キャラクターへのものなのか、役者に対するものなのか、わからなくなった」と。以下のような記述もありました。「何が起こっているのかわからなくなったハーロウが、カサヴェテスに助言を求めたとき、彼は彼女に「君はただフリをしなければいいんだ」と言った」(いずれの引用も*Cassavetes on Cassavetes*, p. 230)。彼女にとってもこの撮影はフィクションなのか現実か、混乱をきたすものだった、ということです。見ている我々が受け取る印象とほとんど同じですね。半ばフィクションであり、半ば現実であるわけです。一般的な劇映画の撮影現場においては、起きていることは基本的には全面的にフィクションであるという合意のもとに撮影されるわけで、そこに「現実」が相当に侵食していることは異常事態として見ておくべきでしょう。映っているのが「生身」の彼女であったからこそ、得られているあらゆる印象があるのだ、という直感もまたあります。つまり、おそらく彼女は、実際に傷ついていい、い、る。そのとき、男三人の暴力を単に「物語世界に属するもの」として棚上げしておくことはできないでしょう。それは少なからず、撮影現場の現実であったと捉えることが妥当です。

ただし「男三人」と一括りにして、この暴力の責任をギャザラやフォークら役者にまで拡大することは慎重であるべきです。状況に迫られて選択している発言や行為が、役者の自発的行為と見えかねないことも「アドリブ」という手法の孕む大きな問題の一つだからです。アドリブにも展開を駆動させるための指針は必要で、その指針にも大小があります。大きな指針は先ほど指摘したモラルの踏み外しを促す物語構造であり、小指針とはその場で先行する発話や行動です。正解が明瞭にはない状況では、その場で既に生じている事態が「正解」として受け取られて、新たな発話や行動でもってそれが追認されることがままあります。ギャザラやフォークはそれに従って振る舞った。その結果として、彼らは暴力的な「演出グループ」を構成しており、そこには彼らの素の人間性が露呈しているように見えます。しかし、そのように観客に受け取られることそのものが、「アドリブ」という手法の危険性なのだと言えますし、私がアドリブ的即興に興味を持ちつつも、軸足は常に書かれた脚本に置いている理由です。この状況の責任の大部分はあくまでも、この物語とアドリブの組み合わせを大指針として選んだ演出家ジョン・カサヴェテスに帰せられるべきものです。そして、生じた事態を見れば彼は演出家として間違いを犯したと言ってよい。それは心に刻んでおくべきことです。「問題」を概観したところで、先ほど演出の「核心」と呼んだものの内実にも、踏み込んでいきましょう。もう一度、その「核心」部分を見てみます。

▼12（再）……『ハズバンズ』

最後に彼らはこの女性を“You're beautiful.”と称えます。無防備に申し上げますと、私もまさにこの場面を初めて見たときに、それまで加えられたあらゆる暴力的な「演出」の数々にもかかわらず、この時の彼女をとても美しいと思いました。歌う彼女の表情と声に、図らずも感動してしまったんです。その時点で既に十回以上はこの映画の一三一分ヴァージョンを見ていたという個人史も、その感情に寄与していたと思います。それまでも、この酒場のシーンは単純に長く（この一四二分ヴァージョンの半分程度が残されていました）、苦

12

痛な、見るたびに気が遠くなるような場面でしかありませんでした。リオーラと呼ばれているこの女性に対しては、受けている扱いに同情を禁じ得ないとしても、十分な関心を寄せてはきませんでした。映画のなかで再び登場することのない彼女はあくまでメインの「夫たち」三人に虐げられる傍系の人物でしかなかった。その認識がまったくひっくり返される、という事態が私に起こったことでした。この人が、かくも素晴らしく存在し得るのか、という驚きを感じてしまったわけです。演出家としてそのときまでに自分のうちにつくってきた基準を超えた、彼女の表情と声の清明さに撃たれました。私は彼女がたとえごくわずかな時間であったとしてもこんなにも確かな輪郭を持って、心を揺さぶる存在になり得るという可能性を一切想像していなかったんです。その点で、自分の演出家としての不明を恥じるような気持ちが湧いてきました。その部分は嘘をつけないものとして申し上げないといけない。この事態はすべて、次の発言に見られるような、カサヴェテス自身の思想の実践を試みた結果なのだろう、と思います。

誰でも演技できると本当に思っているよ。どれだけうまく演技できるかは演技者がどれほど自由か、自分の感じることを表に出せるような環境があるかどうかにかかっている。ぼくの演出に大した秘訣があるとは思わない。自分の好きな人たち、興味のある人たちを起用して、俳優としてのではなく人間としての彼らに話すだけだ。

（『ジョン・カサヴェテスは語る』、二一九頁）

この言葉は私自身、特に『ハッピーアワー』という映画をつくっているときに胸に抱いている言葉でした。演技とは単なるテクニックではなく、その人がそれまで生きてきたことの表現にほかならず、だからこそ誰でも演技ができる、と私もまた考えています。と言うか、その考え自体をカサヴェテスの映画と彼の発言から受け取った、と言っていいでしょう。ただ、その実現は容易ではない。そのことをカサヴェテス自身もわかっている、はずでした。少し似た発言では次のようなものがあります。

ぼくは誰にでもいい演技をさせる自信があるよ。なぜなら演技とは表現すること、会話ができることでしかないからだ。人生や性格の過ちも映画では資産になるんだ。役者が自分をきれいに見せたりしないよう、自分と別の人間になったりしないよう、与えられた状況下でも自分自身でいられるよう納得させられるかどうか、それがぼくにとって演技のすべてなんだ。それはそんなに難しいことじゃない。とはいえ台詞が自分の思ってることと違っていては喋れないだろう。キャラクターに一貫性がない場合も無理だ。あるいは周りの人間がみんなとげとげしく、演技をする気になれない場合もだめだ。もうここにいたくないと思えば、役者は辞めてしまうだろう。やっていることが自分自身に関係ないことだと思えば彼らは辞めてしまう。自分に関係ないことなら、あまりに厳しすぎる仕事だからだ。

(同書、一一七頁、一部原文に照らして濱口が改訳)

他にも「監督の役割は［役者が］批判されることなく自らをさらけ出せる雰囲気を作ることだ」(一一六頁)とも言います。あの場面を見た後ではどの口が言うと思われる方も多いでしょう。しかし俳優出身である監督ジョン・カサヴェテスが役者にとって、演技上の不安を取り除くことや周囲の「環境」としての振る舞いがいかに重要か、深く理解していたことは間違いないと思います。彼と協働した俳優たちの証言からも明らかでしょう。それでも、これが起きてしまう。

自分自身でいること——それができれば彼女自身が自ずと表現され、素晴らしいものが映る。また、このことは誰にでも、つまり必ず生じる事態である。このカサヴェテスの信念こそが、彼が自分を含めた三人にこの暴力的なまでに執拗なアプローチを許した、もしくは積極的に採用した理由でしょう。しかし結果としてカサヴェテスはこの場面で、自分で自分の思想を裏切ってしまっているようにも思えます。リオーラ・ハーロウは歌う都度、男三人にダメ出しされ続けます。「心がない」だの、「可愛らしすぎる」だの何だの言われる。そうなると、彼女は当然閉じてしまう。表面上は歌うのだけれども、そんな環境で実際「心から歌う」という目的が果たされるわけもありません。「周りの人間がみんなとげとげしく、演技をする気になれない」状況を、カサヴェテスは自ら加わってつくっています。言わば、自分の目的から最も遠いことをしているわけです。しかもその目的からの遠ざかりが、却って演出の暴力性＝ダメ出しを強化するという悪循環がここでは起きています。いかにそれがすべきでないことと理解していたとしても、特定の状況下で理性を十分に働かせられないようなとき、演出は容易に暴力性を強く帯びたものへと変転していきます。

このすべてが演出家としての私に、この場面を他人事とすることを禁じます。この場面での出来事は、物語構造と演出手法の最悪の組み合わせによって発露したものであり、十分に警戒すれば容易には起こらないことかもしれません。それでも演出という行為の中に、そもそも暴力の萌芽があるのです。それは他者に「NO」と言うことです。私が演出の「核心」と呼んだものはこの「NO」のことです。そして、その背景には世界や、人間のポテンシャルに対する信頼があると言ってもいい。未だ現れてはいないがそこに「あるはずだ」と信じること。まとめてここでは「信」と言いましょう。この未だ現れないものへの「信」なくして演出はなしえず、「信」を現実とするまでのNO（NG）を伴わない演出もあり得ないでしょう。ただし、その否定はまだ誰の眼にも明らかではない未然の「YES（OK）」を基準として為されるのです。しかも、先ほど説明したような撮影現場の権力構造のなかで、監督は必ずしも判断基準の言語化を要求されない。ここに危うさがあります。演出と暴力の近さを低く見積もってはいけません。「自分はしない」と高をくくってはいけない。演出に含まれた暴力の芽はほんの数手誤っただけで、いつでも急速に育っていくものだからです。

ただ、今はまだ『ハズバンズ』について十分に語っていないことがあります。この場面を私は、単に自戒のためだけにお見せしたわけではありません。最終的に彼女は素晴らしく存在している、とも感じています。それが起きたのは、暴力的な「追い詰め」の成果ではありません。むしろ、暴力としての演出からの軌道修正の結果です。それはおそらく意図的なものではなく、偶然起きたことです。偶々ある言葉を一人が受け取るとともに、事態の変容が生じる、その道筋もまた私にとっては示唆に富んだものです。

彼女が歌うに至る1ショットは約二分ほど、ズームによるフレームのヨリヒキこそあれ、一つの視点から編集なしに示されます。このショットでも最初の数十秒での、彼女への扱いはひどいものです。三人に再び強く詰め寄られる。そのとき、彼女が“No, 'cause you scare me.”「歌えない。あなたたちが私をこわがらせるから」と言います。この言葉に、ピーター・フォークが反応します。“We don't scare you.”「こわがらせてないさ」と。事実としてはもちろん、彼女はこわがっています。でも、そのことを彼女はこの瞬間まで口に出して言えませんでした。すごく微妙なコミュニケーションが行われています。三人は確かに彼女をこわがらせているのだけれど、彼女はここまで重ねてきた時間で、「あなたたちがまさに原因で歌えない」と率直に口にできるぐらいの安全さは、この三人に対して感じてもいる。そして、ここで初めて、言葉の伝播が起きています。“scare”は「こわがらせる」という動詞ですけど、彼女の口にした言葉をそのままピーター・フォークが口にする。それまで、このように彼女の言葉を三人の誰かが具体的に受け取る場面はありませんでした。そしてピーター・フォークは“We don't scare her.”「こわがらせたりしてないよな」と他の二人に呼びかける。カサヴェテスは“Okay, don't be scared.”「こわがらないで」と言います。受け取った言葉が伝染していく。“scare”の一語を聞き取ったことが、変化のポイントになります。

この直後から三人の彼女に対する「環境」としての振る舞いが変わってきます。三人が一塊になって彼女と向かい合います。ジャン・ルノワールと俳優を思い出させる距離の近さ、世界に彼らしかいなくなるような距離の近さです。ただし、そこで演技がしやすくなるのは、演じる俳優への肯定があるからにほかなりません。カサヴェテスたちは果たして、ルノワールのような「結界」をつくり得るでしょうか。ベン・ギャザラが突然“You're getting it. You're getting it.”「近づいている。君は分かり始めている」と言います。彼女は“No, I don't think I can do it now.”「今は歌えない」と拒絶する。それまで言うなりに歌っていた彼女が、歌うことを拒絶するようになっています。それに対して、ベン・ギャザラが“That's terrific. That's honesty.”「素晴らしい。それが率直さだ」と彼女に告げるのです。重ねてカサヴェテスは“You're terrific. We love you.”「君は素晴らしい。僕らは君のことを愛している」と言います。彼女は急に「愛している」とか言われて飛躍を感じてもいるようですが、カサヴェテスは彼女を見つめて続けます。“You think we're kidding you? We love you.”「からかっていると思うかい？ 僕らは君を愛しているんだ」。そして“Sing it to us like you love us.”「僕らを愛するみたいに歌ってくれないか」と。その言葉に、彼女はボーッとした顔をして“I forgot the words now.”「歌詞を忘れちゃった」と答えます。さっきまで歌っていたのに、そんなことがあるんだろうか、という思いがしますが、それまでとは違って彼女の脆さが表面に顔を出すのは、彼女が今はそれを出しても大丈夫な環境と感じているからでしょう。ベン・ギャザラがそれに“Good.”と応じて最初の一節を歌う。すると、それに導かれて彼女も歌い始めます。その表情。その声。それまでも繰り返し見てきたこの映画のなかでも、それは新たな、かつ最も印象的な瞬間として私のうちに残りました。

ここまでの不快で、地獄のように長く感じる一〇分弱に比べて遥かに短いこの一分程度は、映画全体を改めて何度も見返した今も、私を魅了するものとしてあります。ただ、たとえ彼女の表情と声が素晴らしいのだとしても、それは彼女が陥っていた激烈な緊張からの解放によって生じたものとも取れます。そもそもここで「愛」が持ち出されること自体が危うい。殴った後に愛を語るDV男との類似を感じる方も多いでしょう。皆さんに、ここでカサヴェテスが言う「愛」を鵜呑みにしていただきたい、とは一切思っていません。歌い終わって拍手を受けた後に、彼女の顔から笑みが消えて、彼女が少し苦い顔をして見えることは、できる限り真摯に受け取るべきです。歌う瞬間の彼女の「顔」「声」が否定し難い輝きを持っているとしても、それが引き出されたからといって彼ら、特にカサヴェテスがしてきたことのすべてが正当化されるわけではまったくないのは当然です。その瞬間は、最終的に軌道修正されたとしても、忌避すべき方法を伴って実現されたものです。そのことをどう捉えればよいのか。

私に言えるのは、この態度——彼らが相手に愛を伝え、肯定をするというプロセスを持つこと——なしには、この彼女の表情と声は決して現れなかっただろう、ということのみです。だからといって、「北風と太陽」みたいな話がしたいのではありません。もっと最初から、彼女を肯定していればよかったのに、という人間関係上のテクニックに話を落ち着けたいのでもありません。もしそれが単に、彼女に対して操作的に接することであれば、私にはそれは別のやり方で彼女を貶めているだけのようにも思われます。

ベン・ギャザラはリオーラ・ハーロウが「歌えない」と口にしたときに「素晴らしい。それが率直さだ」と応じました。確かに、彼らはここに至るまでに何度も「率直になれ」と彼女に言い続けていました。この「歌のコンテスト」でも、おそらくはカサヴェテスの演出においても、最も重要なのは「率直さ」です。ここにおいて、自他を切り分けるような「NO」は、「YES」よりも遥かに顕著な率直さの徴となります。互いにNOと言い合える率直さこそが、対等な人間関係の基盤です。言ってみれば、彼らはここで彼女の拒絶を求めながら、それに失敗してきたのです。なぜ失敗したのか。彼女がNOと口にできるまで、彼らが完全に見誤っていることがあったからです。それは、彼ら「演出家」のNOは、権力構造のなかで演者である彼女のNOを抑圧するように働く、ということです。カサヴェテスの率直さへの「信」自体は私自身も深く同意するところです。ただこの「信」は、またもう一つの態度と組み合わされる必要があるでしょう。それが「聞く」ということです。

改めて申し上げたいのは、やはりこの映像は数少ない「演出」そのものの記録映像である、ということ。ただ、ある意味で『ジャン・ルノワールの演技指導』より貴重なのは、意図してそうしたのではないにせよ、演出に本質的に内在する暴力性を顕わにしているからです。そのため、これは私のように演出を生業にしている人間にとって、それ自体が「問い」のような映像となります。その問いにひとまず暫定的にでも、答えてみようと思います。今後、私にできることは二つあります。一つは、相手が「NO」と口にするのを励ますことです。もし演出家と俳優として出会うのであれば、権力構造が必ず、「NO」と口にすることの難しさを非対称にします。俳優が演出家に対して「NO」と口にすることの負担は、その逆より遥かに大きいことを理解して、相手の「NO」を口にできるよう励ます、つまりは「聞く」必要があります。

相手に自分の言うことを命令として「聞かせる」のではなく、「聞く」こと。むしろ相手の拒絶を引き出した上で、それを尊重しなくてはなりません。相手の「NO」を引き出すことは、実はより精度の高い「YES」を得るための条件です。「NO」の可能性を欠いて発される「YES」は、単なる追従に過ぎません。操作的な思惑で口にする「YES」が意味を持たないのはそのためです。その「YES」は、ものごとを測る上で何の基準にもならないのです。自分の価値基準を、その人と一時的に上手くやるために抑え込んでしまうことは、端的に言えば「媚びる」ということです。「媚びる」ということは、実は関係そのものを破壊することなのだと私は思います。人と人が対等に付き合うことは不可能になるからです。

この「媚び」による関係の破壊を避けるために、私がまったく同時にしなくてはならないことがもう一つあります。私自身の「NO」もまたしまいこんではならない、ということです。言い換えると、私は率直でなければならない、ということです。それはカサヴェテスが教えてくれたことです。権力構造の中で、私は自分自身の「NO」を最大限弱める必要がある。そうでなくては、俳優の率直な「NO」を引き出すことはできないでしょう。しかし、相手を肯定すること、「YES」を人間関係上のテクニックとして使ってしまうこともまた、「YES」の精度を下げることです。私は私の「NO」を決して、打ち捨ててはいけない。

ただ、同時にこの「NO」はカサヴェテスが落ち込んだ罠でもあります。「NO」は基本的には人を遠ざけ、時に抑圧する言葉です。演出家の「NO」はできる限り弱く、それ自体できる限り精度を上げて発される必要があります。つまり、どうしても「NO」と言わざるを得ないことが何かを、自己吟味するということです。それは単に自問自答することを意味しません。他者との関わりのなかでのみ、私は私がどうしたいのかを発見することになるからです。やはり「聞く」ことが一つの方法になるでしょう。演出家がすべきは、要するに他人に聞くことを通じて、自分にも聞くことです。『ハズバンズ』の彼らが遅まきながら示した通り、「聞く」ことは、人にそれまで思いもよらなかった変化をもたらします。相手の「NO」を励まして、そこで得られた率直な反応が、そのまま自分への問いかけになります。私の「NO」は本当に「NO」なのか。変えることはできないようなものなのか。もしどうしても言葉にならないような小さな違和感が残るなら、自分の違和感を信頼しないといけないと私自身は思います。からだは、無意識は、自分の今のこの意識よりもより多くのことを知っているからです。それは第一回において「生理」と呼んだ、からだそのものの知性です。まだ言葉にできない、多くのことをからだはすでに知っている。からだが何よりも先に「YES／NO」を自分に伝えてくる。自分がどうしても動けないときには理由がある。この自分のからだの違和感を尊重して、相手に「NO」を率直に伝えることが必要となります。このとき何らかの形で相手に伝えなくてはならない根本は、この「NO」の背景にはより大きな「YES」がある、ということです。相手を利用するような仕方ではなく、自分が相手のポテンシャルを信頼し、肯定しているということを相手に伝える必要があります。ルノワールやカサヴェテスと役者たちとの距離感を思い出してみていただきたいと思います。

ただ私自身、試行錯誤を繰り返してきた一人の演出家として言うならば結局、見よう見まねでは何一つうまく行くことはありません。真似ることのできる正解はどこにもありません。対する人は一人ひとり、まったく違うからです。どこまでも自分で、間違えながらやるしかない、というのが実感です。今日の講座のなかで一つのテーマとして繰り返されてきた、「偶然を捉える」ということ。これは本質的にはギャンブルです。賭けは常に、失敗のリスクとセットであり、偶然が味方したときにのみ、望むような結果が得られます。それをもたらす正確な偶然を得るためには、間違えながら繰り返すしかありません。

前回申し上げたように、演じるからだをカメラで撮ることは問題含みです。それはときには観客のフィクションへの信を損なうほどのものです。今作っているものを、写している当のものが破壊してしまう。そんな関係がカメラと演じる人間の間にはあります。にもかかわらず、役者がカメラの最良のパートナーである所以は、彼ら・彼女らが「繰り返し」てくれる存在だからです。ただ、役者は演出家のために繰り返しているのではない、ということは決して忘れてはならない。自分自身にとって真に重要な何かを見出すために彼・彼女は繰り返しカメラの前に立ってくれているに過ぎません。その破綻を避けるためにも、ＮＯを互いに言い合える役者と演出家の率直な関係がまず必要になります。そのうえで、両者は「どうやったら共にＹＥＳと言えるのか」と問うことになります。この演出家としての問いは、明らかにそのまま他者と生きる上での問いでもあります。「私が私のまま、あなたがあなたのまま、どうやったら一緒にいられるのか」。逆説的ですが、そのために「私とあなたは、どうやって共に変わっていけるのか」。この問いは、どう人を愛するかという問いと非常によく似ているように私には思われます。

私が現在、演出家としての仕事を重ねて理解したのは、私が自分の「ＮＯ」を打ち捨ててしまわずに保つことは、言うなれば私自身がいずれ、他者にとっての「素晴らしい偶然」として現れるための絶対条件であるということです。そして、全く同様に「ＮＯ」と口にしてくれる他者を必要とします。「他なる映画と」という題のこのシリーズを締め括るのに申し上げたいことは、「私たちが互いに他者であることは、最も素晴らしい偶然のための条件である」ということです。その偶然の精度を上げるためには、私とあなたは他者でなくてはならない。互いの他者性を隠蔽してしまうと、素晴らしい偶然は決して起こらない。だから、私たちは、私のＮＯとあなたのＮＯを同時に励ます必要がある。他者である私たちが、互いに、自発的に共にいるための方法はそれしかないように思われます。

ただ、今口にしたことが現実から遊離して響くことを警戒して、最後に付け加えます。社会はあらゆる人に「NO」を促すようには構造上、できてはいない。その現実を無視するわけにはいきません。社会の主要なインフラを形成している政府だって企業だって、命令系統を排除しては成り立ちません。命令とはすなわち「NO」を口にすることを許さないことです。もしそう口にする者がいたら、組織は他の人間に置き換えてしまうだけです。そうした社会を否定することは不可能ではありませんが、自分がその社会の中にまさにいるという位置付けを変えることはできません。そして、映画製作はどこまでも社会的な営みです。

その社会性はまず予算によって規定されています。予算がスケジュールを規定します。皆が「NO」を口にし得るような映画製作というのは、スケジュールを立てることを不可能にします。そう考えるともちろん、実現は困難です。ただ、不可能ではないと思っています。社会の片隅であれば、それをごく小さな実験のようにして始めることは可能なのではないか。予算やスケジュールからまったく切り離された社会生活は存在しないとしても、その影響力が和らげられ、弱められた場所で、限られた人数から実験を始めることはまったく可能なのではないか。やり方によっては予算やスケジュールの優先順位を下げていくことは可能なはずです。社会を望ましく変えるとしたら、そのような社会の片隅のような場所からしか始まらないのではないか。私は『ハッピーアワー』という映画の経験もあって、そのようなことを今もグルグルと考えています。

前回、「いったい何を、カメラに見せてもらうのか」という問いを提示しつつ、私自身が何を見せてもらおうとしているのかは、ここまでずっと言明せずにお話をしてきました。そしてやはり、ここまでお話ししてきたことを聞いてくださった方に、それが何かを改めて言う必要はないと、今は感じています。何であれ、私は「それ」に照準を定め、間違いながら、少しずつその精度を高めていく、ということをするつもりでいます。今日お話ししたようなことの説得力はすべて、今後私がどういう映画を作るかにかかっているとも思うので、頑張っていきます。大変長くなりましたが、これにて「他なる映画と」の最終回「映画の、演技と演出について」を終わります。ここまでお付き合いいただき、どうもありがとうございました。

II

偶然と想像

二〇一九年七月一二日、TOTOギャラリー・間
中山英之展「, and then」ギャラリートーク第六回
建築家・中山英之との対談前に

「偶然と想像」というテーマで、少しだけお話をさせていただきたいと思っています。最初に申し上げておくと、私は建築に関してはまったく無知です。どんな建築を見ても「ほう……」ぐらいしか言えないので、建築を建築として語ることは一切できません。今回呼んでいただけたのは、私の興味が建築に及んでいるからではなくて、専ら中山さんの関心が映画にまで及んでいるからです。なので、映画と建築の関わりについては後半のトークにおいて中山さんにお尋ねするとして、ここではあくまで「映画」についてお話をすることにします。

ただ、単に無責任に映画について語るわけではなくて、私が今から話すことはどこかしら中山さんの建築と確かにつながっているのではないか、と感じています。それは一般に人々が「建築」についてイメージしていることからどこか距離があることとも思っています。そこに、私が呼んでいただいた理由もある、と信じて今日はお話しします。

中山さんとは八年ほど前に「漂流する映画館」というイベントで初めてお会いしました。それ以来、私の特集上映のさいに寄稿していただいたりとか、中山さんのトークイベントにお訪ねしたりとか、お付き合いが続い

ているのですが、そうしたことも、その初対面のとき「想像力の労働」についてお話ししたからだと思っています。これが今日のテーマの片割れです。そのさいには中山さんに強く反応していただいたんですが、率直に言って、その時の私は想像力というものが、なぜそこまで中山さんにとって重要なものかをわかっていなかった。でも今は少しわかるような気がしてもいます。

映画と想像力、という組み合わせはありふれたものです。映画を見ながら色々想像するよ、という方が沢山いらっしゃると思います。例えば恋愛映画を見ていたら、自分の恋愛と重なる部分があり、やがて自分自身の恋愛体験や未来の妄想へと想いが逆っていく、それはそれで絶対にある映画の見方だとは思うのですが、ここで話題にしたいのは、少し種類の違う想像力の使い方です。

それがどういう類の想像力の使い方なのかを知るためにも、まずは想像をしてみましょう。今皆さんの目の前に真っ白なスクリーンが用意されていますが、そこに二人の男女が少し離れて映っている、としましょう。背景はともかく真っ白です。仮に男は客席から向かって右（上手《かみて》と言います）、女は客席から向かって左（下手《しもて》と言います）にいる、とします。多くの人がご存知だと思いますが、映画にはカット割りがあります。ここから、男の少し正面めにカットが変わる。男は画面左（下手側）を見ている。そして画面は女へと切り替わる。女は画面右（上手側）を見ている。このときどのような印象が生まれるかを、おそらくすべての人が知っている。彼と彼女は見つめ合っている、そういう印象が生まれます。ほぼ一〇〇%に近い人々がそう思うでしょう。

これが映画においてもはや意識もされず、ほとんど自動的に起こる、しかし根本的な想像力の使い方です。視線の方向性の一致が「見つめ合い」「向かい合い」を表現します。この想像された視線はまさに「イマジナリー・ライン」と呼ばれます。これが世の中のおそらく八割九割の映画を支配している基本原理です。映画の基本工法と言ってもいいかもしれない。ただ、最も基本的なこととして指摘したいのは、映画において、フレームの外というのは常に想像することを促す動きを持つ、ということです。これを前提とした上で、次に、まさに八年前に上映したのと同じ映画の同じ場面をご覧いただきたいと思います。ロベール・ブレッソン監督『ラルジャン』の冒頭場面です。

▼01……『ラルジャン』（五九頁参照）

何ということはないシーンと思われるかもしれません。ただ、これは普通の映画づくりとひき比べると随分奇妙な場面なのです。先ほど想像いただいた場面では、登場人物の位置関係を示した上で、視線の方向性を維持したままヨリ（クロースアップ）につないでいきました。でも『ラルジャン』はいきなりヨリから、視線から入ってくる。冒頭、息子は上手側を見つめており、次のショットで父親は下手側を見ている。この点では、セオリーに従っていると思えるかもしれませんが、空間表象（つなぎ）はこの時点で既に随分過激ですし、以降ますます過激化していきます。それは「更にヨリ」で撮られていく、ということです。次のショットでは二人が一つの構図に収まり、位置関係を具体的に示していると言えなくもないですが、より断片的な「手でお金を受け渡す」ショットですから、誰が誰かは判然としませんね。父親のいた上手側から、息子のいる下手側に向かって、金銭の受け渡しがなされます。その次のショットでは、まさに二人の位置関係は示されますが、先ほどは父親だけだった構図の中に、いきなり下手端に息子が立っています。ここまで息子の移動するさまは示されていないため、少しぎょっとなります。

シーン全体を通じて視線の方向性、アクションの方向性が合っているのでかろうじて空間的な関係性を理解することができるけれど、観客の想像力にかけられた負荷は一般的な映画よりもずっと高いものです。その負荷は空間全体を示すショットがないことから起こります。先ほどの「一般的な映画の空間表象（つなぎ）」がまず明確に二人の位置関係を示したのとは違って、真に強く結びつけるものを欠いたまま、各ショットが断片として浮遊している状態です。つながるどころかむしろ引きちぎられたように空間の断片が配置されている、それがこの『ラルジャン』冒頭のつなぎです。しかし、それらの配置こそが「想像力の労働」を要請しています。周到に配置された視線やアクションの方向性の一致が、この断片的な時空は観客の想像力という線（それは実際に画面上に映っている空間よりもずっと存在として弱く、か細い線です）によってのみつなぎ直すことが可能である、と宣言し、促しているようでもあります。

この促しに応じて、観客の想像力がフルで稼働する。そのとき、登場人物たちは単に画面上の空間のみを移動しているのではありません。観客の想像力の中を「確かに」移動しています。ここで「確かに」と言うのは、あくまで画面の中で起きている運動の方向性を認識した上で想像上の運動が生まれているからです。それは想像上の運動であったとしても、配置されたショットによってより限定された、確固とした運動であり、まったく「架空」の運動ではありません。それはフィクションだけど、現実に我々の身体において生じている運動なのです。

これと同質の想像力の働きを促している、と私が考えるショットの配置をもう一つ見てみます。台湾の映画監督、エドワード・ヤンの『牯嶺街少年殺人事件』です。私の人生ベスト1の一本でもあるのですが、まず最初に、この映画において「フレームの外側」というものがどのような時空間であるかをざっと確認します。

▼02……『牯嶺街少年殺人事件』

この少年が主人公の小四（シャオスー）です。映画の冒頭、彼の成績が十分でなく、中学の夜間部へ移ることが検討される場面です。最初のショットでは彼の父親の陳情に校長らしき女性が対応しています。続くショットでも小四が独りポツンと残された広いフレームの画面に大人たちの声が響きます。父親の努力も虚しく、彼は結局夜間部に通うことになるのですが、後々これが彼の人生の大きな分かれ目であったことが理解されます。もう一つご覧いただきます。

▼03……『牯嶺街少年殺人事件』

ここでは家庭内での小四の居場所である押入れ内に、両親たちの会話の音声が侵入してきます。公務員の父は堅物で、社会的実力者である友人の不正に彼が手を貸さないことを母は心配しています。とはいえ、その話は映画全体を見ていてもぼんやりとしか把握されないものであって、だからこそ、観客の把握を超えて突然何度もこの映画の中に現れること

02

03

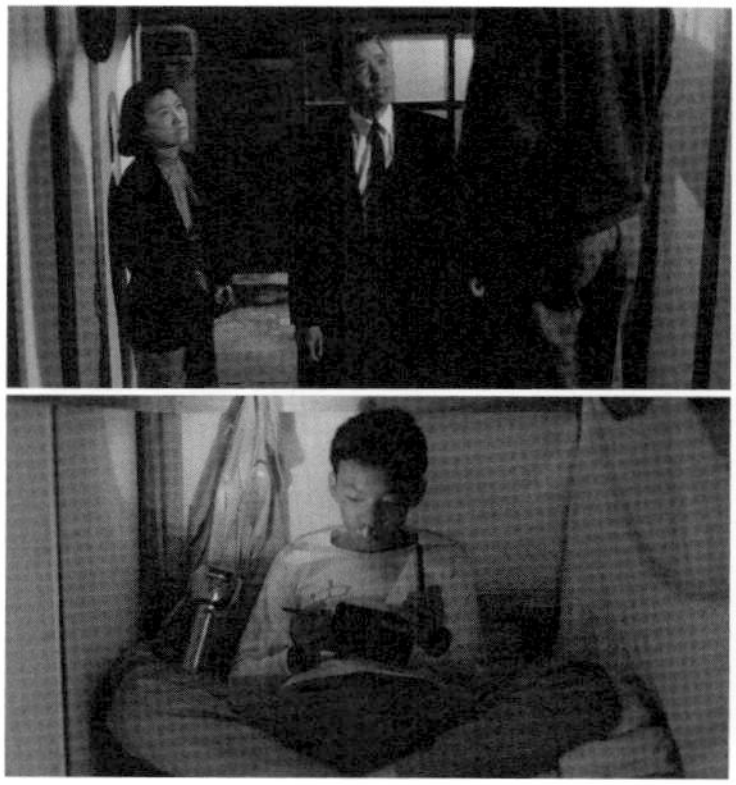

になる、両親・大人たち独自のストーリーラインです。

どちらの場面においても主人公の少年・小四は単独で撮られており、画面外に大人たちの会話が聞こえます。非常に複雑な語りの構造を持っているこの映画において、大人たちが属する社会の流れは画面外の音声として圧縮して示されます。それが少年たちにとって画面外に存在しているということは、基本的に少年たちがそれに触れることができない、ということです。少年少女たちにはコントロール不能なものとして社会が現れています。にもかかわらず画面外の音声の方、つまり社会の側は、冒頭の場面に明瞭に現れているように小四の運命を大きく変化させる暴力的なまでの力を持っている。そういう影響力の非対称性みたいなものが存在します。

これを確認した上で次の場面を見てみましょう。主人公の小四が中学の夜間部で大人たちに反抗し、退学を迫られている。そして彼の父親がその弁護・弁明をしている傍らで、小四が彼らの会話を聞いている。そういう学校職員室での場面です。

▼04……『牯嶺街少年殺人事件』

私はこの場面、本当にすごいと思っています。このようなつなぎを映画監督が選び取るのはどれだけの知性と勇気があれば可能なのだろう、と考えずにはいられません。物語上の意味としては、自分の退学をある種「人質」にして教師が父をいびっている光景を見て、腹に据えかねた小四はバットを取り、おそらくは威嚇として電球を破壊する。それを職員室の人々が呆気にとられたように見ている。そう確かに解釈されます。

04

そんな風に「解釈」としか言えないのは、事態の全貌は映っていないからです。そして、観客がそのようにしか解釈し得ないようなリズムができてもいます。電球は、まさに教師の後頭部がかち割られてしまうのではないかと、我々が想像する瞬間に割られていて、電球が教師の後頭部の代わりであったということが瞬時に把握されます。電球を吊るしていた紐が揺れている間、他に音声がないことで、小四がそれ以上の暴力行動を取っていないこと、つまりは電球の破壊は威嚇であったということも合理的な解釈として浮かんできます。

ここでものごとが想像にとどまるのは、小四が、バットを手に取って以降、「画面外」へと消えてしまうからです。彼がついに画面外の大人たちの会話に干渉しようとするとき、言うなれば社会の流れに対して抵抗を試みるその瞬間、彼はこれまで映画の中で占めていたのと全く異なる領域に飛ばされてしまう。この映画の画面外の使い方からリニアに解釈すれば、それは彼自身がある種の暴力と化してしまった、ということなのかもしれない。実際、彼はこの『牯嶺街少年殺人事件』のラストにおいて、画面外から襲いかかる暴力そのものになります。そして、その暴力は自分より強いものにはやはり向かわない。

しかし、私が指摘をしたいのはそうした解釈よりも、この場面がやはり観客の想像力のみを支えとして成立する場面だという事実です。画面のつなぎ方は『ラルジャン』より更にラジカルと言えるかもしれません。『ラルジャン』では辛うじて縁《よすが》とすることができた動きや視線の「方向性」もここではバラバラで、誰がどこで何をしているのか、正確に把握することができません。ただここで決定的なのは、この場面の最後に観客は小四の位置に置かれる、ということです。最後のショットでは、職員室の人々が異物を眺めるようにカメラを見つめます。映画の画面においてはつまり、客席側を見つめています。そして、本来ならその切り返しショットとして映されて然るべき小四は、そこでは現れることなく、シーンが切り替わります。画面外、しかも人々の視線の先にいるのが小四に他ならないとはっきり想像すること、それはすなわち、「観客が小四にならざるを得ない」ということでもあります。小四として、異物のように自分自身が見つめられることを、観客は引き受けないといけない。

それはどういうことなんでしょう。単に白眼視されている主人公との同一化、ということなのか、それともある種の暴力と化した小四と、更に同一化させられている、ということなのか。わかりません。ただはっきりと言えるのは、ここでは観客は単に映画の画面・音声から情報を受け取るだけの受け手ではあり得ない、ということです。それではこの映画の真のありようを体感することができません。この少年が迷い込んだ領域へと、観客も向かわなくてはならない。「映画」はまず具体的な画面・音声として存在するけれど、単にそれを知覚する以上の形で、観客の側にも確かに存在している。想像することを映画のつなぎ、ショットの配置が強く要請しています。映画はほとんど崩壊寸前の形で自らを差し出すことによって、私たち観客を切れ切れの断片の寄せ集めでしかない映画を支える存在として招いています。

それは手前勝手に自分と映画を一致させる想像力の使い方とは違います。あくまで映画内に存在するものをできる限り正確に見聞きしようとする、感じようとする態度の上に、こうした想像は築かれます。それは恋愛映画を見て「それ、自分もそうだった。わかる!」と共感を寄せること、映画を自分のものとしてしまう態度とは決定的に違う、もっと苛酷な体験だと思っています。それは映画を他者として認め、その上でその他者の求めに応じて自分を差し出すことです。もう一歩踏み込んで言えば、映画が観客と共に生きることを求めている。それに応えるには、観客は苛酷な労働に身を投じなくてはなりません。私はそれをすべての観客がする必要があることとは思っていないけれど、それが大事だと思う人はするのがよいと思っています。

というのは、労働には実は喜びがあるからです。

しかし中には、そんな喜びを熟知してなのか、観客を自発的労働へと駆り立て、ほとんど奉仕させてしまうような映画作家も存在します。韓国のホン・サンスです。彼は「画面外」というか、映画内の現実から更に隔たった「別次元」とも言うべき領域を自分の映画に招き入れます。『正しい日　間違えた日』という映画の、映像をご用意できなかったので、場面写真をご覧ください。

▼05……『正しい日 間違えた日』

この二つは全く同じ場面に見えますが、上映時間一時間ほどを隔てて起こる、全く（と言っていいのかわかりませんが、ひとまずそう言うと）別のシーンからの抜粋です。実のところ、この映画は二部構成になっていて、第一部と第二部では非常によく似たシチュエーションがほんの少し違う形で提示されます。あらすじとしてはチョン・ジェヨン演じる映画監督が、水原（スウォン）という街に自作の上映のために訪れる。そしてキム・ミニ演じる女性と知り合い恋愛関係に発展しかけるが、チョン・ジェヨンは最後には一人で水原を離れる。「監督が水原にやって来て、一人で帰る。」これがこの『正しい日　間違えた日』の二つの世界を貫く、ある種の変えがたい「運命」です。ただ、その大筋は変わらないにもかかわらずこの二人、チョン・ジェヨンとキム・ミニの関係がたどる道筋

05

は、第一部と第二部ではかなり違います。

第一部の冒頭には「あの時は正しく　今は間違い」と字幕が挿入され、第二部の冒頭には「今は正しく　あの時は間違い」（こちらが映画の原題でもあります）と挿入されるため、この第一部の「間違えた日」を、第二部ではいわゆるタイムループをして「正しい日」として主人公が生き直す、という物語を想像させます。しかし、どうもそうでもない。何の理由付けもなしに第一部と第二部で「同じ日」が展開されます。この二つの世界がどのような関わり・つながりを持っているのか、ということが合理的に観客に提示されることはありません。タイムループではない。じゃあ何か。

ここでは何の説明もなしに、整合性を持ち得ない二つの世界がごろっと観客に向かって差し出されます。その時、因果関係をベースとした世界の理解がやはり破壊されていくことになります。ホン・サンスは似たようなことを複数の映画にまたがってやっていて、その最も直接的なパターンが『正しい日　間違えた日』には見られます。

観客は足元の氷が砕けて水に落ちたときのように、安定的な解釈を求めてもがく。そうしたことがホン・サンスの作品を見ていると起こります。結果として観客が仮の足場としてたどり着くのはせいぜい、これは「多世界」的状況なのだ、という解釈です。いくつかの「可能世界／並行世界」が並立している状況を我々は見せられている、ということ。ただ、この「多世界／パラレル・ワールド」という足場を仮に組んだとしても、我々がこれらの映画を見る体験はやはり非常に不安定な、居心地の悪いものになります。『正しい日　間違えた日』であれば第二部に移った時、もしくはこの映画を見直す時、我々は目の前のたった一つのものを見ているにもかかわらず、複数のものを同時に見るという体験をします。たった一つのイメージや、ひと言ひと言が一層奥や裏側に何か別のものを蓄えているように感じられます。

一つの状況が繰り返される時、すでに同様のシチュエーションを見ているが故によく似た別のイメージが想起され、同時に観客の中では予測も働きます。結局、観客は今見ているものとかつて見たもの、そして予測・想像してしまうものも含めて、多重のイメージを行き来しながら、映画を見ていくことになります。画面上で展開されるのは男と女のよくある「くだらない」痴態です（正確には、果たしてこんなやり取りがあるだろうかというぐらいに突き抜けてくだらなくもあるのですが）。一つ一つの世界の物語を理解する上では何の苦労もありません。しかし、ほとんど同じ、でも少し違うシチュエーションが繰り返されることで、その差異は人の想像力を否応なく駆動させ、観客は何ということはないその一場面に何層もイメージを重ねてしまう。言うなれば一枚の貧しい画面を多重に豊かにするある種のタダ働きをホン・サンス映画のためにしてしまう、ということが起こります。

「事態を、因果関係を想定して理解する」という日常的な理解のシステムの機能不全が起こる一方で、一つのイメージに複数のイメージを重ねてしまう想像力の過重労働もホン・サンスの映画では同時に起こります。ここでは想像力の二重体制が構築されて、われわれの日常的な認知は保持できずに、破壊されてしまいます。簡単に言えば、今眼の前にあるものを見ていながら、想像上は別のものを見てしまう。今あるものを見ることができなくなってしまう。ちなみに『正しい日　間違えた日』では一つの映画内で成立しているこの多重的状況は、実は彼のフィルモグラフィ全体を通じて起きていることでもあります。彼の映画は互いに似通いながら少し違っていて、一つの作品を見ることは常に他の作品の影を見ることでもあります。ここでは、そのことが日本の小津安二郎のフィルモグラフィを巡る状況とよく似ている、ということだけを指摘しておきます。

それにしても感心させられるのはホン・サンス映画は、こうして一つの画面から集中を逸らしたその隙に、不意打ちをくらうようにできている、ということです。『正しい日 間違えた日』のどちらの場面でも、同一構図のまま会話が一〇分ほども続く。映像面における情報の更新がないわけです。そのとき、やはりわれわれの認知の活動は低下します。要は、慣れる・ダレる・飽きる、ということが起こり、「いったいいつまでこの場面、このやり取りは続くんだ？」という気持ちにもなってくる。そのことがまた観客を記憶や妄想へと誘う、その糸口にもなっている。しかし、ふと意識を離した隙に、気がつけば人物が急に怒り出したり、もしくは互いへの好意が劇的に高まっていたりする。

そのとき味わうのは見逃し・聞き逃しの感覚です。いったい、いつの間にそんなことになったんだ、と。登場人物たちに、この世界に出し抜かれたような感覚です。ループの中でだらだらと生きているだけかと侮っていた登場人物たちが、ある固有性（オリジナリティ）を発揮する。「自分たちは観客の想像を超えたもう一つの現実を生きている」と彼らが示す瞬間には、いつも不意打ちをくらいます。タダ働きをさせられた上に、いきなり不意打ちをくらう。でも、不思議とそこにはやはり喜びがあるのです。その「不意打ち」を通じて世界が別の顔を見せることで、自分たちの認識そのものが更新される、つくりかえられてしまうような感覚があるからでしょうか。時に「ナメていた」登場人物たち以上に間抜けに不意打ちをくらい続ける、ということが実のところホン・サンス映画を見ることの楽しみの一つです。

いま起きていることに驚くこと。目の前で起きていることが、単なる繰り返しではない、それ自体独立した世界であると認識するそのとき、どちらかの世界が「正しく」もう一方が「間違っている」というようなヒエラルキーは、究極的には存在しません。どちらの世界でも、それぞれの仕方で活き活きと、カップルや周囲の人々は生きている。さてここで、それぞれの世界に固有性を与えているものに呼び名を与えます。それは「偶然」というものです。今日のもう一つのテーマです。

ある一つの世界の固有性のしるしとなっているもの、それが「偶然」です。偶然というと「バッタリ誰かに出会う」とか、滅多にない稀な事態を想像されるかもしれません。それも偶然の本質的性格ではありますが、偶然のもう一つの本質は単に「あったり、なかったりすること」です。サイコロは1の目が出ることも、出ないこともある。その性質によって偶然は、その偶然が存在する世界とない世界を分けています。単純化して言うと、これから振ろうとしているサイコロの目1が出る世界と6が出る世界は、それぞれ違う世界です。サイコロが振られて1が出た瞬間に、その他の五つの世界は消滅する。そのようにしてわれわれは現実には、たった一つの世界しか生きられないわけですが、サイコロの目が出るその瞬間までは実は複数の世界が想像上生きられているとも言える。

このように、偶然と出会う瞬間は、われわれにこの世界の捉え方を二つの仕方で与えます。一つはそれが「ある」ことでこの世界は今あるような、固有のあり方で存在しているという感覚、です。偶然があるがゆえに、この世界は固有で、かけがえがない(他と交換不可能な)ものと感じられるということ。他方で偶然は、それが「「ない」ということもまたあり得た」と常に想像させます。ほんの些細な偶然があることで、今自分はこの世界にいるけれど、それがなければ世界は「全く違う」とまでは言わないけれど「別のものであり得た」ということ。偶然には「ごく些細な事柄の有無で、世界が別様になり得た」という事実が結晶していま す。なので、ホン・サンスの映画で「偶然」と呼ぶべき、世界の固有性をあらわにする振る舞いを見るとき、想像・想起を幾重にも重ねてしまうのも無理からぬことです。この結晶体=クリスタルとしての「偶然」には「偶然が存在しなかった世界」の影も常に映り込んでいるからです。「ある」ことと「ない」ことが同時にそこには結晶している。だから我々は偶然を通じて、想像してしまう。

今日このお話をしようと考えるまで、「偶然と想像」というのは互いに異なる領域に属しているように私には思われていました。簡単に言えば、偶然を語るとき基本的には現実に「ある(あった)」ことを前提としているけれど、想像というのはあくまで「ない」ことに促されて起こる、ような気がしていたからです。そのため、これら二つは、どちらも私の映画づくりにとってとても重要な要素であるにもかかわらず、自分の中でうまくつながりませんでした。ただ、今回の中山さんの展覧会を見て、何とかこれら二つの要素をつなげたくなりました。そのときに、同時に今日お話しした映画監督のことも極めて自然に思い浮かびました。そのことについて話したことはないですが、中山さんにとってもエドワード・ヤンやホン・サンスは重要な監督なのではないか、と勝手に確信をしています。それはまた後でお聞きすることとします。

で、ここに来て、ようやく私がやろうとしていることを言葉にできます。私がやろうとしていることは、今日挙げた誰よりもひねりのない、いわばベタなことです。基本的にはこの「偶然」を撮ること、「偶然」を直に捉えることです。私の映画を見てくださっている方のなかには、例えば二つの車線をそれぞれ走る乗り物の並走を、つまりはたまたま二つの物体の速度が一致した瞬間を捉えることを思い出す方がいるかもしれません。それもまったく間違いではありませんが、最近の私が捉えようと苦心している偶然はもっと不明瞭な、より些細な偶然です。

それは役者の身体に現れる「些細なできごと」としての偶然です。それが何なのか、正確に口にするのは難しいのですが、それが現れるよう準備する方法に関しては、少し具体的にお話しすることができます。それは「本読み」、つまり脚本の音読です。本に書いたり、色んなところで話したりしているので、ご存知の方もいるかもしれませんが、前々作の『ハッピーアワー』以来、撮影前に役者陣と繰り返し本読みをすることを習慣としています。「本読み」は今現在の私にとって、偶然を捉えるために必要な準備です。

　ある場面の撮影に先立って、その場面に出演する役者一同が揃って、ひたすら感情的なニュアンスなしに、いわば棒読みで、脚本を音読することを繰り返します。私がこの方法を知るきっかけとなったジャン・ルノワールという監督は、この読み方を「電話帳読み」と呼んでいました。喩えとして通じにくくなってしまいましたが、セリフという、感情やニュアンスを伴うことが前提となっているテキストを、電話番号や住所といった類の無感情なテキストのように読むことです。この本読みを一つのシーンに対して一日、もしくは数日かけることがままあります。『ハッピーアワー』のときは、セリフを覚えること自体、この本読みを通じて行っていました。

　何のためにこんなことをしているのか。ものすごく正直に言えば、よくはわかっていない。これをすると何だか良いことが起こる、ように感じる。色々と端折って言ってしまうと、良いことというのは「その人自身が現れる」ということです。ただそれは演出家としての自分がイメージした役柄がそのまま表現される、のではなくて、むしろ「この人って、そういう人なのか」と発見するような感覚です。演者とキャラクターに関する認識が同時に更新されるような、そんなことが目の前で起こる。本読みは、それを起こすための準備となると考えています。

　自分の経験に照らしてこの本読みの効果を挙げるなら、何よりもまずテキストそれ自体と役者の親和性が上がっていく、ということです。それは精神的なものというよりも、より即物的なものです。読めば読むほどセリフに含まれる意味に、役者は鈍感になっていきます。意味が身体に及ぼす効果がすり減っていき、役者はセリフの意味に左右されずに「文字面そのもの」みたいにそれを読むことができるようになる。本読みを続けていくと、役者たちは「無感情にセリフを読み上げる」ことのエキスパートになります。やがて台本を伏せても同じトーンで自動的にセリフが出てくるようになる。これぐらい繰り返し本読みをしたら、つまりセリフがテキストのまんま役者の身体に刻み込まれたなら、撮影への準備は整ったと言えます。ニュアンスなしのいわゆる「棒読み」をしているのだけれど、妙に声に厚みが加わっているような状態で撮影現場に移動できたら、それは現時点で私が考える理想形です。ちなみに撮影現場においては「本番では別に感情を出して構わない、ニュアンスを伴った発話で構わない」と役者たちには伝えています。このことは「感情を出して！　込めて！」と奨励しているのとは違います。本読み中はセリフの意味に影響されないように読んでもらっていたけど、撮影現場では影響されても構いませんよ、ということを伝えているのです。

ここまで述べたのは、言わばある「声」をつくる作業です。それは無感情の、ゼロ度の声、とでも言うのでしょうか。本番においてどのような感情にも発展していく起点となるような、そういう声です。ただ、もしかしたら、それ以上に重要なのは「耳」をつくることです。「本読み」の場では一同集まって読むといいましたが、それは何より他の役者の「声」に馴染む時間でもあります。つまり、他の役者のそのゼロ度の「声」に慣れるわけです。その慣れが役者たちが「不意打ちを受ける」ための準備となります。実は、このことは私自身にも言えるし、「不意打ち」を受けることが私の演出の基本にもなります。

この無感情な、ゼロ度の声は「基準音」です。この基準音ができた上で、撮影現場で初めて感情を伴った形でやり取りをする。つまり、役者たちは何を言われるかも知っているし、その次に何を言うかも知っている。ただ、撮影現場で自分たちが聞いてきたセリフが「ニュアンスを伴って」発されるのは初めて聞くことになります。このとき、基準音ができていれば「差異」を感知しやすくなる。その差異は、その場で生じた偶発的な揺らぎ、いわば「偶然」です。何度も聞いているのに、初めて聞く、偶発的なものに不意打ちされる、ということが演者にも、演出家にも起こります。「本読み」はこの「不意打ちされる身体」を用意すること。「不意打ち」され、戸惑い、反応の仕方をとっさに手探りする、その状況を準備する、ということです。

不意打ちを受けたとしても、役者は次のセリフを言わなくてはなりません。と言うか「本読み」を通じて身体に刻みつけたそれは、ほとんど自動的に出てくるように思われます。ただ、「不意打ち」にふさわしく対応するとしたら、それは「ゼロ度」のままではない。偶然に相応しい反応を、前もって準備することはできません。それに、準備した方法で応じたら、生まれたその偶然は消えていってしまう。

私がこの時望んでいることは、演者が自動的に出てくるセリフを使って（つまり、セリフをそれらしく表現するのではなく）、その人自身の仕方で反応することです。「偶然」への反応とゼロ度の声を利用して、その人自身を表現してほしい。それは上手い演技というのとは違います。ここでは書かれた言葉であるセリフを発話することの不自然さが消えるわけではありません。かえってそれは残る。演者は演技をしていて、それは演者本人の言葉や振る舞いではないのは明らかです。にもかかわらず、やはり「その人自身」としか感じられないものが現れる。大発明のような演技を演者がするわけではありません。単純に、今この場ではそのセリフはそのように響くしかない、ということが見聞きする者に瞬時に把握されます。

そして、ダイアローグ（セリフ・対話）というのは、それがラリーのように積み重ねられることでもあります。ものごとがうまくいけば、その偶然が連鎖をする。その場で生まれた固有のニュアンスが、相手役の新たなニュアンスを引き連れる、相互作用的な演技の場を形成します。

これが最も理想的に起こるとき、セリフは脚本家が書いたもので、演者本人の言葉ではないにもかかわらず、それを口にする演者は、まさにそんな人に見える。見え続ける。そういう事態が起こる、ような気がしています。単純に言えば「この人ってこういう人だったのか」「この人はこのような人であり得たのか」という驚きを得る。その「この人」というのがフィクションの役柄に対する判断なのか、役者本人に対する判断なのかわからなくなる。

テキストを書いた脚本家としての私の感じ方としては、「このセリフってそういう意味だったのか」「そういう風に言うのか」ということを演者から教えてもらうような瞬間です。演技でしかないにもかかわらず、たった一つの現実に立ち会っている、という両義的な感覚を得ます。このとき、役者「その人自身」がフィクションと現実の結晶体のようなものとして観客に現れる……。そんなことが本当に起きているかどうか、それはいずれ何かの機会に確認してみていただけたらありがたいと思います。

このあたりで私が中山さんへ問いかけたいのは、これって中山さんのやっていることと何か関係がありますか？ということです。今回の展覧会やそこで展示されている映画を見たり、中山さんの書かれた文章を読んだりして、私自身は関連があるはずと確信している映画やトピックについてお話ししました。今までお話ししたこと全体が、私からの問いかけになっています。

少しだけ、私が中山さんの建築について（それはあくまで映像や展示を通じて触れたものですけれど）思っていることを言うと、中山さんの建築はどれもいわゆる「暮らしやすさ」みたいなものからは明らかに離れていますよね。建売住宅的なものでないのはもちろん、無印良品とかＩＫＥＡみたいな感じのよく言えばスッキリとしたライフスタイルを提示するものでもない。今回の展覧会にあわせて刊行された本を私が読んで、特に面白かったのは「O邸」に実際に住まわれている岡田栄造さんの言葉です。

「この家は結構おしゃれなものに見られるんですけど、実はそんなことは全然なくて。変な家なんですよね（笑）。住んでいるわれわれも全然おしゃれではなくて、散らかっているし、むりやり住んでいる。それとは別に結構怖い家でもあって。いろいろな関係が入れ子になったり、関係が相対的に入れ替わったり、外と中の関係が延々と変わり続けるみたいな感じがある。」（中山英之『建築のそれからにまつわる5本の映画』TOTO出版、二〇一九年より）

これが生活している人の実感、ってすごくないですか？　住むとか暮らす、というのはどこか住まいに慣れ・親しむことなんだと思うんですが、全然この家に慣れきった感じがしない。私自身は「この家、結構怖い家なんです」と自宅を紹介する人というのに出会ったことはないです。

「結構怖い」のは、長く住んでいるにもかかわらず、よく知らない、よくわからない表情をある時ひょっこり家が見せるからなんだと思います。岡田さんにとって家はどこまでも、得体の知れない異物のようにして存在し続けている。でも、この「結構怖い」ということ自体が中山さんの建築の一部なんだと私は思っています。建物がただ建てられたのみで建築が完成されるのではない、ということが建築の世界で一般的な考え方なのかどうか知りません。ただ、中山さんの建築は、カタログ化されたライフスタイルを選択して組み合わせることでは出会うことができないような「暮らし」を、住む人にもたらすのではないかと思いました。岡田さんは「むりやり住む」と言いました。どちらかと言えば暮らしづらい、もしかしたらある種の恐怖体験でさえあるような建築（ここでは特に住宅）は何のためにあるのか。

中山さんがやられていることは「暮らし」のポテンシャルをあらわにするというか、生きることにフィクションを持ち込むということなのではないか。では、「暮らし」の中のフィクションは、現実にはどういう形を取って現れるのか。私の考えでは、それはやはり「偶然」を通じて現れるし、この建築がなかったらありえなかった暮らし（少し大げさに言えば世界）が生まれるよう、中山さんの建築は促す。そのように設計されているのではないか。さらに踏み込んで言えば「偶然」が、それもフィクションとの境界面としての「偶然」が現れるようにデザイン・設計がされているのではないか。そこには暮らしている人への果てしない期待が感じられる気がします。現実の建材の組み合わせによって、フィクションの次元を招き入れようとする中山さんの建築。こうして言葉にしてみると、途方もないですね。

私に言えるのはここまでです。もし、もう少しだけ具体的な問いが必要であるとすれば、中山さんはなぜ建築の「それから（, and then）」を自身の展示として提示しようと思われたのでしょうか？　私はその「それから」という時間が、中山さんの建築にとって本質的なものだからなのではないかと思いました。そして、それはなぜ映画を通じて展示される必要があったのか？　伺えたら幸いです。

※――後半の対談もふくめたギャラリートークの採録が、以下に掲載されている。https://note.com/nkymlab/

偶然を捉えること

二〇一九年六月一日、ソウル・アートシネマ
「濱口竜介特集」にて
『PASSION』上映後に

本日は、『PASSION』をご覧いただきありがとうございます。また、この場を借りて、このレトロスペクティヴを企画してくださったソウル・アートシネマにも御礼を申し上げます。自分のやってきたことを振り返る時間をいただきましたので、駆け足になるかもしれませんが、私がとりわけ『PASSION』以降、この十年特に心を砕いてきたことについてお話をして、その後会場の皆さんとも言葉を交わせたらと思います。私がこの十年余り、形を変えつつもトライしてきたことというのは、一言で言うと「偶然を捉える」ということです。

このアイデアは、『PASSION』で撮った二つのショットからもたらされたものです。今見たばかりなので覚えてらっしゃる方も多いと思いますが、まず一つ目は波止場での長回し。その終盤、果歩が健一郎の告白を拒絶して立ち去る瞬間、トラックがフレームインしてきましたね。そして、そのトラックが果歩がフレームアウトする方向に合わせてUターンして、果歩とトラックが同期するようにフレームアウトしていきます。これが全く文字通り、偶然なんです。

この長回しは実は2テイク撮っていて、映画で使われているのは2テイク目です。日の出直前のいわゆるマジックアワーの時間、本当に夜が明けていくその時間を一〇分ほどかけて撮ることがこのショットの目的でした。もちろん夜明けは一日に一回しかないので、1テイクで終わらせなくてはなりません。失敗はできない。なので、「ここで止まって、こういうセリフを言う」ということを、ある程度演者のお二人に指示していました。実は、この映画では基本的にあまりそういうことはしないよう努めていたので、それは一つの妥協であったけれども、「致し方ないこと」とその時は判断しました。このショットに関してはそのように決め込まないと、光量が十分でないその時間帯にフォーカスプラーがピントを合わせることが難しくなる。失敗した場合に、別日に撮りなおすような余裕は我々になかったからです。

01

　結果的にテイク1にとても素晴らしいものが撮れた。フォーカスプラーはモニターを見ながら泣いてしまったと言いました。それはわからなくはなかった。じわじわと夜が明けていくその時間は、二人の俳優の感情の高まりを示すように画面に非常に美しく定着していたからです。ただ、気になることがありました。役者たちの動きです。やはり「ここでこうして」と細かく指示・制限されている分、少しだけ動きが硬くなっているように感じられました。それで、この夜明けの時間帯の美しさはもう得られないけれど、建物の陰から太陽が昇って日が差す瞬間が三〇～四〇分後に捉えられそうだということで、もう1テイク撮ることにしました。役者さんたちには「既にとてもいいものが撮れているから、今度はできるだけ自由に動いてほしい」と伝えました。そうして撮ったテイク2がこの、映画で使われているショットです。

望遠レンズを使った撮影でした。俳優陣から非常に離れた場所にいたので、私はモニターで演技を確認していました。役者は「もうOKテイクが撮れている」という安心感があったからか、非常にのびのびと演じているように見えました。そのとき、急にフレームの外からトラックが侵入してきた。その瞬間は本当にびっくりしました。望遠レンズを使っていたため遠近感が圧縮されてまるで俳優が轢かれてしまうかのように見えたからです。実際は十分に距離があり、ご覧の通り大丈夫だったわけですが。

後でわかったこととして、その波止場は長距離トラックの運転手たちが翌日の運転に備えて仮眠をとる場所でした。カメラが回り始めてからトラックが複数台、画面に映っていないところで動き出していました。そして、私たちにはそのトラックの動きを抑止するのに十分なスタッフがいませんでした。驚いてトラックが来た方に目を向けると、自分が止められなかったせいでNGを出してしまったとしょげているような制作部スタッフの姿が見えました。撮影終了時、私も動転していて、このテイクはNGだと思いました。俳優の演技はこちらの方がよいが、その侵入者は自分のプランに合わない異物だったわけです。元々の目的であった夜明けの瞬間はテイク1で十分美しいものが撮れていたので、そちらを使おうと考えたのです。何であれ、その日の撮影はそれで終わりました。

この二つ目のテイクの価値に気づいたのは、編集中でした。トラックの入ってくるタイミングは果歩の拒絶の瞬間であり、フレームアウトの瞬間は彼女の去る動きと完全に同期していました。そして、基本的に縦に向かってくる俳優たちの動きに対して、水平に侵入してくるトラックの動きが、リズムを強制的に変え、そのことは急変する果歩の心情ともやはり正確に同期していました。それは私の意図したものではなかったけれど、意図したようにしか見えない極めて「正確な」偶然になっていました。最終的に本編にテイク2を採用しました。光の美しさよりも、この一瞬の鮮烈さを取りました。世界に一度きりの、ある瞬間がそこでは捕らえられていました。付け加えて言えば、それが俳優の演技を追求して得られたものである、ということもまた重要でした。

結果的に『PASSION』は、あくまで学生の修了制作としてはということですが発表当時、日本の批評誌で高い評価をもらったり、国際映画祭に呼ばれたり、と話題になり私のキャリアの第一歩となりました。そうした際にインタビューやQ&Aでほとんど必ず聞かれたのは「あのトラックは演出なのか」ということです。この質問を受ける都度、どこか気恥ずかしいような思いがありました。あれはまったくの偶然なのだと伝えると、多くの人は驚くし、中には「映画の神が降りてきた」とまで言ってくれたりする人もいるけれど、ごく率直に言って、自分のキャリアを一歩推し進めてくれた映画の中でもひときわ優れた瞬間が自分の演出によるものではない、ということに負い目のような感覚がありました。実力以上の下駄をはかされたような気分があったということです。

ただ、まさに偶然を捉えたこのショットによって、映画における「演出」とは何か、ということを教わったような心持ちがしました。「偶然の瞬間を捉えること」です。ある偶然の瞬間に立ち会うことは、目撃者の感覚を持つことにほかならず、それは単に造形的な芸術ではない映画の持ちうる最も強烈な瞬間である、という事実が編集時にそのテイク1とテイク2のどちらを取るか迷う過程で自分に刻み付けられました。どのような映像の美しさも、二度とは起こらない何かに立ち会ってしまったという感覚には勝つことができない、と実感しました。二度と起こらない何かが起きる瞬間に間に合って、記録するということが、カメラという記録装置の本質に最も適ったものと思われました。これ以降、私はどうにか自分の演出によって「偶然を捉えること」を目指しました。そのための修行時代が始まったわけです。ただ、「偶然を捉える」とは具体的にどういうことなのでしょう。そのことを示す上でわかりやすいのは、『PASSION』の撮影中に私が密かに驚いていたもう一つの偶然です。それは先ほどの偶然よりも、もっと些細なものです。

▼02……『PASSION』

映画の最後、果歩と智也がソファに座っている場面ですが、ほとんどの時間、二人の目線は合わず、むしろ二人は同じほうを向くことが多い。男の方に彼女を見られない負い目があることを示唆してもいますし、二人で同じ方向を見るこ

02

とで記憶や精神を共有しているようなニュアンスが生まれてもいます。この視線による表現は実は前作の『SOLARIS』という作品でよく試みた演出でした。役者に指示して、単に見つめ合うのではなく、むしろ互いの視線が合わなかったり、ときには同じものを見つめさせたりして、いわば人物間の関係性、つまりディスコミュニケーションや同調を、更にはその時に生じている感情まで「形式的に」表現しようとした、ということです。ただ先ほども少し触れましたが、私は『PASSION』という映画では基本的に、役者に動きを指示するような演出を廃棄していました。『SOLARIS』において、役者が指示通りに演じようとすることで、自由な感覚が阻害され、結果的に彼らの感情がこちらの望むような高みにまで達することがなかったと判断したからです。自分の望む表現からはズレてしまうかもしれないけれど、優先順位を自分の望むような画面構成ではなく、役者の感情のほうに明確に置き直したのが、この『PASSION』のときでした。

『PASSION』で照明を担当したのは、『SOLARIS』、そして最新作の『寝ても覚めても』で撮影を担当してくれた佐々木靖之さんでした。佐々木さんはこのショットを撮り終わった後、「あれ、『SOLARIS』だったな」と私に言いました。彼は驚いていました。私もうなずいたと思います。私がまったく演技の指示をしていないのに、『SOLARIS』でやろうとしたことがむしろ達成されてしまっていた。そのことを彼も一部始終をそばで見て感じたようでした。この場面での二人の演技には素晴らしい集中があり、感情があると感じていました。そして、その感情につれて自発的に生じた動きが、二人の関係性の正確な表現にもなっていたということに、私たちは深く驚いたのです。

私が『PASSION』において得たレッスンは二つあります。一つ目は私が望むものを理想的な形で起こすためには、一旦手放す必要があるということです。それは全く計画しないということとは違いました。それが起きるようにできる限りの準備をする必要がありますが、最後の最後で「起きるに任せる」必要がある。起きるに任せたら、常に望むことが起こるということではありません。ただ、そうでなければ自分が望んでいるものが得られないことがはっきりわかりました。何度も繰り返せない、たった一回きりしか起こらない何かに立ち会っている、という感覚です。その感覚はひとえに偶然によってもたらされます。偶然的な要素があって初めて、その場で生《せい》そのものが展開されているような感覚が立ち上がるのです。

計画は、特に集団的な行為において目的を成し遂げるために必ず必要なものです。しかし計画は本質的に、偶然の廃棄を試みるものです。偶然はしばしば、成そうとしていることを破壊する「アクシデント」になり得るからです。そうであったとしても、その破壊や計画失敗の可能性を受け入れることによってしか、私が望んでいるものは映画に定着しない、ということを知りました。

二つ目は、偶然が具体的に画面にどう定着するか、ということです。先ほどの例から考えると、二つの無関係な個体が同期・同調する一瞬、その関係性が最もよく現れる場所にカメラを据え、そして記録する、ということです。トラックと人物は本来無関係ですが、それらが同期することで、観客は何かしら関係性を感じる。この感覚はカメラを置く位置がほんの少しズレるだけで、消えてしまっていたでしょう。そして、二人の個人が全く同方向に顔を向ける時にも、やはり二人が何かを共有している、つながっているようなニュアンスが生まれます。英語で偶然はcoincidenceと言います。incidentは出来事ですから、出来事が同時に二つ（以上）起きることがco-incidenceだと言ってよいでしょう。私が求めているのは、この本来まったく無関係な、複数の出来事が同時的に起こる瞬間を映画に刻み付けることです。

この二つのレッスンを発展させていくことが、私のそれからの課題となりました。『THE DEPTHS』や『親密さ』のラストで起こる乗り物の並行移動は、『PASSION』のトラックを自分なりに発展させたものと言えます。一方で『なみのこえ 新地町』のラストでの雲の動きは全くの偶然によるものですが、明らかに『寝ても覚めても』で反復されているということが、見た人は皆気づかれたことでしょう。どの作品もこれからまだ上映機会があるので、ぜひご覧いただけたらと思います。

ただ、このようにして捉えられた偶然は、非常にわかりやすく、観客に働きかける偶然です。驚かせ、ときに説得する。しかし私は、『PASSION』で得られたもう一つのより些細な偶然を発展させていきたいと考えるようになりました。観客を説得するよりも、観客に発見されることが映画と観客のより望ましい関係と、映画の一観客としても思うからです。そうなると、もはや1ショットをどう撮るかは最重要でなくなりました。問題は、語られているフィクション(端的にはセリフ、テキスト)と、役者という「現実」の身体に生じる感情の間に、どう一致を起こすかということです。役者が自発的に役・キャラクターとしての感情を摑み取る瞬間をどう作るのか。役者が自発的であることが望ましいのは、指示されてする動きは結局その痕跡を残すからです。役者が意図やコントロールによってテキストに近づくのではなく、願わくばまったくの偶然によってそれらが出会うことが理想です。私が『ハッピーアワー』でした演者に対する演出というのは、その出会いを準備することを目指したものでした。そのことは日本で刊行された『カメラの前で演じること』という本の中で詳しく書いています。その内容をこの時間で要約することは難しいのですが、その後に更新された考えもあり、特にその中心的な方法である「本読み」について、できるだけエッセンスをかいつまんで申し上げます。

『ハッピーアワー』以降、私は『ジャン・ルノワールの演技指導』という短編ドキュメンタリーでジャン・ルノワール監督がやって見せていた「イタリア式本読み」の真似事を、自分なりにアレンジしながら続けています。シーンに出演する役者一同が集まって、脚本のセリフをひたすら無感情に、電話帳でも読むように読み上げます。それをある程度繰り返したら、脚本を伏せたり開いたりしながら、更に本読みを続けます。伏せた状態でも開いているときと同様に文字面通りに、無感情に、ほとんど自動的に口から出てくるようになるまで繰り返します。この状態になると、演者の声にある厚みが加わって感じられます。繰り返しによって役者に感じられるセリフの「意味」が摩耗し、役者の声から揺らぎが消えていきます。ただ、より即物的な事態は、テキストが身体的に「役者の口に馴染む」ことです。普段言いつけない言葉を言うことに、口をはじめとした役者の身体の筋肉や神経が馴れていく。そのことで役者は単純にリラックスするのでしょう。このとき役者はブレのない、テキストそのものを自らの芯として持つような、そういう声を発するようになります。最近はここまでできたら、撮影現場に移るようにしています。状況によってそこまで至らないこともありますが、これが理想です。

撮影現場での演者の動線は私の方から最低限のシンプルなものを提案し、リハーサルの演技は感情を欠いた本読み調のままで行います。そして本番を迎えるとき、演者たちに「それまでの本読みのように感情を排する必要はない」、ただ「できれば自分がその場で本当に感じたことのみを使って反応してほしい」ということを伝えます。あとは演者たちに任せます。このプロセスが現在、私が役者たちの感情をある「偶然」として迎え入れるためにしている基本的な準備です。

私にとって書かれたテキストがあることは、私が望むような演技が生まれてくるための条件と感じています。それは、役者が「安心」するために必要なものなのです。「言うことが既に決まっている」ことが役者に与える安心、それがもたらすリラックスと集中が演技の基盤になります。ただ、書かれたテキストはもちろん生硬なもので、口にされる言葉としてはまったくふさわしくないものです。繰り返しの本読みは書かれたテキストの硬さを、生身に馴染むよう和らげる作業とも言えます。本読みを経た役者たちが、書かれたセリフをほとんど自動的に口にできるようになったとき、どこか「分厚い」声でテキストを発声することができるようになったとき、テキストがテキストのまま役者の身体に保存されたと言えます。この事態は無感情で本読みを行うことによって、役者がテキストから感情的影響を受けることなく成立します。いわば、両者は「無関係に」「最も近く」ともに在る状態である、とここでは言っておきましょう。

先ほど、撮影現場では役者に「感情を表現して構わない」と伝えると言いました。ほとんどの場合、同時に相手役をよく聞いてほしい、とも伝えます。テキストは集中して聞かれれば自ずと開かれてしまう「意味」を含んでいます。それは、役者の身体に必ず作用し、テキストの質に応じて感情的な影響を与えます。ものすごく簡単な例を挙げれば、「好きだ」という言葉や「嫌いだ」という言葉はそれぞれのやり方で、口にする者・耳にする者の身体に働きかけます。そして、役者が自身もしくは相手役の身体を通じて、テキストの生々しい「意味」に撮影現場で出会うときに起こる反応は否応なく受動的で、役者自身のコントロールを超えた偶発的なものです。

現在の私が役者を撮るときに何に照準を絞っているかというと、セリフや演技の巧拙では一切なく、この「役者の意図を超えて、身体に起こる偶然」です。言ってみれば、それは役者の身体の「ドキュメンタリー」を撮るようなものです。役者本人はもちろんフィクションのキャラクターではなく、彼・彼女個人の来歴を持ってそこにいます。その人の身体がある言葉や行為にどう応じるかは、結局のところ「それまでその人がどう生きてきたか」ということに強く規定される、とよく感じます。その反応がいちいち「この人（役者）はどういという人か」を表現してしまうわけです。それは、数日や数週間のいわゆる「役作り」で変更できることではありません。

ここで再確認しておきたい前提は、テキストと役者の間には本来（あのトラックや役者たちと同様に）何の関係もないということです。役者はそのテキストを口にする内的な必然性というものを基本的には持ちません。一般的に職業上の義務はあったとしても、皆その義務を自発的に果たしているわけではないように、基本的には役者と書かれたテキストの関係の出発点は「口にするよう求められたから言う」以外はないわけです。私はこの、互いに無関係な書かれたテキストと役者の二つが、偶然の一致（co-incidence）を果たすようにものごとを準備しなくてはなりません。第一の鍵はあるテキストを「誰に」「どのような人に」言ってもらうかということで、キャスティングはこの上なく重要です。テキストにふさわしい人物を選ばなくては、テキストと演者の間に然るべき相互作用は起きないでしょう。

『ハッピーアワー』や『寝ても覚めても』の出演者たちは、皆必ずしも「嘘をつくのが上手ではない人たち」という印象を私は持っています。彼らの人柄に備わった率直さがとても重要でした。そういう人たちのテキスト及び相手役への率直な反応を私は欲しています。起きた反応が想定されたキャラクターと一致することはほとんどありません。ただ、むしろこうした「無関係」こそが、両者が強烈に、驚きをもって出会うための条件、いわば偶然の生じるための条件なのです。本読みはその条件を整えるための準備です。

そのうえで申し上げておきたいのは、本読みの際に読み上げられるテキスト自体、ただのテキストではあってはいけない、ということです。映画をつくりながら段々と、どんなテキストでも望むようなことが起こるわけではない、ということを理解するようになりました。このテキストを口にすることで役者の身体に「何か」

が起きるよう、本読みに先立って、時には本読みをしながら、テキストを然るべく精錬していく必要があります。「テキストの精錬」とは、単純に言えば「書き直す」ことです。特にキャスティング決定以降の書き直しは、具体的に役者一人一人の印象を私自身が自分の中に蓄積することで、より「的を射た」セリフへと書き直していくプロセスと言えます。書かれるセリフは常に、ドラマを前へと推し進めるものでなくてはなりませんが、一方で同時に、その言葉を口にすることが役者その人の「核心」に働きかけるのでなくてはなりません。それらは必ずしも両立しないものなので、一つまた一つと、針の穴を通していくような作業と感じています。

テキストの精錬と本読みを繰り返し、撮影現場に立つそのとき、役者の身体には何が起きるのか。無感情でおこなう本読みの目的は第一に「意味」の働きを抑制し、テキストと役者の身体を、それぞれの形を保ったままで馴染ませることでした。役者とテキストを「無関係に」かつ「最も近く」に置くこと。それは、テキストの意味と出会う俳優の「驚き」を、カメラが回る瞬間まで保存しておくことでもあります。本読みを経た撮影本番では、俳優たちは、テキストに初めてニュアンスが宿るのを聞くことになります（このニュアンスを聞き分けられるのは、本読みを経て、彼らの耳が無感情を基準音としているからです）。テキストがそれぞれの身体から感情を否定せずに発されるとき、それを真摯に聞く身体には大なり小なり「驚き」が生じるように感じています。簡単に言えば、「このテキストは、ここではこういう意味だったのか」ということを互いに、身体で理解をするということです。役者はそれまで想定されなかったテキストの意味を表現するでしょうし、テキストもまた今まで現れなかった役者その人を引き出すでしょう。かけ離れた二つのものが思いがけず、互いに最もふさわしいものとして出会う。そうした出会いにはふさわしい「驚き」が伴うものです。こうして「驚き」が少しずつ、真率に、十分に積み重ねられていったとき、役者の身体に「感情」と呼ぶべきものが生じることがあります。そして、この感情は身体のどの部分よりもまず、「声」において現れるものです。望ましい偶然が起きて声が響くとき、脚本家である私もまた「このテキストは、まさにこのように言われるべきだったのか」ということを初めて理解したような気持ちになります。そこで起きているのは、本来かけ離れた「テキスト」（フィクション）と「役者の身体」（現実）の一致です。その声が響くときには、フィクションとドキュメンタリーという相反した二つのものが束の間一致して、役者の身体において生きられているように感じられもするのです。

この十年は言うなれば、私にとって「偶然を捉えること」の軸足が映像から音声へと移ってゆく期間でした。その契機となったのは震災後の東北地方でインタビューを重ねたことでした。その二年間のあいだ、私には聞きたい声がありました。聞きたい内容があったわけではありません。私はただ、この人は今自分に向かって、その人にとっての「本当」を表現してくれると直感できるような、そういう声を聞く瞬間を求めていました。それが起きれば、インタビューたちにしてもらっている何の変哲もない「おしゃべり」が映画になると信じていました。私は東北でドキュメンタリーをつくりながら、自分の望むような声を聞き分けるトレーニングを積んだような気がします。その感覚をフィクションに持ち込むことで、私は少しだけ、自分の望む偶然を手に入れるための精度を上げられたような、そんな感触を持っています。目の前で「今本当に何かが起きている」と役者たちの演技を見て実感できることが少しずつ増えています。

ただ、こうして演出の方法を固定することが、自分の映画制作をかえって狭めていないかという気持ちにも常になります。私は次回には全く異なることをしているかもしれません。私の目的は自分のやり方を固めることではなく、あくまで偶然を捉えることだからです。そして、その精度は、まだ十分に私の望むようになレベルには達していません。そこに達するために、できる限りのことをしたいと思っています。

観客の皆さんに望むのは、できることならば、暖かく見守っていていただきたい、ということです。一本一本に失敗はあっても、またここからの十年を歩み続けることができれば、今までとは全く異なるレベルのものを見せることができるだろうと確信しているからです。ここまでお聞きいただいて、ありがとうございました。

［追記］この講演にあたって通訳をご担当いただいたイ・ファンミさんは二〇二二年五月、闘病の末に亡くなられた。出会ったのは彼女も私も在籍していた東京藝術大学大学院映像研究科で、本文にもある『THE DEPTHS』の撮影現場でも通訳を担当いただき、段々と上映時の通訳もお願いするようになった。特に感謝をしたいのは、やはり本文に登場する自著『カメラの前で演じること』の韓国出版にあたって、翻訳を担当いただいたことだ。亡くなられた後に、彼女は闘病期間、病気のことを一切私には知らさずに、ずっと翻訳作業をしてくれていたことを知った。彼女は亡くなる十日前にも、私のオンライン登壇で通訳をしてくれていた。彼女の遺した仕事は、これからも私と韓国をつないでくれるだろう。この場を借りて、彼女の仕事への心からの敬意と感謝を表して、冥福を祈りたい。

III

改心を撮る
――エリック・ロメールからフリッツ・ラングへ

二〇一三年七月二七日、神戸映画資料館
「はたのこうぼうのアメリカ映画研究会」第一回
『クラッシュ・バイ・ナイト』上映後に

皆さま、本日はお越しいただきまして、誠にありがとうございます。

まずは「はたのこうぼうのアメリカ映画研究会」というイベントの趣旨を、少しだけご説明させてください。「はたのこうぼう」とは、ここ神戸で、私・濱口竜介と、脚本家の高橋知由《ともゆき》、そしてもう一人の映画監督・野原位《ただし》が結成した脚本ユニットです。は・た・のはそれぞれの苗字の頭の文字で、その三人で工房みたいに脚本を作りたい、ということです。三人それぞれ趣味嗜好は違うのですが、面白い脚本を書きたい、というごく単純な欲望においては共通しています。そして、面白い映画と言えばアメリカ映画である、という見解においても一致しています。というわけでそれぞれ興味のあるアメリカ映画の作家を担当して研究しよう、ということになりました。神戸映画資料館さんの協力も得て、こうして公表の機会を持つことで、内輪のなあなあ勉強会にはしない、という気概でおります。私はフリッツ・ラングを、高橋はアルフレッド・ヒッチコックを、野原はエルンスト・ルビッチを取り上げる予定です。偶然か何かわかりませんけども、アメリカ人が一人もいないのですが、最も面白いアメリカ映画の作り手たち、ということでこの三人が選ばれました。

ただ、勿論アメリカ映画――ここでは古典的ハリウッド映画と言い換えますが――が成立したのは、その時代特有の状況があったからであって、それが現代においてそのまま成立するというわけではありません。なので、私の場合はラングとテーマを共有すると思われる別の現代映画作家と引き合わせることで、アメリカ映画の面白さを一体どうやってこの現代、我々の映画制作状況に召還できるのかを一人の演出家・脚本家として考える糸口としてみたいと思っています。ラング編の初回として今日は、フリッツ・ラングと並べてエリック・ロメールを取り上げます。

二人とも大変有名な監督ですけれども、両者をつなぐラインというのは、明確には引かれていないというのが実際だと思います。ロメールと言えば、シャブロルと共著で分析本を出したアルフレッド・ヒッチコックですとか、文章でも画面においても愛を告白しているハワード・ホークスですとか、彼らの方がアメリカ映画の監督としてはロメールとよりつながりが深いように思われる方も多いと思います。私も今回改めて、果たしてこれまでこの二人を特に取り上げた文章がないかと思って、「フリッツ・ラング　エリック・ロメール」で検索をしたんですが、何とこの勉強会の告知が最初に出て来る、という。でもね、見つけました。と言うか、一応元から知ってはいたのですが、ここに引用します。引退作であり遺作ともなった『我が至上の愛　アストレとセラドン』について、ロメールが語ったインタビューです。

（……）『アストレ』には、フリッツ・ラングの作品に常に現れるモチーフ、魅惑と嫌悪が対になった感情の動きがあることにも気づいた。フリッツ・ラングもまたフォルムの創造者である。ついては今回の作品が、私にとっての『大いなる神秘　情炎の砂漠』（監督：フリッツ・ラング）であると言われるなら、なるほどそれもけっこうな話ではないか！

何の話だ、という感じですが、少なくとも、ロメールは自身の引退作をラングの最晩年の作品（遺作『怪人マブゼ博士』の一作前）と引き比べており、一人の作家として相当に意識していたということだとは思います。ネットで見つけたこの文章は、元々は『アストレとセラドン』のパンフレットに載っていたもので、これを初めて読んだとき、やはりとても不思議な気持ちになった記憶があります。へー、と。そんなにロメールはラングを意識しているんだ、意外だなあ、という気持ちですね。それがあるとき雷に打たれたように、その二者のつながりについて語りたい気持ちになるのですが、それはまたおいおいお話しします。

さて、本日ご覧いただいたフリッツ・ラング監督『クラッシュ・バイ・ナイト』。『熱い夜の疼き』という邦題（テレビ放映題）もとてもいい感じで作品同様に大好きなんですけれども、これをかけようと思ったのは、これがラングの側から観た最もロメール的なフィルムであるように思えたからです。なので、今回の導入として上映していただきました。ちなみに、ラングの側から観たら、ということはその逆もあるのですけれども、それもまたおいおい。私の個人的な体験として、エリック・ロメールを通じて見えてきたフリッツ・ラング像というのがあるんです。エリック・ロメールというのは私にとっては、ものすごく直接的に影響を受けている監督であって、その方法論を徹底して分析したりもした数少ない監督の一人です。そのロメールを通じてラングを再発見することで、ずっとフリッツ・ラングという監督が自分の心をどこか捉えて離さなかったその理由も少しわかった気がしました。そして今、私はラングのことをかつてロメールについて研究したように仔細に研究したいという気持ちを強く持つようになりました。その手始めが今日になります。

前置きが長くなってしまいましたが、これから「エリック・ロメールからフリッツ・ラングへ」至る細い線を紡いでいきたいと思います。「作劇」についてという発表の性質上、映画の結末やクライマックスを言ってしまったり、見せてしまったり、ということが多々あります。これは結構避けようのないことでして、その点もご容赦ください。ただ、どの映画も結末を知ったぐらいでその面白さが減じることは決してないと思っています。

まず、『クラッシュ・バイ・ナイト』がロメール的と言うならば、エリック・ロメールの映画とはどういう映画かを話さなくてはならないでしょう。それが同時に『クラッシュ・バイ・ナイト』について語ることになると信じつつ、ですね。

ロメールの映画の基本形式を示す最も代表的な作品群が、「六つの教訓話」と称される初期の六作品のシリーズです。具体的に作品名を挙げると『モンソーのパン屋の女の子』『シュザンヌの生き方』『コレクションする女』『モード家の一夜』『クレールの膝』『愛の昼下がり』の六本です。これら六本には短編も中編も長編も混ざり合っていますが、時間の長短に関わりなく、その後もロメール映画の基底となるようなひとつの構造を共有しています。それは「特定のパートナーが既にいる（もしくはこの人と思い定めている異性のいる）一人の男性が、もう一人の女性へと心を移すが、映画の最後にはもとの女性の許に戻る」という構造です。何だ、浮気男の話か、と言われると話が終わってしまうのですが、少し付け加えるとこれはあくまで浮気「心」の話であって、ロメールは徹底的に「心変わり」を描き続ける作家なのだとも言えます。「改心」と言ってもいい。ロメールの映画においては、男性は「もう一人の女性」、言ってみれば愛人的な立場の女性とは決して性的関係を持たずに元の女性の許に帰還します。女性から観たら、一体どこが、という気持ちにもなるかもしれませんが、これはおそらくロメールにとっては大まじめにfidélité、忠実さ、誠実さについての話です。そして裏返しに言えば、これは誘惑についての話、素肌の誘惑についての話であり、それがかき立てる欲望と、欲望に抵抗するモラル・道徳の物語でもある。原語では“Six contes moraux”（六つの道徳的コント集）なので、これはかなりの大まじめなんでしょう。

ただ、よく言われるように、カメラは感情や心やモラルなんてものは基本的に映しません。つまり、「改心」を描く作家エリック・ロメールにとって、映画上の大問題がここにはあります。一体、どのようにして彼は「改心」を描くのか。というわけで、その「六つの教訓話」の中で、端的に「心変わり」「改心」を描いた『愛の昼下がり』から、二場面をご覧いただきたいと思います。生まれたばかりの赤ん坊をあやしている場面と、愛人（候補）宅を訪ねて事に及ぶか及ばないかというシーンです。

▼01……『愛の昼下がり』

こうして彼は妻の許に戻って行きます。どのようにして男性の「心変わり」が表現されていたかはご覧のとおりです。彼には生まれたばかりの赤ん坊がいる。女を抱くために服を脱ごうとしたそのとき至った状態がまさに、赤ん坊をあやしていたときの姿と同一である、というアイロニーがここにはあります。そして、彼は女の許へは向かわずに部

01-1

01-2

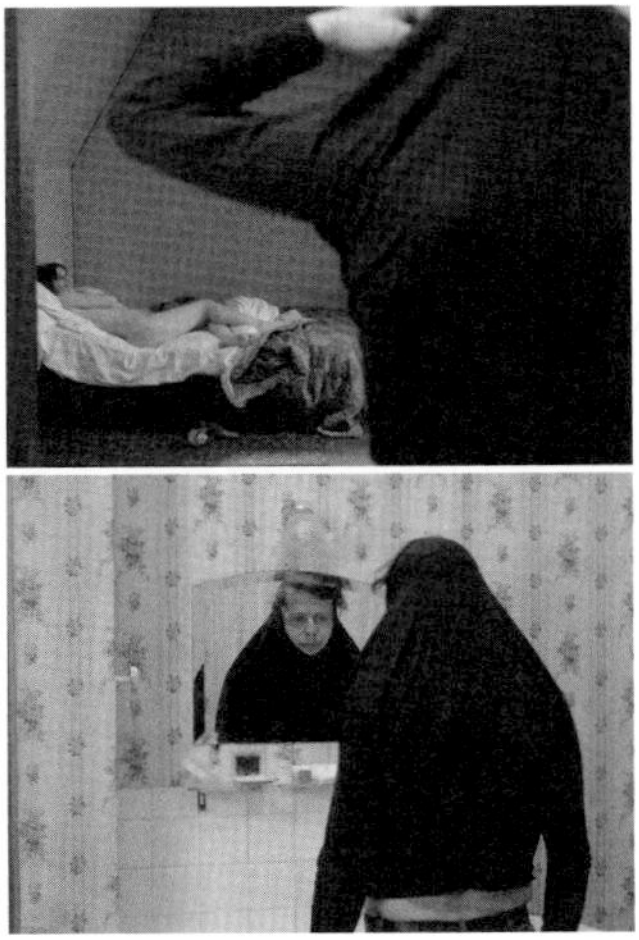

屋を出て行く。ここではただ具体的な行為・アクションの積み重ねがあり、観客の我々はそのアクションの変遷に応じて彼の感情を解釈していきます。映画において、映画的な感情表現というものがあるとすれば、おそらくはこうした方向転換・振り返りではないかと思います。振り返ることは、今まで進行してきた関係とはまったく違う関係を呈示することです。それを一番巧みに行う人はマキノ雅弘です。そうした振り返り、翻りは、登場人物が何らかの感情を持っているものとして映画に付き合う観客からしてみたら「心変わり」としか解釈できない事態でもあります。

しかし、事態はそこまでシンプルでもありません。微細に見ていきたいのは「心変わり」のその瞬間についてです。実のところ判然としないのは、彼は鏡を見て自身の姿を見たから思いとどまったのか、思いとどまってから鏡を見たのか、ということです。この映像によっては、彼の心変わりのきっかけが具体的に何であるか、観客ははっきりと解釈することはできません。映画的と呼ぶには、何だかあまりに濁ったアクションがここにはあります。「心変わり」というなぜ起きたかはわからない不可解な現象がただ目の前にあるのみです。

ここで、ロメール映画の基本的な構造をもう少し言葉にしてみます。二人の間で心が揺れる、という事態はどのようなものなのか。まず、素肌がある。そしてそれを感知する瞳がある。素肌は相手を誘惑し、欲望をかき立てます。欲望する者は、その欲望をかなえるために陰謀を企てます。陰謀なんてことをいうと大げさですが、実に人間的なごく些細なたくらみをするようになる、ものすごく簡単な例を言えば嘘をつくことになるわけです。例えばパートナーとは別に愛人（候補）を作ってしまい、嘘をつかざるを得なくなる。欲望は生活を二重化（時に三重化）させてしまう。しかし、こうした企みはあまりに子供騙しのものであって、些細な偶然から簡単に露見してしまう。最も具体的なのは、目撃されるということです。目撃者はこのとき、立場によって、証言（告白するか）／偽証（嘘をつくか）／黙秘（沈黙するか）を選択しなくてはならなくなり、ここにおいてロメール映画はある種の裁判劇へと分岐もします。欲望に駆られた者にもチャンスが残されていないわけではありません。彼／彼女は裁かれる前に自分自身のモラル・倫理によって踏みとどまることができれば、元の安定した生活に戻ることもできます。

ここまで来て、『クラッシュ・バイ・ナイト』を思い出すことはやはり容易いのではないでしょうか。今ある人生とあり得るもう一つの人生があり、そのどちらを選ぶかが迫られている。あり得るもう一つの人生は、何だかとても魅惑的に見えもします。『クラッシュ・バイ・ナイト』の中でも、個人的に最も印象に残るシーンの一つは朝、夫をキスで送り出した後、バーバラ・スタンウィックが一人で嗚咽を漏らすシーンです。優しい夫と結婚し、娘も生まれて、彼女は幸せの絶頂にあっても決しておかしくない。それでも彼女は苦しげに泣く。そこに観客は彼女の欲望の疼きをそっと明かされたような気持ちになります。そこをタンクトップの誘惑者であるロバート・ライアンに見られてしまう。ライアンは言ってみれば彼女の真実を覗き見る。そして、彼は自分も同じなのだと言う。刺激を求めている、愛されたい、と言葉は変えつつ、自らとスタンウィックの欲望を同じものとして語ります。ほどなくバーバラ・スタンウィックはロバート・ライアンに籠絡されてしまうでしょう。彼のタンクトップに右手を差し込み、肌に触れる。名シーンでした。

ついでに指摘しておくと、『クラッシュ・バイ・ナイト』の冒頭、缶詰工場のシーンがとても素晴らしかったですね。後の展開からすると、ほとんど無意味にも思われるような、非常にドキュメンタルな漁港の様子です。港に漁船が戻って来て、魚が水揚げされ、工場にベルトコンベアで運ばれ、やがて缶詰になるまでが、物語の経済性を逸脱して、観客の退屈を恐れることなく時間をかけて丁寧に描かれます。明らかに実在の港町のロケーションで撮られており、一連の流れは、実際にこの港町で何度も繰り返されている日常なのでしょう。しかし、映画を見ていると、彼女が一度は捨てたものがこの「繰り返し」による退屈さにほかならない、ということが、まさにこのシークエンスの存在によって、観客には知らされます。昨日や今日と同じ明日がやってくることに彼女は耐えられなかった。だから街を出たのだけど、彼女は戻って来た。言わば彼女は自らが望むような人生を掴み得なかった人物であると表現されています。そんな彼女が漁師と結婚することの意味を、観客は突然こぼされる涙を見て納得しもします。こうした積み重ねが、彼女がライアンの誘惑に応えてしまうこともありうることとして観客に納得させます。更に付け加えておくと、工場のラインのように何度も繰り返されるものは映画と、と言うかカメラと非常に相性がいいのだということを覚えておいてください。

しかし、ここでやはり思い出していただきたいのは、バーバラ・スタンウィックの夫への帰還の決意は、あまりに動機を欠いて見える、ということです。「妻は夫に添うものなのに」みたいな、それまでのバーバラ・スタンウィックならばあり得ないセリフを言ったりするわけですね。もちろん、罪の意識が積み重なって、とかそういう解釈はできるのかもしれないけれども、何であれ、彼女が夫の許へ帰還することを、ライアンと関係を持ってしまうことよりも強く納得させられるというドラマ上の配慮はほとんどありません。端的に言えば、この展開は極めてご都合主義的に見える、ということなんです。このご都合主義は一体何に由来するのか。

『クラッシュ・バイ・ナイト』は一九五二年の作品であり、ヘイズ・コードと呼ばれる映画製作倫理規定がまだ機能していた頃の映画です。そのヘイズ・コードから幾つか引用します（加藤幹郎『映画 視線のポリティクス』筑摩書房、一九九六年に収録された日本語訳より）。

一、観客の道徳水準を低下させる映画は、これを製作してはならない。それゆえ決して観客を犯罪、悪事、邪悪もしくは罪悪に対して共感させてはならない。

これが、ヘイズ・コードの大原則です。そして、性に関する規定には以下のようにあります。

結婚の制度ならびに家庭の神聖さを称揚しなければならない。低級な形での性的関係を受容されたものであるとか、あるいは普通のことであるかのように示唆してはならない。

一、姦通や不義密通は筋立ての材料として必要な場合もあるが、これを明確に描いたり、正当化したり、あるいは魅力的に示してはならない。

現代からすると、随分と堅苦しい、と言うか、作り手の立場からしたら、もしかしたら許し難いような規定ではあるわけですけれども、当時はハリウッドの誰もがこの規定の枠内で映画を作っていた。その中で非常に抑制され、結果的に洗練された表現も生まれてくるわけです。しかし、だとするとこの『クラッシュ・バイ・ナイト』におけるご都合主義的な展開は、この倫理規定に映画を沿わせるためのものだという理解でよいのでしょうか?

いや、それは単に脚本の技術のなさ、演出の技術のなさなのだ、という意見もあり得ます。ある人生の一断面を二時間弱で語りきるなどということはそもそも不可能なのだから、そこには凝縮や飛躍があるのが常であって、その凝縮や飛躍を一体どのようにして観客にとって納得しうるものにするかが、脚本家や演出家の手腕の見せどころではないのか、という意見があり得るかもしれません。ご都合主義なのは当然であって、あくまでどのようにご都合主義に見せないのか、ということだけが問題だということですね。そのために作劇術というものがあるのだ、と。

仮に、子供がお話を作って母親に聞かせたとする。物語の展開は子供らしく、脈絡を欠いたものであって、母親はついつい尋ねてしまう。「これは何で起こったの?」と。そのとき子供は「それは起こったから起こったのだ」としか答えられない。唐突な展開、というのはこのような未熟な作劇の一種と思われています。映画の終盤に至って訪れる唐突さは、ことの大小に関わらず、ある種の奇跡のように見えます。古代ギリシャ悲劇においては、劇の終盤に至ってほとんど奇跡のようになされる解決はデウス・エクス・マキナ(機械仕掛けの神)と呼ばれ、アリストテレスなんかは『詩学』において、デウス・エクス・マキナを批判し、演劇の筋は因果関係において正当なやり方で解決されるべきだという立場を採っています。

少し飛躍しますが、こうした未熟さがなぜ問題視されるかと言うと、それがどこか世界の私物化のように思われるからでしょう。作劇者がまるで自身を神とみなして、世界をおもちゃとして扱うようにこの世界を描いているからです。ドラマとはおそらくは世界を描こうとする意志に基づいて作られるものです。極めて凝縮されたこの世界として、ある真実として語られることを願ってドラマは語られる。ご都合主義的な展開を多くの観客が嫌悪するのは、自らの暮らす世界と、それを描く方法としてのドラマとが同時に貶められているように感じられるからかもしれません……。が、しかし——と話を進める前に、デウス・エクス・マキナに対置されるような、より洗練された作劇術・ドラマの見せ方というものに触れておきましょう。その基本にあるのは、あるモチーフの「反復」です。

先の『愛の昼下がり』において、子供をあやすさいと服を脱ぐ直前とがまったく同一の姿で示されていたように、反復されたモチーフはドラマの上で特別な意味合いを持つようになります。同一のモチーフが反復されるとき、その差異によって、物語が語られる、ドラマが立ち上がる。これはおそらく作劇術の基本であって、古典的ハリウッド映画には更に徹底した「三反復の原則」がある、とアメリカの映画研究者デイヴィッド・ボードウェルは指摘しています。

古典的ハリウッド映画は、重要なモチーフを三回繰り返す傾向があります。これは世界で一番わかり易い映画としてのハリウッド映画の特徴です。三回の繰り返しの中で、いわゆる「察しの悪い」観客もモチーフの重要さを理解していく。作劇する側から言えば、繰り返すことで、あるモチーフを重要なものとして呈示できるということです。つまり、仮にどこか脈絡を欠いて唐突に見えるのだとすれば、その前にあるべき反復を欠いていたからだ、ということでもあります。的確な要素の配置を欠き、この作劇の基本を怠っているということです。ここでは、バーバラ・スタンウィックの欲望を極めて周到に描いてきたこの脚本が、この「心変わり」を描くにあたっては、随分不用意な展開をしている、ということだけ心に留めておいていただきたいと思います。

個人的には『クラッシュ・バイ・ナイト』で起こっている事態は、単にラングが映画製作倫理規定に盲従したわけでもないし、脚本の失敗とも演出の失敗とも考えるべきではない、と思っています。と言うか、結果的にそうはなってはいないと考えていますが、ここでは、「心変わり」という、映画の観客にとって極めて不可思議なものが、ロメールの映画にもラングの映画にも実にゴロッとただ存在している、というその事実を確認して先に進みたいと思います。

さて、今日の初めに、エリック・ロメールの側からフリッツ・ラングへと架けられた架け橋のようなフィルム、つまりロメールの中でも最もラング的な映画の存在を示唆しました。『クラッシュ・バイ・ナイト』においてロメール的なるものを示したように、ここではロメール作品を通じて、ラング的なるものに至りたいと思うのですが、本題に移る前に前提として少しだけ、先ほど言い漏らしたロメール的な欲望のありようについて補足しておきます。

ロメールの映画において、誘惑されて欲望を抱く者は一人とは限りません。誘惑者があまりに魅力的な場合、複数の欲望がそこに向けて発生し、行き違いもまた起こります。それはたとえば『海辺のポーリーヌ』に出ているアリエル・ドンバールです。ドンバール演じるマリオンはその肉体的な魅力によって、ピエールとアンリという二人の男性の好意を惹きつけてしまう。ただ、結果としてマリオンを籠絡したアンリがプレイボーイであることから、事態が複雑化していきます。こうした欲望の行き交いは、全知的な視点で事態を俯瞰している観客からしたら、とてもアイロニカルな状況にも見えます。これをごく簡単な言葉で言えば、皆が皆、片思いをしているということです。コイツはあの子が好きなのに、あの子はアイツが好きで、ただアイツはとてもプレイボーイで……みたいな状況は、その中にいれば切実かもしれないが、端から見れば笑ってしまうようなところがあります。これは作劇のもう一つの基本、「葛藤」を映画に導入することでもあります。欲しているものが手に入らないそのときに葛藤が現れ、それは一体どう決着するのかというサスペンスを観客に対して作り出します。こうした葛藤やサスペンスのために、複数の欲望は映画に積極的に導入されています。それはともすれば混乱を招きかねないものですが、ひときわ見事な手際で描いて見せているのが、たとえば『海辺のポーリーヌ』だということです。『海辺のポーリーヌ』はロメールの全フィルモグラフィの中でも最もロメールらしい、世間的なロメールのイメージの極点のようなフィルムですから、未見の方は是非ご覧ください。

ここでようやくご覧いただく、ラング的なロメール映画、それが『三重スパイ』です。ロメール全作品のなかでも最も恐ろしい、つまりは最もロメールらしからぬ映画からの抜粋です。大枠としてはこれは、第二次世界大戦前のフランスを舞台にした、帝政ロシアの亡命者である夫と、その美しい妻を巡るドラマ、と言えると思います。夫はどうも帝政ロシアの残党として、スパイ的な活動をしているらしい、ということだけはわかります。

▼02……『三重スパイ』

『三重スパイ』もまた複数の欲望が行き交うおしゃべりの映画、と考えればロメール映画として何の不思議もありません。基本的には、『三重スパイ』は他のロメール映画の多くと同じく、人物の会話のみでほとんど成り立っています。会話は家の中では、極めて他愛なく仲睦まじい夫婦のものであり、夫婦が外で人と会うときは、帝政ロシアの生き残りやフランスの共産党員らと、それぞれの政治的な立場の違

02

いを明らかにしながら話しますし、彼らの言葉の背後には、画面には現れないヒトラーやスターリンの影が見え隠れします。

ただ、この映画の一風変わった点は、『三重スパイ（Triple Agent）』というタイトルにもかかわらず、中心的な事件と呼ぶべき、夫の諜報活動を観客は一切見ることができない、ということです。カメラは基本的には家で夫を待つ妻に寄り添います。彼女は時折もたらされる第三者からの目撃情報によってのみ、夫の外での行動を知らされ、それを通じて夫の嘘に気づき、怪しむようになりますが、決定的な証拠を欠いているために、守秘義務を持ち出す彼の言葉の真偽を質すこともできません。彼の言葉の向こうに、何だか得体の知れないものがある。けれども、彼の言葉を通じては、決してそこにたどり着くことはできません。本来、真実を知りたければ彼女自身が家から出る必要があるのですが、この映画の中で彼女が一人で外出する姿が描かれることは一度もありません。彼から離れられないのならばせめて、自らの意志で家の外に飛び出して、夫の姿を目撃するしかないはずですが、妻は最後まで夫を信じて、彼を尾行するために外出するようなことはしません。「目撃者」となるようなロメール的キャラクターであることを自ら降りてしまっている。その彼女にカメラが寄り添っているということは、結局観客も事の真相を知らされることは決してないということです。結果的に、映画の最後には彼女の身に恐るべき結末が訪れます。

私はこの映画を見終えた直後、本当に恐ろしかったことを覚えています。家庭でのこの女性があまりに魅力的に、と言うか魅惑的に描かれているということと、起こった結末の残酷さとにギャップがあり過ぎて、ロメールっていうのは本当に何てことをするんだと震え上がった記憶があります。製作年は『三重スパイ』の方が数年早いのですが、見た順番は『アストレとセラドン』が先で『三重スパイ』が後でした。そして、このときに初めて、ロメールが晩年に至って「フリッツ・ラング」という固有名詞を出した理由を唐突に理解したような気になりました。そのことが、この勉強会の発端であったと言ってもいいと思います。

ここに現れているのは、情け容赦のない「運命」とでも言うべきものです。自らの力では決して改変できない、個人の力では決して抗うことのできない力に、『三重スパイ』のヒロイン、カテリーナ・ディダスカルは飲み込まれてしまったようです。これほどまでに過酷な運命の存在をロメールの作品で感じたのは初めてのことでした。しかし一方で、それはフリッツ・ラング作品を見るときにいつも感じる、ラングにとって最も相応しい言葉でした。ロメールの映画づくりの中には、恩寵や幸福に満ちた世間的なイメージに沿わない作品が幾つも含まれます。たとえば、偶然が決して幸福には機能しない『レネットとミラベル 四つの冒険』や『パリのランデブー』、『木と市長と文化会館』などです。ロメール自身はそれらを寸劇と呼んだようですが、偶然が必ずしも人々に味方しないそれらの作品の中には、ずっとフリッツ・ラングへの意識が張りついていたのではないか、それがついに最前面に出てきたのが晩年のこの『三重スパイ』なのではないか。そんなふうに思えてなりません。

では、ここで、フリッツ・ラングに戻ります。運命を描く彼の映画の中で、登場人物たちはどう振る舞うのか。彼がアメリカに来て最初に撮った映画『激怒』、そして二番めに撮った『暗黒街の弾痕』からの抜粋をご覧いただきます。どちらも「運命」の餌食になっているのが、本来ならば無実の人間です。

▼03……『激怒』
▼04……『暗黒街の弾痕』

先ほどロメールの映画の特徴として、複数の欲望の行き交いを挙げました。そして、複数の欲望がそれぞれ行き違うことが、一人ひとりに葛藤を立ち上げるのだ、ということも申し上げました。しかし、ラングの『激怒』で現れているのは、間違いなくある種の欲望なのだけれども、それは最早数えられるようなものではない、群衆の欲望です。ここで現れる群衆の表情からはもはや、葛藤を読み取ることはできません。主人公が犯罪者であるという情報を受けとるや否や、群衆は反射的にリンチに走ります。思考や葛藤を欠いた行動は、人間から個性を奪い、紋切り型を寄せ集めた群衆を形作ります。葛藤がない故に、遅れもなく、火の手が一気に回るように群衆の行動はエスカレートしていきます。欲望のままに反射的に振る舞う人の群れが、悪意と暴力を何の迷いもなく無実の人間にぶつけている。群衆の欲望の対象となることは、単に誘惑されるというような生易しいものではありません。徹底的に奪われ、傷つけられ、損なわれる。ひどいときには殺される。そうした光景を見て、地獄と呼ばずなんと呼べばいいでしょう。そして、ラング的な登場人物とは、基本的にはこうした地獄に放り込まれる人々であり、その中で「死にたくなければどう生きるか」考える人々、運命に抗う人々なのだと言えます。そのための方法

03

04

は基本的には一つです。自らが奪われ、傷つけられ、損なわれた、それと同じ穴を相手にも穿つ主体となること、つまり、復讐すること です。では、その復讐がいかなるものかを確認してみましょう。

▼05……『激怒』

『激怒』のスペンサー・トレイシーは、このラング的復讐の完遂にこの上なく近づきます。無実の罪で殺されかけた彼は、そのまま姿をくらまし、警察にまで死んだものと信じ込ませ、群衆を殺人罪の被告として法廷に引きずり出すことに成功する。彼は、自らの存在を社会的に殺すことによって、法を通じて彼らに復讐を果たそうとします。裁判の場で、被告人たちに証拠映像が突きつけられる、というのが今ご覧いただいたシーンでした。

05

しかし、ここで考えていただきたいのは、このようにして、奪い、傷つけ、損なう主体となること、つまり復讐者になることは、群衆の一人となることと実はほとんど違いがない、ということです。彼は群衆に、自分と同じ穴を空けようとしたはずが、却って気がつけば群衆と同じものになるわけです。運命に抗っていたつもりが、彼自身が運命というシステムの一部となる。『激怒』の主人公が復讐の完遂に近づくのは、自らを殺すことによって殺人者を罰する法システムと同一化するからこそ、です。しかし、復讐に完遂はありえません。それはどこまでも復讐者を再生産し続け、そのことで世界を紋切り型の連鎖に貶めるものです。『激怒』のスペンサー・トレイシーもまた復讐を果たすならば、綾を欠いた紋切り型に堕することを避けられません。それは彼が彼であることが失われ、彼が愛するものまで失うことを意味します。だとすれば一体どのようにしてそこから逃れればよいのでしょうか。ここで、ロメールによって照らし出された「改心」の主題が再び現れてくるのです。

アメリカ時代のラングの諸作には、同じく「改心」即ち翻意する人物が多く登場します。『真人間』のジョージ・ラフトや、『ムーンフリート』のスチュアート・グレンジャーなども思い浮かびますが、『激怒』のスペンサー・トレイシーと同様、復讐心と呼ぶべき強い衝動を捨て去る人物がもう一人います。『復讐は俺に任せろ』のグレン・フォードです。その映画から、終盤の一場面をご覧ください。

▼06……『復讐は俺に任せろ』

ドイツ時代のラングの初トーキー作品『M』において、群衆による殺人犯へのリンチを止めるのが、彼ら自身ではなく、あくまで警察であることを考えると、改心はやはりアメリカ・ラング的な主題なのだと言えます。

ただ、アメリカ時代のラングにおける「改心」は、結局のところヘイズ・コード＝映画製作倫理規定によって骨抜きにされた地獄の姿に過ぎないのではないか、という疑念を抱く人はいるかもしれません。実際、ヘイズ・コードには次のような規定があります。以下、違法行為に関する規定、更にその中の、殺人に関する規定から引用します。まず――

法や正義をさしおいて犯罪に共感させたり、模倣したくなる気持ちを観客に起こさせるようなやりかたで犯罪を示してはならない。

そして――

現代における復讐を正当化してはならない。

つまり、復讐としての殺人を肯定的に描いてはならない、という倫理規定が特に三〇年代から五〇年代のハリウッド映画製作全体を覆っており、ラングのハリウッドでの活動期間はギリギリ、このヘイズ・コードが機能していた時代でもあるわけです。では、またしてもこれは誰のためにもならないような、ご都合主義的な展開が採用されてしまったということなのでしょうか？　決してそうではないように思われます。というのは、ここにはむしろ積極的に選び取られた「反復の廃棄」があるように思われて仕方がないからです。

『復讐は俺に任せろ』で、グレン・フォードが、拳銃をおろす瞬間、観客は呆気にとられます。敵役のリー・

マーヴィンはフォード演じる刑事の最愛の妻を爆殺した男であって、観客はどちらかと言えば彼が死ぬことだって当然のこととして受け入れる準備ができています。復讐とは、つまりはある犯行の手口の反復のことです。目には目を、歯には歯を。相手に同じ痛みを反復して与えようとすることです。このためか、復讐劇はドラマと非常に相性がいい。復讐が完遂されるか否かは、観客の心を摑んで離さないサスペンスを形作ります。観客はどこかで、この反復が果たされること、復讐の完遂を望んでしまう。もはやヘイズ・コードの撤廃された七〇年代に作られた『ダーティハリー』（ドン・シーゲル監督）においてハリー・キャラハンがスコルピオを殺すとき、観客は心のどこかでそれを好ましいこととして受け入れます。それが当然のことのように作られている、スコルピオという殺人鬼が、我々の一般的な倫理観からしたら決して許されない手口での凶行を重ねているからです。そして、地獄を描き出すフリッツ・ラングもまた、復讐に至る道筋を緻密に敷き詰めます。我々は『激怒』の群衆や、『復讐は俺に任せろ』のリー・マーヴィンを、復讐を受けて然るべき者として見るようになります。

　しかし、グレン・フォードは撃たない。拳銃をおろしてしまう。この映画的とはとても擁護できないような中途半端なアクションによって、映画の方向は決定的に変わってしまう。映画はもはや、観客が期待していた

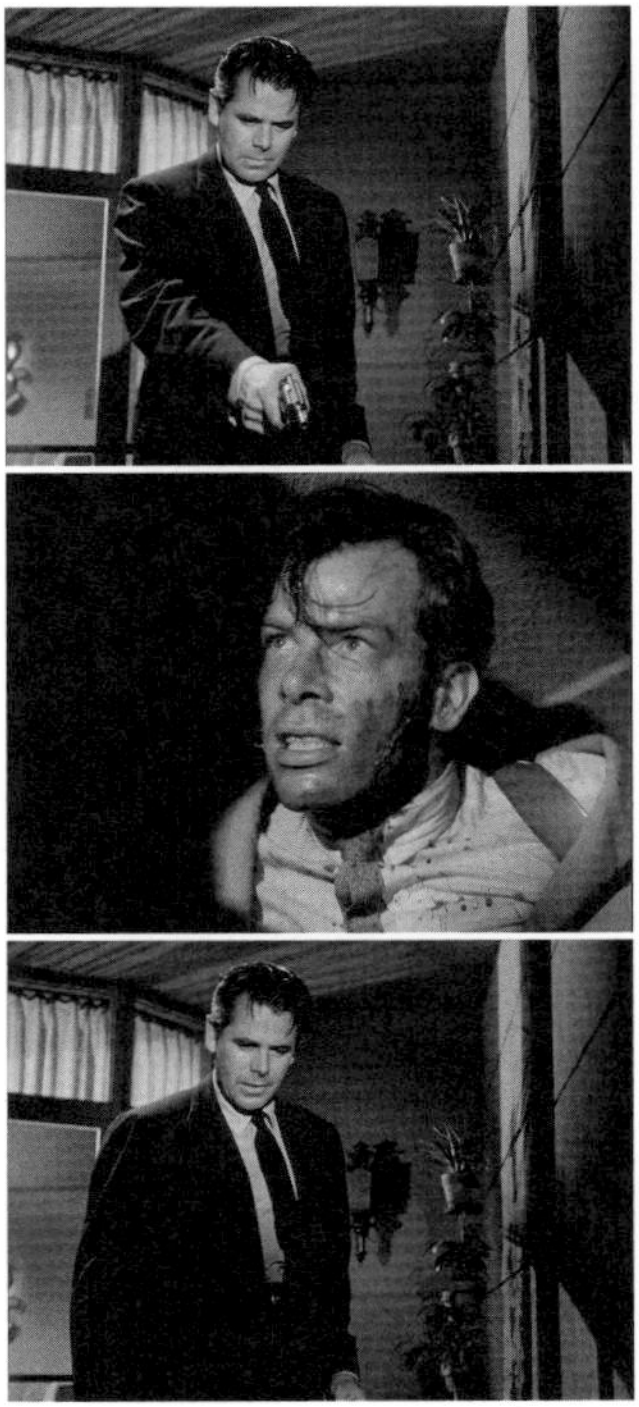

06

ようなものとは異なる相貌を示しています。

多くの場合、帰還できる場所をそのまま保っているロメール的登場人物に対して、ラング的登場人物にとって、世界は決して元のままの美しい形を保っているわけではありません。それは彼らにとって最も大切なものが欠けた世界でもあります。復讐をやめること、つまり極めてラング的な「改心」が観客を驚かせるのは、そんな世界でも、退場するよりはそこで生きることの方がいくらかマシだという宣言であるからです。クソみたいな世界を、それと知りつつ選び直すこと。生き残ることは、望ましくない世界から誇り高く退場することよりも、ずっと価値のあることだとラングの登場人物たちは言っているようです。この点においてラング的登場人物の代表格と言ってよいグレン・フォードは『仕組まれた罠』でも、ある大きな翻意、「改心」をするのですが、それについてはまた次回に触れたいと思います。

そして、気づかれた方も多いかもしれませんが、『クラッシュ・バイ・ナイト』には復讐を放棄するラング的な登場人物が一人登場します。それは、夫です。彼はバーバラ・スタンウィックを愛しながら、その怒りを映写室でロバート・ライアンにぶつけることを途中で放棄します。ここでの思いとどまりが一体何に起因しているのか、観客は具体的に知らされることはない。

映画が得体の知れないものに変わっていく、バーバラ・スタンウィックの行動を歪ませるポイントがあるとすれば、ここかもしれない。復讐の放棄という「改心」は、言うなればそれまでの自分を突き動かしていた欲望・衝動を捨て、それまでとはまったく違う自分へと変わっていくことでもあります。バーバラ・スタンウィックを思い出していただけたら明らかなことですが、「改心」とは、自分にとって最も重要と思われた、自分を突き動かす炎のような欲望を捨てることです。そして大げさかもしれませんが、自分が変わるということは、ほんの少しであったとしても「世界が変わる」ということでもあるのです。観客にとっても、今までとはまったく違う世界が目の前に展開されることになります。

それは実は作劇上の観点から言えば、観客の共感を振り捨てるような行為でもあります。と言うのも、先にも述べたように観客は、実は「改心」よりも、暴力が反復され、復讐が完遂されることを望むようにどこかで仕組まれるからです。「復讐」をやめ、「改心」をすることはほとんど、ずっとドラマの推移を見守ってきた観客への裏切り行為でもあります。このとき、動機づけられていない、ほとんど正当性を欠いた「改心」によって、登場人物はほとんど観客にとって見知らぬ他人となります。観客は彼や彼女を理解することができない。しかしそれも当然のことで、紋切り型に堕することを拒絶するということは即ち、一旦まったく不可解なものへと変貌を遂げるということでもあるからです。ここでラングは、ずっと積み上げてきた映画と観客との関係を一旦反故にして、崩壊寸前の危機に晒します。最も多くカメラが寄り添い、観客にとって近しい存在だった登場人物たちが、生き残りに執心するとき、観客が望むような彼らではなくなってしまう。

ここで、今回の目的であったラング映画の一応の見取り図を描いてみたいと思います。地獄のような運命の中で、ラング的な登場人物は一時的に生き延びる方法として、まず復讐者になることを選び取る。しかし、復讐者になることは、実は抗っていたつもりの運命の走狗になることであって、ここから逃れるためには彼は、自らの欲望を捨てる必要がある。自分の復讐を果たしたいという欲望を捨てて、何か別のものに変わる必要がある。それは例えば、一般的には「改心」と呼べるようなものなのかも知れない。そして、とてもではないけど受け入れ難い運命を受け入れた登場人物は、観客にとって非常に不可解な存在にもなる、……というものです。

ただ、そのときにのみ初めて、登場人物は個人の力では抗いようもなかった、あの得体の知れない「運命」というものに拮抗する存在になる。彼・彼女が一人の他者として観客の前に現れるからです。そして、ドラマが描くべき「世界」とは、観客にとって理解の範疇を越えたものでしかあり得ず、その点で他者を描かずして世界を描くことはできないと言っていいでしょう。この極めて不可解な「改心」において初めてドラマは「凝縮された世界としての真実を描く」という本来の目的に近づきます。

重ねて確認したいのは、こうした作劇上機能しているか危うい「改心」を信じるのだとすれば、それは一般的な倫理観や、「生きねば」的な人生論が充当されることによってでは決してない、ということです。ラング的な問い、望ましくない世界でもそれを受け入れてもう一度生き直すかという問いは、そのまま観客に与えられる問いとなります。自分の欲望の代行者ではなくて、まったく得体の知れない、全き他者としての彼・彼女を、作劇の破綻として処理せずフィクションとして信じるか否かという問いは、このクソみたいな世界を受け入れて生きていくのか否かという、ラング的登場人物に投げかけられるのとまったく同じ問いとして観客に投げかけられています。このとき初めて、映画は観客の人生に回収されることなく、観客の他者として、観客とともに歩むことができる。映画と観客に限らず、異なる二者が共に生きる、というのは何であれそのようなものなのではないか、という気が最近はしています。

そろそろ最後にしたいと思います。ロメールは、記録装置としてのカメラの性質に極めて自覚的なヌーヴェルヴァーグの作家の一人として、カメラを専らある「仕種」の記録装置として使い、演技を越えた個人の存在をフィルムに焼き付けようとしているように思われます。『三重スパイ』という映画を見て、非常に触発されるとともに、ここがロメール的な方法とラング的な運命との境界面、という印象もまた強く受けました。人物にカメラを向け、語らせ、生まれてくるその仕種の中からカメラの前に実在感を伴った個人を立ち上げていく、そのことによってある真実へと至ろうとするロメールの演出法は、どこか個人を大きく越えた運命というものを直接描くのには向いていない。あくまでその個人の背後にある運命の存在を示唆するに留まっています。

ラングは反対に、演技の真実らしさにはかなり無頓着だと言えると思います。登場人物たちが紋切り型的な反応をすることを――ものの本に拠ればラングは非常に嫌ったということですが――画面から排除できているとはやはり思えない。しかし、ときに単純化・戯画化された人物たちの配置を通じてこそ描ける「地獄／運命」というものもまたあるのです。それはどちらが演出家として優れているか、という問題ではまったくありません。二人は同時に世界最高の演出家であり得るのだと思います。今回は「改心」という主題から「地獄」へ至るロメールと、「地獄」から「改心」へと至るラング、という一見関係のない二人の作家の境界面だけを示しておきたいと思います。そして、ごく個人的な夢想としては、ロメールのように個人を描きながら、ラングのように運命を描くことはできないだろうか、とは思わずにはおれません。

最後に、これからの勉強会の未定な予定だけを述べておきます。ラングを軸とした勉強会はもう少し続けていきます。本日の発表を見取り図として、ここからラング映画の中に分け入っていきたいと思います。「復讐」と生き残ることを軸としてラングから黒沢清へ、「地獄」もしくは「運命」そして群衆を軸としてラングからエドワード・ヤンへ、そしてできることならもう一度「復讐」と「改心」を軸としてラングからクリント・イーストウッドへと描けるラインがあるか、考えてみたいと思っています。単に面白い脚本を書きたいという目的で始まったこの勉強会が、果たして本当にそれに寄与するものなのか、甚だ疑わしいところがありますが、これからもお越しいただけたら幸いです。本日はどうもありがとうございました。

復讐を描く
――黒沢清からフリッツ・ラングへ

二〇一三年一一月三日、神戸映画資料館
「はたのこうぼうのアメリカ映画研究会」第二回
『蛇の道』上映後に

皆さま、よろしくお願いいたします。これから「はたのこうぼうのアメリカ映画研究会」フリッツ・ラング編第二回の発表に入ります。フリッツ・ラングの映画の類稀な「面白さ」の秘密を探っていく、というのが趣旨ですが、それにあたって別の現代映画作家と引き合わせながら、共通の主題を探っていこうと考えていまして、前回は「改心」をテーマにしてエリック・ロメールを取り上げました。今回は既に前回出てきたテーマでもある「復讐」を更に掘り下げるため――私の中では、もうこの人しかいないという人選ですが――黒沢清監督を取り上げます。師匠でもあるのでどうしても改まってしまいますが、今日は敬称略で行きたいと思います。そして、前回はラングの『クラッシュ・バイ・ナイト』を上映しましたけれども、今回は黒沢清『蛇の道』が35ミリ上映可能と資料館の田中さんから伺いまして、素晴らしい、じゃあもうそれをかけましょう、という流れで『蛇の道』上映となった次第です。

『蛇の道』、本日が初見の方はいらっしゃるでしょうか。私も以前に何度か見ていたのですが、本当にひどい映画ですよね。いや、ひどい物語と言うべきか、ひどい世界観と言うべきか、まともなやつが一人も出てこない、誰も彼もが人を徹底的に痛めつけることしか考えてなさそうな、まったく安心できない、何の救いもない、出口のない地獄のようなそんな世界観で、本当に見終わるたびに暗い気持ちになります。ただ、ですね。一方で、見ていて本当に興奮する映画であることもまた事実なんです。見ていてガクガクと震えが来るような恐怖を味わう一方で、世界というものを少し理解するような、世界の見通しがほんの少しだけよくなるような、少なくともこの世界の闇に確かに触れるような手触りがあって、映画館を出た後に世界の見え方が変わる、そんな一本ではあると思います。

これは黒沢清の「復讐」シリーズと呼べるものの一編です。黒沢清のVシネマ時代と呼ぶべき時代が九〇年代にありました。「復讐」シリーズはその前の「勝手にしやがれ!!」シリーズに続く、哀川翔主演による黒沢清のVシネマ時代の集大成と呼べる作品群です。「復讐」シリーズに関しては、後で内容にも踏み込んで論じることになると思いますが、全体像だけ軽く触れておきます。「勝手にしやがれ!!」シリーズは「誰も死なないヤクザ映画」という制約の中で、どうしてもコメディに寄る傾向がありました。しかし、この「復讐」シリーズはその鬱憤を晴らすような徹底的に突き詰められた暗さがあります。

第一作は『復讐 運命の訪問者』。哀川翔は幼い頃に家族皆殺しの憂き目にあった刑事・安城を演じています。そして、ある事件を追ううちに偶然に、自分の家族を殺したヒットマンと出会い、刑事として彼らを逮捕しようとします。しかし、今度は自分の妻が彼らに誘拐され、殺されてしまう。ここに至って、安城は刑事であることを捨て、自分自身の判断で彼らを殺す復讐者となります。

それに続く第二作『復讐 消えない傷痕』(以下便宜的に『復讐II』と呼ぶことにします)は安城の復讐の続きです。自分の妻を殺すように指示した黒幕は誰なのか、追い続けます。しかし、どこまで行っても黒幕が誰なのかはわからない。率直に言って、続編としては微妙に前作とつながりません。このことは、第一作の脚本は、「リング」シリーズの脚本家であり映画監督でもある高橋洋が担当しているのに対して、第二作の脚本は黒沢清自身が担当していることに起因するものでしょう。これは当時のVシネマの一ヶ月二本撮り製作体制の中で、必然的に一人の人間では脚本を書ききれないために起こる状況です。この高橋‐黒沢体制は第三作の『蛇の道』、第四作の『蜘蛛の瞳』でも繰り返されます（より正確には、後者は西山洋一・黒沢清の共同脚本ですが）。

第三作が本日ご覧いただいた『蛇の道』です。ここで哀川翔が演じている新島という役は、前二作とはまったく別の役柄であって、展開されるのは別の物語世界です。ただ、明確に前二作と「復讐」というテーマを反復しています。黒沢清自身もインタビューで『蛇の道』『蜘蛛の瞳』は『復讐III』『復讐IV』として構想されたことを語っており、雰囲気は前二作と似通ってもいます。特に『蛇の道』に関して付け加えるとしたら、どこか哀川翔がルールを司る、黒幕的な存在へとステージを上げているように見える、ということでしょうか。

第四作の『蜘蛛の瞳』は、やはり『蛇の道』との間にとても奇妙な関係を築いています。先ほど『蛇の道』で哀川翔が香川照之に対して、お前が最後だ、と殴りつけるのを皆さんご覧になったと思います。しかし、『蜘蛛の瞳』では哀川翔‐新島の復讐はまだ続いています（正確には、役名も娘を殺された過去も共通していますが、この二作はほとんどパラレルワールドに見えもします）。しかも、その復讐がどうも人違いなのではないか、と示唆されます。当て所のない復讐の果てに、哀川翔はやがてヒットマン、殺し屋となっていきます。

ごく簡単にではありますが、「復讐」シリーズを概観しました。このシリーズの『復讐II』と『蛇の道』の間に黒沢清の代表作と呼べる『CURE』もまた撮られており、この九〇年代後半の黒沢清の作品の多産ぶりと傑作ぶりは今もって奇跡的なものに見えます。「復讐」シリーズというのは、こう言って差し支えなければ、黒沢清映画の中でも、最も通俗的で、単純に血湧き肉踊るという意味で「面白い」映画群です。私にはそのことはまさに「復讐」という主題を採用したから、に思えます。

「復讐」という主題を考えるにあたって、一旦今日のもう一人の主役であるフリッツ・ラングに話を振りましょう。フィルモグラフィの邦題を眺めるだけでも、復讐の物語と知れる作品が見つかります。ドイツ時代の『ニーベルンゲン　クリームヒルトの復讐』、無法者フランク・ジェイムズによる復讐を描いた『地獄への逆襲』、前回もご紹介した『復讐は俺に任せろ』です。そして、これまた前回も触れた『激怒』や『クラッシュ・バイ・ナイト』など、大なり小なり「やられたらやり返す」復讐を物語内に含むラング作品となれば、枚挙に暇がありません。特に『復讐は俺に任せろ』は、妻を殺された刑事が己の職位を放棄して、法の番人としてではなくごく個人的な制裁、つまりは復讐を決意するという流れにおいて、おそらく黒沢清の「復讐」シリーズ第一作『運命の訪問者』の元ネタ、参照項と言えます。言ってみれば、法を逸脱して私的な制裁へ、という流れがこれらに共通しています。そうした私刑が果たしてフィクションの中では容認できることなのかどうなのか、という問いはとても難しいことに思われます。現実生活の中でどのような局面でもこのような私的な制裁は決して許されないということが、現在の私たちが生きる社会では共有されています。しかし、復讐劇を目にするときのこの決して否定することのできない高揚はいったい何なのか、ということはよく考えてしまいます。私たちの本能に訴えかけてくるところがあるんでしょうか。そういう可能性もあると思います。

復讐劇はラングより遥か以前のギリシャ悲劇やシェイクスピアの時代から存在しています。復讐劇がかくも長い間観客から、そして語り手から愛される理由は、それが激烈な高揚とカタルシスを観客と登場人物の両方にもたらす形式であるからでしょう。ラングの場合は、ナチス・ドイツから亡命してハリウッドへやって来たという経緯があります。ラングがハリウッドに滞在した一九三〇年代後半から一九五〇年代後半というのは、いわゆる古典的ハリウッド映画が自らの形式を完成させて、それを世界中の観客が享受するその黄金期とまったく一致・対応しています。

古典的ハリウッド映画の説話形式とは「因果」即ち原因と結果の連鎖である、と言ったのはアメリカの映画研究者デイヴィッド・ボードウェルです。因果の連鎖とは、事態Aが事態Bを引き起こすと、今度はその事態Bが原因となって事態Cが起こる、そして、また事態Cは新たな原因として事態Dを引き起こす……、といったことです。このようにして物語は最後までよどみなく運ばれて行く。この形式の最大の利点は、登場人物がなぜそのような行動に出るのか、なぜ今このような事態に至っているのか、ということがおそらくは観客の誰にでもわかるように呈示される、ということです。観客が迷子にならない。あるできごとは他のできごとに常につながっているし、ドラマ上何らかの意味や役割を見出すことができます。これはもちろん混沌に満ちたこの世界をより単純化・戯画化することでもあり、観客の中ででき上がるドラマの単線的な理解は世界の見方としては貧しい、歪んだものでもあり得ます。ただ、この共有し易さ、観客にとってのわかり易さこそが古典的ハリウッド映画が、世界中の映画マーケットを支配した理由でもあります。

そんな古典的ハリウッド映画と「復讐」の相性がよいのは、極めて当然にも思われます。復讐とはできごとの連鎖そのものであって、あるできごとが強烈に、次なるできごとの原因となる事態そのものだからです。ものすごく簡単に言えば、目には目を、歯には歯を、殺されたから殺す、というそんな単純な原理の連鎖として復讐というものは起こります。この「ああされたからこうする」は、非常に物語化され易く、現実世界でもその物語が歴史として共有されてしまうことがあるわけですね。そのことがまた新たな復讐の連鎖を生んでいく。そんなことは愚かしいことだという認識も皆、持っているように思います。それでも映画において、復讐劇に心躍る自分がいるのは否定しがたい事実です。しかし、それは例えば今からご覧に入れるようなシーンによって、そう思わされているのかもしれません。黒沢清『復讐　運命の訪問者』とフリッツ・ラング『復讐は俺に任せろ』からそれぞれ一シーン、ご覧ください。

▼01……『復讐は俺に任せろ』
▼02……『復讐　運命の訪問者』

ラングの描いた家族の幸福は、はっきり言えば見ていて微笑ましくはあっても、面白くはないし、ほとんどクリシェですらある。ただ、こうした凡庸な幸福の描写は主人公が失ったものが一体何であるかを観客に強烈に理解させます。これは描写の抑制された黒沢清においても同様であって、何てことのない帰宅から夕食に至る場面ですが、何の気なしに仕事中の惨劇を話してしまう哀川翔に、この妻への深い依存を読み取らせるところがシナリオ・演出ともに素晴らしいと思います。何であれ、これらの関係に、自分と家族や親しい者との関係を当てはめてしまったりすると、ここから彼がとるあらゆる行動が「致し方のないこと」として受け入れられるのだから不思議なものです。

いや、不思議と言うかほとんど汚い。誰が汚いかと言えば、この物語を背後で語る語り手が、

01

02

です。最近は語り手にとっては怖い言葉が流布していて、こうした幸福なシーンはほとんど「死亡フラグ」と呼ばれてしまいます。つまりこれから起こる「死」の意味合いを強めたり、観客の感じ方を限定するための語り手の情報操作であることに、現代の観客はかなり自覚的であるわけです。ただ、わかっていてもそれをされると案外逆らえない。理性と感情はこんなに別なのか、と思わされることも多い。日常生活では見ることのできないプライベートな側面や、親密な関係から生じる感情を無防備に晒す人を、どうも我々は好きになってしまうらしい。そして、そういう人を虚構のこととは言え、不条理に奪われると観客もまた激しく傷つく、時には激怒するわけです。それを実際に行うか否かという語り手としての品性の問題はともかくとして、こうしたシーンが描かれると、ほとんど条件反射的に、観客は復讐者の側に立って、情状酌量をしながら復讐劇を見ていくことになります。愚かしいことはわかっているが、仕方がない、「こうなるより他はなかった」、というそんな気持ちになってきます。

しかし、私個人としては、こうした復讐劇に感じるある種の爽快感や受容の感覚というのは、自分が感情移入をしている登場人物が復讐を果たすことにまつわるそれとはまったく別物であるという気がします。どちらかと言えば、本当に「致し方ない」という感覚、こうなる他はなかったのだ、と強く思わされるところにある種の清々しさ、肯定の感覚が伴うように思います。こうした「致し方なし」の感覚・境地は例えば「業」と言ったり、それこそ「因果」と言ってみたり、やはり「運命」と呼んでみたりできる何かです。しかし、カメラは運命を撮ることはできない。それでも映画にある種の運命とも呼ぶべきものが立ち現れるとしたら、それはいったいどのような儀式を通過しているのだろうか、ということ。それが勉強会全体にわたって明らかにすべき一つの目標となります。今日はこの「復讐」を通して「運命」というもののぼんやりとした輪郭、手触りまでもたどり着けたらと思います。

ここで注目したいのは、ラングがこうした復讐劇を作るにあたって置かれていた特殊な状況です。ラングのハリウッド時代が、古典的ハリウッド映画の全盛期であることは先ほど述べましたが、そのことは通称ヘイズ・コードと呼ばれる映画製作倫理規定がハリウッド映画に対して機能していた時期とも符合します。ヘイズ・コードが何かというのは前回も述べたのでここで詳しく触れることはしませんが、この自己検閲機能が古典的ハリウッド映画の表現の基盤となっています。決して描いてはならないこと、例えば不倫とかセックスとか、強烈な暴力シーンをいかに暗示するかという点では古典的ハリウッド映画は洗練されていきます（恋愛映画において洗練の極みに達したのがエルンスト・ルビッチです）。前回も示したように、ヘイズ・コードに次のような規定がありますーー「現代における復讐を正当化してはならない」。

ここが面白いところです。ラングがドイツ時代に撮った『ニーベルンゲン　クリームヒルトの復讐』において展開されるのは、夫を殺された女による完膚なきまでの復讐、皆殺しの復讐でした。しかし、ハリウッドにおいてはもうそのように描くことはできない。フィルモグラフィのどこを切っても復讐という血が噴き出してきそうな映画作家フリッツ・ラングにしてみたら、これは大きな困難です。しかし同時に、実はこの規定はラングがハリウッドで映画を制作する上での発想の源泉であったのではないかという気がします。復讐自体を描くな、とは言っていないわけですね。ただ、復讐が正当化されて見えること、少なくともはっきりそう明示することは避けなくてはならない。観客の全面的な期待と信頼を担っている古典ハリウッド的主人公が私的な制裁として復讐を果たしてしまうことは許されないわけです。

このことがラングの映画において、復讐劇をして奇妙な発展を遂げさせることになります。それは、本来は法から逸脱した私刑であるところの復讐を、再び法へ、もしくは何がしかの権力システム（委託してしまうという奇妙な復讐劇です。例えば自分で直接的に銃の引き金を引くことなしに、気がつけば復讐が果たされてしまうような奇妙な事態です。この形式は前回も触れたハリウッド第一作『激怒』においてまず顕著です。自分を冤罪でリンチした群衆二十二名を、あたかも自らが殺されたように見せかけることで、裁判による死刑に追い込もうとする男をスペンサー・トレイシーが演じています。これがどのような結末に至るかは、前回もお話ししたことなので割愛しますが、このようにして、法の支配から脱して私的な制裁の遂行を図るときに、それを法律によって果たそうとする、そういう奇妙なねじれをラング映画は生きることになります。

その構図はナチスに対抗するレジスタンスを描いた映画『死刑執行人もまた死す』で繰り返されます。レジスタンス組織にいながらナチスと通じてスパイ行為を働いていたチャカという男がいます。そのチャカの密告によって多くのレジスタンスの仲間が収容所送りになってしまう。その報復として、レジスタンスはチャカを二重スパイとしてナチスに信じさせることによって、ナチスにチャカを粛正させます。しかし、収容所に送られたレジスタンスたちは銃殺され、最後は〝NOT THE END〟なんて出たりして、これからも継続するナチスとの闘いを予感させる。つまりアメリカ国民によるナチスへの報復を促す対独プロパガンダ映画という意味合いがあります。復讐が現実へと地続きに続いていくような感じですね。

ここで更に歩を進めて、法でもシステムでもない「何か」が、復讐を果たすラング映画をご覧いただきたいと思います。ヘンリー・フォンダ主演の『地獄への逆襲』です。全編通じて、無法者の弟ジェシー・ジェイムズを殺された兄フランク・ジェイムズの復讐劇になっています。フランクは素性を隠して平和に暮らそうとしますが、弟が卑怯なやり方で殺されたという知らせを受けて、彼は表舞台に帰還します。徐々に敵を追いつめますが、自分の召使をしていたピンキーという黒人が自分の罪をかぶせられて、無実にもかかわらず絞首刑になろうとしていることを知り、フランクは復讐を一旦諦めて、街へ戻ったところ捕まります。そうして始まった裁判の終盤から、映画のラストまで、一〇分ほどご覧いただきます。ちなみに、フランクは実際に強盗を犯してはいますが、殺人は犯していないことを観客は知っています。この状況で彼の復讐が果たされるとしたら、それはどんな風なのか。

▼03……『地獄への逆襲』

注目していただきたいのは、やはりこのヘンリー・フォンダ扮するフランク・ジェイムズが、このラストシーン、復讐への階段を駆け上がっているかに見えて、一発の銃弾も撃ってはいない、ということです。つまり、ほんの少しでもフランク・ジェイムズが自身の銃弾によって復讐を果たしたように見えてはいけないわけです。ただ、その代わりと言っては何ですが、クレムという彼の弟分のような一本気な若者が、敵を討ち、そして死にました。本来ならば裁判に現れる必要のない敵役が現れることも含めて、まるで世界が彼に代わって復讐を代行したようです。しかし、ずっと見てきた観客にとって必ずしも後味がよいラストとは言えません。このときフランクはまるで世界に復讐を奪われたようにも見えます。

03

平穏な生活へ戻ろうとするフランクで映画は閉じます。すべてが丸く収まったようにも見えるのですが、ぼろぼろになった懸賞金ポスターは非常に両義的に映ります。これは彼の過去に過ぎず、彼はまったく違う人間になるようでもありますが、むしろ彼が彼であることを奪われたような奇妙な喪失感が映画を覆っています。世界が復讐を代行する、これはいったいどういうことなのでしょうか。

ここで、振り子をまた黒沢清へと振り直します。「復讐」シリーズと同時期に撮られた『CURE』という作品があります。『復讐』『復讐II』と『蛇の道』『蜘蛛の瞳』の間に撮られました。ある禍々しさにおいて、『CURE』もまた「復讐」シリーズと世界観を共通させています。パーッと複数場面をご覧いただきます。刺激の強い描写が続くので、苦手な人はご注意ください。

▼04……『CURE』

ご覧いただいた場面は、この映画の中で起こるいわゆる連続殺人事件です。首を切り裂くX字の傷跡が反復されたので、映画を未見の方にはまるで同一犯の犯行であるかのように見えたかもしれません。しかし、これは同一犯の犯行ではなく、まったく違う人物たちが犯した殺人です。ただ、役所広司演じる主人公の刑事はその「手口の一致」を単に偶然と片付けられず、捜査を続けます。結果として彼は、これらの事件を促した黒幕的人物を発見します。萩原聖人演じる殺意の伝道師的な人物がかける催眠術によって、一連の殺人

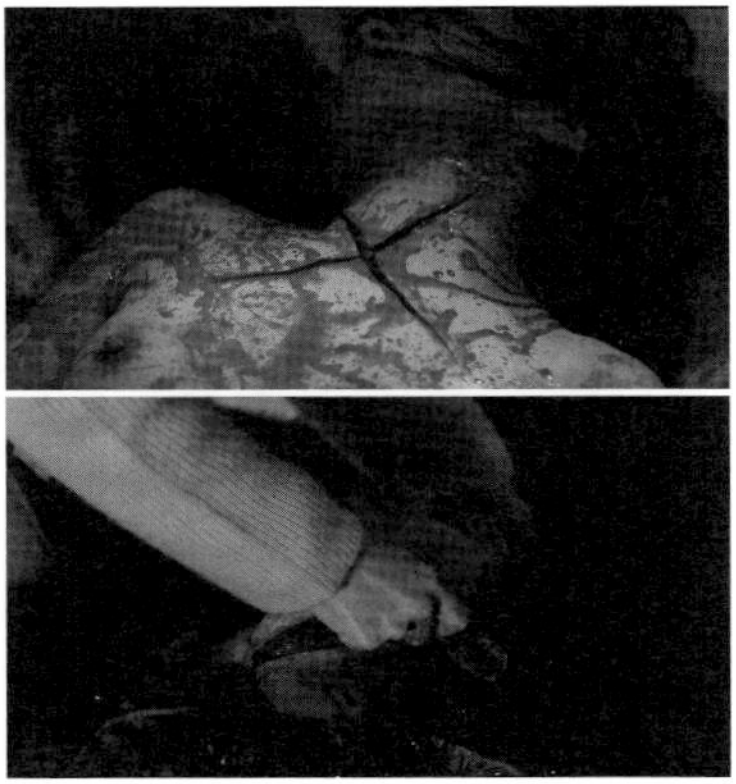

04

事件の犯人たちは凶行に及んでいたのです。しかし、萩原聖人は悪意を持って何かを計画したいわゆる黒幕というのとは少し違う。催眠術はその人の基本的な倫理観を覆すことができないと語られ、殺人はあくまで彼ら自身に潜んでいる殺意を発露させているに過ぎないものと示唆されています。ただ、その複数の犯行すべてにX字の切り裂きという同一の「手口」が反復されることで、特定の誰かではなく、まるでこの世界にずっと潜在していた殺意、悪意そのものが連続殺人を犯しているような印象が生まれます。

こうした反復は隠されているだけで確かに存在するものを強調する説話の方法でもあります。前回もお話ししたように、古典的ハリウッド映画は同じモチーフを反復することによって、単に互いに隣接し合う因果関係の連鎖を越えて、物語を語ります。同じモチーフでも出て来る状況が違えば、意味合いは違います。この意味合いの差異が物語を描き出します。こうした反復は、画面に明示されないものを描き出すのに向いています。物事と物事の間にある眼に見えない関係性を呈示する方法としてあるわけですね。

復讐が物語映画と相性が良いのは、それが単に因果の連鎖を示すからだけでなく、復讐が文字通り反復そのものだからです。目には目を、歯には歯を、というように、復讐はどこか自分が穿たれた穴と同じ穴を相手にも空けようとします。物語の中の復讐は、暴力の反復として、ある個人のではなく、世界そのものの暴力を強調していくようになります。そうした暴力が今までずっと現れなかっただけで、ずっとこの世界に潜在していたことを、我々は感知するようになります。

そして、黒沢清という人は誰よりもこの世界自体の暴力の存在を信じている人なのではないでしょうか。黒沢清は『CURE』のように、ある暴力の手口が徹底的に反復される描写を、その後もまさに反復するわけですね。『回路』では人間が壁のシミとなって消えてしまう。『叫』では海水によって溺死させられるという手口が反復される。それは特定の誰かからまた特定の誰かに宛てられた理由のある暴力ではもはやないわけです。同じ手口が繰り返されるたびに、我々は特定の誰かとは呼びがたい、もっと得体の知れないものの存在を感じざるを得なくなります。そして、この九〇年代後半の「復讐」シリーズこそが、黒沢清がそのような世界認識を強固にしていった過程そのものではないかという気がします。ここからは「復讐」シリーズを締めくくる『蜘蛛の瞳』を見ていきます。

▼05……『蜘蛛の瞳』

男を廃屋に連れ込みリンチするアバンタイトル部分は明確に『蛇の道』を反復し、その雰囲気を踏襲しています。哀川翔の復讐は『蛇の道』でもうすっかり完遂したように見えましたが、まだ続いている。そして、この寺島進演じる男が人違いと主張するのも『蛇の道』と同様です。しかし『蛇の道』と違って、それが哀川翔の意図したこととは示されないため、最後まで観客の中に「人違い」、つまり失敗した復讐として残り続けます。『蛇の道』ではすべてを知り事態を操っているように見えた哀川翔の完全性、黒幕性が、ここでは少し損なわれて見えます。実際、『蜘蛛の瞳』における哀川翔は、『蛇の道』で見せていた、人をぐいぐいと引っ張っていくような推進力を失って、すっかり停滞しきっている。だからダンカン演じる岩松が現れて「お前仕事うまく行っ

05

てないだろ」と言うのも妙に的を射ているし、彼が哀川翔を新たなステージへと導いてもいきます。何より驚くのはダンカンが出て来ることによって、『蛇の道』以来保たれていた緊張感が一気に弛緩する、すっかりゆるんでしまうことです。ダンカンが誘った仕事とはヒットマン、つまり殺し屋稼業であって、『蜘蛛の瞳』から暴力描写が絶えてなくなるということは一切ありません。それでも、このゆるみが『蜘蛛の瞳』の基調となります。ここで『蜘蛛の瞳』からあるシーンをご覧いただきます。このシリーズに含まれていることが信じられないような美しく、楽しいシーンです。

▼06……『蜘蛛の瞳』

大の大人の追いかけっこ。本人も口にするように明らかにアッバス・キアロスタミの影響を感じさせる場面です。この場面に限らず『蜘蛛の瞳』にはこうした、大の大人たち——しかも殺し屋——が子供のように遊びに耽るシーンが盛んに導入されます。『蜘蛛の瞳』の遊戯性は、「復讐」という主題が本来呼び込むはずの、緊密な因果の連鎖を弛緩させてしまいます。因果の連鎖が解けるとき、今まで復讐劇として起こることが作劇上で正当化されていた暴力は、原因を欠いて突然起こるものに変質して見えます。こうなると復讐は復讐であることをやめて、現れるのは単なる暴力、純粋な暴力になります。「復讐」シリーズは殺し屋が家にやってきて、家族皆殺しにすることに端を発

06

しているので、哀川翔がヒットマンとして理由を欠いた殺人を重ねる流れを、シリーズ全体の円環構造、一種の無間地獄として見る向きもあるかも知れませんが、起こっているのはもっと恐ろしいことであるという気がします。ここで、『蜘蛛の瞳』のラスト近くの場面をご覧いただきたいと思います。

▼07……『蜘蛛の瞳』

「復讐」シリーズの脚本が明確にどのような前後関係で書かれたものかはわかりませんが、黒沢清が高橋洋の脚本を受けて、ある種の批評行為として脚本を書いているのは確かなように思われます。高橋洋は比較的に構造のはっきりした、登場人物のモチベーションが見え易い脚本を書いています。ものすごく簡単に言えば、高橋洋の描く哀川翔が人を殺すとしたら、それはかつて殺されたからです。自分の一部のように大切なものを奪われたが故に彼は復讐を決意する。このような登場人物のモチベーションのつかみ易さは先ほども述べたように作劇上、復讐ものを採用する大きなメリットでもあるわけです。

07

しかし、黒沢清が『復讐II』や『蜘蛛の瞳』でやっていることはどこか、いや復讐とはそんなものではない、暴力とはそんなものではない、と言っているように思わせるものです。暴力をなめるな。暴力はそんな、誰か個人の持ち物では決してないのだ、と。黒沢清からしたら、誰かに帰属している暴力など、格別恐ろしいものではないようです。誰かが暴力を行使するから恐ろしいというよりも、暴力が我々を行使するということが遥かに正確であって、恐ろしいのは暴力が、ただ自らを広げ、拡大することだけを唯一の目的として、それ以外は何の目的も持たずに無償に存在しているところです。

目的がない以上、本来それは暴力と呼ぶことさえためらわれる何かです。単なる「力」とでも呼んだ方がまだ正確な何かです。その「力」は『蜘蛛の瞳』という映画全体が示すように、暴力であると同時に、あらゆる美しさやよろこびでもあり得ます。あくまで「力」がよどみなく自らを前に進めていく過程でそれと逆らう方向に進もうとする一個の人間と出会うときに、それは暴力として現れてしまうだけなのではないか。暴力は個人に宿るのではなく、この世界のありようとして存在しています。

ご覧いただいた『蜘蛛の瞳』終盤のシーンで、ダンカンはヒットマンとして自分を殺しにやって来た哀川翔に、その指示を出した黒幕を殺したことを告げます。もう自分を殺す必要はない、と。これはもうまったくその通りに観客にも受け取れます。しかし、それでも哀川翔はダンカンを殺す。哀川翔がダンカンを殺す理由はまったく不明です。ここに至るまで哀川翔がダンカンを憎らしく思っていたような描写もありません。それでも哀川翔は殺さなくてはならない。ヒットマンとして具体的な誰かの指令を代行するのではなく、しかも自分の意志ということとも何か違う気がする。

それこそ『復讐II』で哀川翔が口にすることです。つまり、黒沢清自身が書いたセリフですね。妻を殺されて復讐したい気持ちはよくわかる、と後輩刑事に言われて哀川翔はこう答えます。「したいんじゃない。しなきゃならないんだ」と。このセリフは、シリーズを通じた哀川翔のありようを語っているように思われます。彼自身が言ったように、欲望として「そうしたい」からそうするのではなくて、あくまで「そうせざるを得ないからそうする」のだ、ということです。彼が代行しているものがあるとすれば、それはほとんど「力」なのだと言えるでしょう。哀川翔は、自分の意志に従うというよりも世界に潜在する力に従う、と言うかほとんど世界の力の現れそのものに――「復讐」シリーズを通じて――なっていくように思われます。それはこのシリーズと表裏をなす『CURE』の役所広司にも言えることです。彼らはフランク・ジェイムズのように世界に復讐を代行させることはしない。むしろ彼ら自身が暴力、力と一体になっていく。観客にはわからない。なぜこんなことになってしまったのか。しかし、映画は厳然と、こうでしかあり得なかったものとして現れます。

「復讐」シリーズは復讐の螺旋を上って、『蜘蛛の瞳』においてただの暴力、世界の力にまで至ります。最初に言ったような、清々しさを「復讐」シリーズから感じるのは、こうして世界のありようが直接示されることが原因としてあるのではないかと思います。仮借のない力があり、我々はその前ではほとんど取るに足らない存在であること。そんな恐ろしい認識を持つことは、しかし何だか妙に風通しが良くて、かえって我々を自由にしてくれるようにも思えます。

「こうでしかあり得なかった世界」が示されるときに、そこでたとえどんな悲劇が描かれるにしても、世界そのものに対する大きな肯定が含まれるような気がしています。「こうでしかあり得なかった世界」を描く、ということは、そのたった一つのありようを肯定することでなくて、いったい何でしょうか。

おそらく、こうした世界自体の力、世界に潜在する暴力性の認識は、フリッツ・ラングにおいてそもそも現れていたものでしょう。古典的ハリウッド映画（ヘイズ・コード）という枠組みは、黒沢清がゴロッと呈示してしまうような世界の「力」、ほとんど理由もなしに現れる暴力を描くことを事実上、禁じています。この「力」を暗示するためにラングは「運命」というものを描いたのではないかという気がします。「運命」とは、「力」に一個の人間を対置することで生まれるものです。人間はこの力の前ではなす術のない、「致し方のない」存在ですから、ここでは当然、「運命」に蹂躙される人間というものが描かれることになります。

ここに作劇上の倫理の問題が現れるようにも思います。「力」が人間を蹂躙していくときに、つまりある「運命」を描くときに当然そこには「痛み」が現れます。この「痛み」は作劇上、観客を巻き込んでいく上での重要なツールになり得ます。カメラで写し取られた「痛み」はかなり直接的に観客に届けられることを、多くの映画の作り手たちは理解しています。問題は、この「痛み」をツールとして使うか、使わないか、です。もしくは意図して使うのか、それとも使わざるを得ないのか、ということです。「痛み」を適度に配置していくことによって、観客が感情移入をせざるを得ないような構造を、誰でも容易にとまでは言いませんけれども、作劇の経験を重ねた人はだいたい書けるようになります。先ほど言った「家族の誰かが殺される前に幸福を描いたシーンを挿入する」というのもそうした感情操作の一つですね。この「痛み」を作劇上、利用し続ける映画監督としてラース・フォン・トリアーが思い当たります。『ダンサー・イン・ザ・ダーク』が典型で、あるヒロインが観客の強い感情を引き起こすよう、世界全体から痛めつけられる、ほとんど観客の共感を集めるための生け贄のようです。

しかし、「運命」を描くというのは、観客の共感を集めたいという語り手の欲望やエゴとはまったく無縁のことです。自分自身を慰撫することが目的でもなく、いかにして「そのように描かずにはおれない」という境地で書くか。「痛み」は当然生まれるが、それ自体が目的化されてはならない。単なるテクニックではなくて、それこそ世界の力を代行する哀川翔の境地で書くことができるか、ということ。その「痛み」を書かざるを得ない、その書いている本人がおそらく通過する必要がある。一人の脚本家としてまず問われているような、そんな心持ちでおります。

最後にフリッツ・ラング『仕組まれた罠』のラストシーンをお見せして終わります。ここには、何かラングを巡って「運命」について考えるよすががあるような気がするからです。

▼08……『仕組まれた罠』

前回ちらっと話題にしましたが、グレン・フォード演じる主人公はグロリア・グレアム演じる女への愛ゆえに、彼女の望む夫の殺人を企図するものの、「改心」します。彼は、殺意と愛を同時に捨て去る。しかしその結果、殺されずに済んだ夫がグロリア・グレアムを、まさにグレン・フォードの運転する列車内で、殺害します。「力」はここでも留まることなく前進を続け、彼女までたどり着いたかのようです。ラスト、機関車が線路の上を一直線に走って行きます。「運命の歯車」なんて言葉がありますから、運命にはどこか機械仕掛けの、それも一度回り始めたら自動的に回り続ける永久機関のようなイメージがあります。一組のレールを走って行く列車があり、そこには人が乗っていて、運ばれてい

08

ます。

この、映画における運命性、あのようでもこのようでもあり得たけれど、このようになるしかなかったという感覚。彼や彼女はこのようにしか振る舞い得ないし、物語はこのようにしか進み得ないし、もっと言えばカメラはこのようにしか置き得なかった。そのような感覚をもたらす映画、それは他と替えがきかないこの世にたった一本の映画であるということです。この世にたった一本の映画であるために必要なことは何なのか。次回で私の発表は最後になりますが、フリッツ・ラング『スカーレット・ストリート』とエドワード・ヤン監督『牯嶺街少年殺人事件』、そしてクリント・イーストウッド監督『ミスティック・リバー』をつなぎつつ、映画における運命、もしくは運命的な映画について考えたいと思います。ほとんど妄想みたいなことを長々と話しました。お聞きいただきありがとうございました。

運命をつくる

——フリッツ・ラングから
エドワード・ヤンとクリント・イーストウッドへ

二〇一六年二月二八日、神戸映画資料館
「はたのこうぼうのアメリカ映画研究会」第五回
『スカーレット・ストリート』上映後に

本日はありがとうございます。「はたのこうぼうのアメリカ映画研究会」も久しぶりの開催です。昨年（二〇一五年）公開した『ハッピーアワー』という映画は、私が監督して神戸で二年くらいかけて作ったものですが、「はたのこうぼう」の三人が脚本家としてクレジットされています。その『ハッピーアワー』の制作に携わっていた期間はこの研究発表会も実施できず、かなり間が空いてしまいましたが、ともあれ今日が私の三回目の発表です。

フリッツ・ラング編最終回の今回は、今までずっと話題にしてきた映画における「運命」、そのつくり方ということを考えてみたいと思います。そのために『スカーレット・ストリート』という、「運命」そのもののような映画をご覧いただきました。いかがでしたでしょうか？　私自身の感想を申しますと、四、五回は見ているはずですが、何度見てもおそろしい、見るごとにますますおそろしい、というのが正直なところです。そして何度も見ていると、この映画には「あのときこんなことしなければ、こんな結末にはならないのに」ということばかり、という感覚を覚えるんです。あらゆる映画がそうだとも言えるのですが、『スカーレット・ストリート』にはこうした感覚が非常に強烈にあります。そして、それは周到に作り出された感覚である、というのがここで主張したいことになります。

例えば、キティと食事するシーンで、クリスが「君を騙していた、嘘をついていた」と言う。自分は有名な画家ではなくあくまで日曜画家なんだ、と告げるのかな?と観客は思う。でも、クリスは「自分は結婚しているんだ」と続ける。見ている側は、そうじゃないだろ、って反応になる。明らかに道を踏み誤っていく。このときクリスが正直に言えていれば、ぜんぜんその後の状況は違ったわけです。こうした運命的な分かれ道の瞬間というのが、いくつも示されています。クリスが、キティのアパートでジョニーと鉢合わせしたとき、見覚えがあるような気はするものの、誰だか思い出せない。もしこのとき、キティを殴っていた男だ、自分が追っ払った男だ、とクリスが気づけていれば、あんなことにはならなかった。遡って言えば、男を追っ払ったそのさいに、傘を叩きつけるとクリスは自分の目を手で覆ってしまうわけですが、それさえなければ、彼の顔をちゃんと見ていれば、再会したジョニーのことをそのときの相手だったと気づくこともきっとできたでしょう。あるいは、自分の絵がキティの絵として画廊で売られていることを妻のアデルから知らされたクリスが――アデル自身は、クリスが描く絵がその画廊の作品の模倣だと思い込んでいるわけですが――、キティに会いに行く。観客はその前のシーンで料理中の彼が手に包丁を持っているイメージも見せられていますから、もしかしたらこれはキティのことを殺っちまうんじゃないかと思っていたら、キティがつく嘘に簡単に騙されたクリスは、絵の名義が僕でも君でも同じことだ、結婚したみたいだ、なんて言ってしまう。もしこのとき明らかに嘘をついていたキティを頑と拒絶できていたら、とも思います。先ほどまで挙げてきたのは、意志によって選択できたのではないか、と思われるような箇所ですが、このあたりから、ほとんど意志とは無関係に「どうやらそのようにしか進みようがないのだ」ということも観客には了解できるようになってきます。

というのは、この映画のなかで次々と叶えられていくクリスの願望や欲望というのは、あらかじめ本人が「叶わぬ夢」として語っていることなんです。映画の序盤、雨の中でクリスは同僚に「もし若い女に愛されるとしたらどんな気分なんだろう」と呟いていました。「若い頃は大画家になりたかったんだ」とも。あくまでif、仮定として、人生の中で決して実現することのなかった夢として語る。物語が進むと、キティに向かって、もし妻がいなかったら僕と結婚してくれるかい？と口にしますが、でもあなたには奥さんがいる、と応じられてしまう。それが現実として突きつけられる。本来なら決して現実にはならないこと、夢の領域にあること。しかし、これらの願望や欲望が、わずかな偶然を通

『スカーレット・ストリート』あらすじ

出納係クリス（エドワード・G・ロビンソン）の趣味は絵を描くこと。その唯一の愉しみにも妻のアデルは冷淡だ。ある夜、一人の女が男に殴られていたところをクリスが救う。その女キティ（ジョーン・ベネット）にクリスは惚れ込むが、襲っていた男はじつは彼女のヒモ、ジョニー（ダン・デュリエ）。キティとジョニーはクリスの恋情に付け入り、成り行きで画家と名乗った彼を金ヅルにしようと結託する。妻や会社の金に手をつけつつ、クリスは自分のアトリエも兼ねたキティの新居まで用意してやる。彼の絵を売り捌こうとしたジョニーは、評論家らの評価を聞きつけると、絵の作者はキティだと騙り、彼女もそれに乗る。自作がキティの署名入りで画廊に並んでいると知ったクリスだが、愛する彼女にいいように丸め込まれる。そんななか、亡くなったはずのアデルの前夫が突然クリスの許を訪ねてくる。クリスは一計を案じ、アデルと前夫を鉢合わせさせる。これで妻との縁を解消できた、とキティの家に向かうクリスだったが、ジョニーと熱く抱擁する彼女の姿を目にし、立ち去る。それでもなお求婚すべく再訪したものの、開き直って悪罵を浴びせるキティをクリスは発作的に殺してしまう。横領の廉でクリスは解雇されるが、キティ殺しについては情況証拠からジョニーが逮捕され、有罪・死刑判決が下る。自ら死に追いやった二人の声にクリスは苛まれる。彼が描いたキティの「自画像」が画廊では高値で取引されている。

（本書編集＝作成）

して現実へと開かれてしまう。偶然がそういう欲望・夢を現実へと開く回路になっている、というのがこの映画です。そのように開かれてしまった「夢」を人が欲すること、自らのもとに引き留めようとすることを一体誰が責められるでしょうか。

そのいくつかの偶然がどのように視覚化されているかを、あらためて映像で見ていただきたいと思います。序盤でエキストラの演技のつけ方が変なところがあります。キティがジョニーに殴られているのを見て、クリスは勇気を出して殴りかかりにいきますが――これがそもそも最初の運命の分かれ道だったわけです――、その直前の、クリスが警官に道を訊ねる場面です。

▼01……『スカーレット・ストリート』

別れた直後、警官がクリスの方を振り返りますね。この演技は一体何でしょう? 当然、演出家が指示しないと絶対やらないものです。何度も見ているとこれは、ここでもし警官が何らかの声をクリスに掛けてさえいれば、その後のことは起こらなかった、ということが示されていると思い至ります。というか、そうでなければこのエキストラ演出の意味がちょっとわからない。もう一つ、よくわからないエキストラ演出があります。助けたキティをいったん自宅までクリスが送り届けた後、コーヒーでも、と誘って行った店のシーンです。

01

▼02……『スカーレット・ストリート』

掃除婦のおばさんの持つモップが、二人の足の邪魔をする。本当に無意味な場面です。たまたま、ひっかからなかった。ただ、このとき二人が蹴つまずいてでもいたら、ぜんぜん違う未来があったのかもしれない、という気もするんです。些細な偶然によって現実化しなかったまったく別の道筋を暗示するように、このエキストラが配置されている。何度も見るとそんな印象を持ちます。もっとわかりやすい「もしこうじゃなかったら」という偶然が次です。

▼03……『スカーレット・ストリート』

クリスが描いた絵をキティの作だと思い込んだ美術評論家たちが、彼女のアパートから帰っていくと、そこにすぐクリスがやってくる。本当にわずかなタイミングの差でのすれ違いです。もしクリスが何らかの理由でもうちょっと早く来ていれば、その後のことは起こらなかったのに。そしてドラマに決定的に関わるタイプの偶然が、次の箇所です。見

02

03

覚えのある絵が画廊で売られているのを妻アデルが気づく場面です。

▼04……『スカーレット・ストリート』

この犬さえ道にいなければ、この犬のリードにアデルが引っ掛からなければ、彼女が画廊のウィンドウに目をやることはなく、夫がこの絵を贋作しているなどと思い込むこともなく、夫を責め立てることもなく、クリスがキティのところに向かうこともなく……だったはずなんです。このときこの犬さえいなければ、です。物語を大きく動かすような、こうしたちっちゃい偶然というのは、フィクション映画ですから当然、すべて演出され指示されたものとして存在しているわけです。こういう偶然が、結末への道筋を坦々と作っている。

04

そしてこの映画にも、ついにより大きな偶然——と呼べるものではないかもしれませんが、想定外の出来事としてのアクシデント——が生じます。映像で確認するまでもないような、この大きなアクシデントとは、アデルのかつての夫、亡くなったはずのホーマーがクリスを訪ねてくるくだりです。何たるご都合主義か、といった感もありますが、それについては後で触れます。この元夫の想定外の生還によって自分とアデルとの結婚は法的に無効となるはず、という状況がクリスにもたらされます。妻さえいなければという彼の夢想があれよあれよと叶う方向へと事態が急転します。そしてその裏でもう一つ、偶然というのか、ごく些細な出来事がまた起きています。

▼05……『スカーレット・ストリート』

キティのアパートの前で、氷を買ったジョニーが、ついでにアイスピックももらう。結末まで見た人だったらわかるように、このアイスピックさえもらわなければ、あんな悲劇は起こらなかったのに、ということです。凡庸な監督であればここで、このアイスピックをもう少し印象的に、ヨリ気味で撮ってしまうかもしれない。でも、フリッツ・ラングが選んだのは、引きのサイズで遠くからこのシーンを撮りきるということでした。ラングの選んだカメラポジションによって、出来事の「些細さ」というものがつくり出されています。全編を見終えた人は皆理解していることですが、ここで彼がこのアイスピックを受け取ったことは決定的に重要です。ただ、その重要さは続く展開を見た後でしか認識できない。決定的に人の運命を分岐させてしまう出来事は、その未来における重要性にもかかわらずきわめて「些細」なものである、ということの視覚化に、このラングのフレーミングが寄与しています。

もう一シーン見てみましょう。キティがジョニーとデキていることを目撃してしまった後、クリスがひとり酒場で飲んでいます。

▼06……『スカーレット・ストリート』

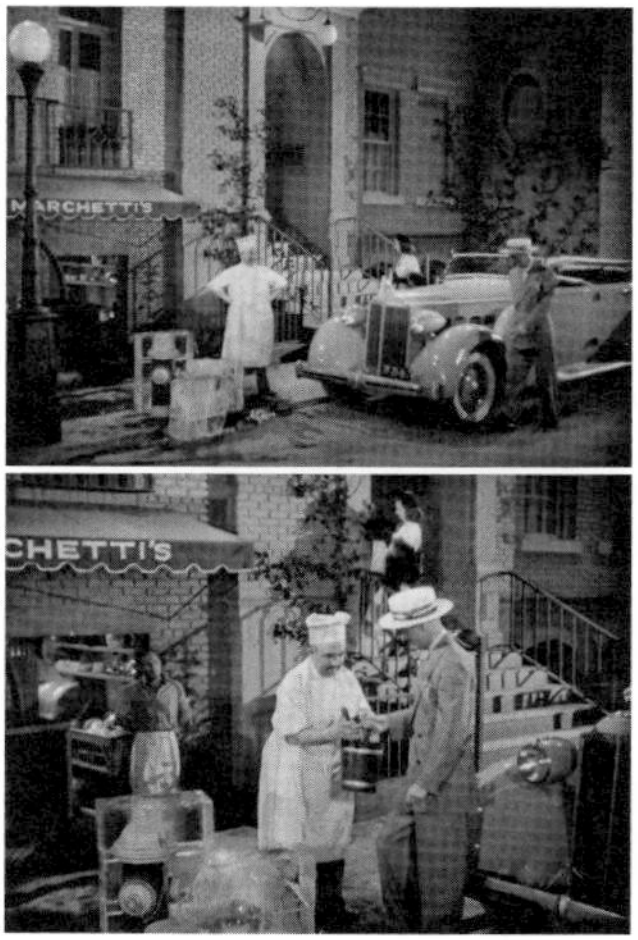

05

窓の外から声が聞こえてくる。「主は我々罪人を憐れむ。罪人の道は石の平地だが、その果てに地獄への淵が。主よ、罪人である我を憐れみ給え。アーメン」と。その次の場面で、クリスはキティの許へ戻ってきます。この声さえ聞かなければ、クリスがキティに対して「間違いを許す」という上から目線の振る舞いを選ぶこともなく、殺人事件は起こらなかった。ここに至るまで、この説教が直接的に示すように小さな小さな偶然が、まさに地獄への細かい細かい細かい石の道を敷き詰めていくがごとく、一筋に通っています。些細な出来事のすべてがきわめて緊密につながって、最後の地獄の結末へと結びついている。

『スカーレット・ストリート』では、フリッツ・ラングの作品、とくにアメリカ時代の作品のなかで最もよくできた「運命機械」が出来上がっていると感じます。単なる運命というよりも「機械仕掛けの運命」とも呼ぶべきものをラングはつくり上げています。じつに機械的に坦々と、自身の為すべきことを為すように、運命自体が機能する。決定的に——最初に、ということですが——運命が変わってしまったシーンを振り返ってみます。先ほどお見せした、警官に会った場面の直後です。

06

▼07……『スカーレット・ストリート』

注目していただきたい、というよりも注意深く聞いていただきたいのは、この音です。キティを救おうとクリスがジョニーを夢中で殴る一連のシーンで響いている音です。列車の音に聞こえます。地下鉄が通る音でしょうか。直前に地下鉄までの道を警官に訊ねていましたから。通風孔のようなところを通じてその音が伝わってきているのかもしれない。……というふうにリアリティの水準では一応解釈できます。しかし重要なのはこのとき、本来なら付けられるべき衣摺れの音や打撃音、つまり画面と同調した音が消えていることです。そうすると何が起きるか。現実に響いているはずの音が響かないわけなので、この場面から現実感が奪われてしまう。この瞬間、クリスが、彼がずっと営んできた日常から離れ、夢の世界へと運ばれていってしまった、路線がガチャッと変わり、乗り換えて行ってしまった、そんな印象が生まれます。この少し後、自宅まで送ってとキティに乞われるときにも、やはり地下鉄らしき音が低く響いています。

07

▼08……『スカーレット・ストリート』

クリスは「運命」という、止めることのできない機械仕掛けで一方向に運ばれている、そんな印象が湧いてくる場面です。その運命の作用が人に及べば、その映画は「悲劇」と呼びうるものにもなります。ご覧になった方は誰しもが、終盤の列車の場面を覚えていると思います。

▼09……『スカーレット・ストリート』

このときすでに事件の裁判も終わり、ジョニーへの死刑判決も下っています。列車の中で、クリスと乗り合わせた新聞記者が、罪と罰について持論を語る。自分の胸の裡に判事も陪審員も死刑執行人もいるものなんだ、と。自分自身という法廷に裁かれ続けることになるという、後にクリスが陥る地獄を暗示するこの場面で、この列車は間違いなく地獄行きの列車としてあります。ただ、じつのところ最後のチャンスがここにはあった、ということも我々は知っている。シーンの最後、処刑の時刻をクリスが訊ねると、「一一時」と記者が答える。それに続くジョニーの死刑執行場面で、もしかしたらクリスがやってきたり、電話をかけてきたりするのだろうか、という思いが我々によぎります。けれども、クリスが現れることもなく、刑の執行はそのまま進んでしまいます。クリスは、自分の愛するキティをモノにしていた憎き男を殺したわけです。ただし、自分の手は汚すことなく。

08

09

裁判システムを利用して自分自身の復讐を果たしてしまう。そういう人物像は、フリッツ・ラングのアメリカ時代の登場人物のなかで、きわめて例外的な存在です。第一回の発表でもお話ししましたが、フリッツ・ラングの登場人物というのは、何がしかの被害を受ける、急に暴力を振るわれる、もしくは唐突に「お前は罪人だ」と――ときには無実の罪で――言われてしまう、そうしたリンチを受けるわけですね。リンチを受けたことへの報復をどう果たすか。顕著な例として、『激怒』というアメリカでのデビュー作では、自分が実際に死んだことにしてしまって、法システムに、復讐すべき相手の逮捕から裁判、死刑執行までをやらせようとする。しかしアメリカにおけるラングの主人公たちのほとんどは、最終的に「復讐しない」という選択をします。この時期のハリウッドには「ヘイズ・コード」という映画製作倫理規定があって、復讐が正当化されてはいけないというその規定に沿うかのように、主人公たちは復讐をやめてしまうのだというお話も第一回でしました。ただそうしたラングのアメリカでのフィルモグラフィのなかで『スカーレット・ストリート』のクリス／エドワード・G・ロビンソンだけが、完全な形で復讐を成し遂げてしまう。そしてそのことによって、誰よりも、他のラング的な人物が経験することがなかったような地獄にまで嵌まり込むことになる。なんとおそろしい映画。

ここまで言っておいてなんですが、この映画・作劇がトゥーマッチじゃないの、やりすぎじゃないの、もっと言うと、単にご都合主義ってことなんじゃないの、という反応がありえると思います。巨匠だからって点が甘くなってないですか、と。そういう反応がもしあるとしたら、それはそれでよくわかる気がします。ただ、私がこの『スカーレット・ストリート』をおそろしい映画だなと心底震え上がったのは、私自身の多少特殊な鑑賞体験に理由があります――とはいえ、後々それはそんなに特殊なことではなかったと理解するんですが。

私にとって決定的だったのは、この作品を、同じくフリッツ・ラングが監督した『飾窓の女』の直後に見た、ということでした。『飾窓の女』は一九四四年一一月に公開されています。『スカーレット・ストリート』のほうは一九四五年一二月。ラングのフィルモグラフィとしては連続して公開された二作です。『飾窓の女』のプロデューサー兼脚本家であるナナリー・ジョンソンは、ジョン・フォードの『怒りの葡萄』や、ロバート・アルドリッチ『特攻大作戦』の脚本を書いている人です。メインキャストは、エドワード・G・ロビンソン、ジョーン・ベネット、そしてダン・デュリエ──つまり、『スカーレット・ストリート』とまったくかぶっています。

見ていない方には申し訳ないのですが、話の流れとして必要なので、ここから『飾窓の女』のあらすじを結末まで言わせていただきます。映画史的にそれなりに有名なラストでもありますので、ご容赦ください。主役はエドワード・G・ロビンソン演ずる犯罪学の教授です。申し分のない家庭と仕事を持っていますが、ちょっとだけ日常から外れてアヴァンチュールをしてみたいという人並みの願望を抱えながらも自制している、そういう大学教授です。この「隠された欲望」という主題も『スカーレット・ストリート』によく似ています。

いつもショーウィンドウに飾られている絵を眺めるのを楽しみにしている主人公ですが、ある晩、窓の向こうの絵を眺めていたら、そこにその絵のモデルの女性が現れ、ちょっと飲んでいかない?と誘われます。その女性を演じているのがジョーン・ベネットで、ちなみにこのジョーン・ベネットをモデルとした絵画が陳列されているという モチーフもまた、『スカーレット・ストリート』でじつに直接的に反復されます。ジョーン・ベネットの家に二人で行くと、そこに彼女の愛人がやってきて、揉み合いとなった末に殺してしまう。これはマズい、正当防衛といっても、女性の家に深夜に行って男を殺してしまうということは、彼にとって仕事も家庭も社会的地位も失うことに等しい、というので二人してこの殺人を隠蔽しようとします。途中を端折りますが、やはり警察をなめてはいけなくて、証拠が揃いはじめます。さらに、殺された愛人のボディガードだった男──演じているのはダン・デュリエ——がジョーン・ベネットのもとにやってきて、彼女を強請る。警察やら強請りやら、自分の殺人を明らかにしようとする人間たちが次々に現れて、もう逃げられないと観念した主人公は、服毒自殺してしまいます。ひどい話だと思われるかもしれませんが、安心してください……ということではありませんけども、じつはこの後に来るのが、「夢オチ」なんですね。何のことはない、これは彼が映画の冒頭で願望を語ったあとに眠り込んで見た夢だったんです。

夢だった、ああよかった……。いや、そんな風になるわけはないんです。公開直後の『ニューヨーク・タイムズ』に載ったボズレー・クラウザーという批評家のレビューでは、ラングの演出手腕やキャストの演技は素晴らしいと称賛されながらも、この結末に対しては手厳しく書かれています。「映画のプロットがみせる成り行きの逐一にすっかりのめり込みゾクゾクしっぱなしだった者に対するこの上なく欺瞞的な裏切りを、脚本家兼プロデューサーの（ナナリー・）ジョンソン氏は意図的に犯したと考える観客は、断乎「否」を突きつける。（……）もしこれを巨大なジョークとして受け入れられるなら——ジョンソン氏の胸中もそうであったと信ずるよりほかない——、『飾窓の女』を十二分に楽しむことできるはずだ」（濱口訳）。大新聞のレビューにそう書かれてしまう。ただ、これは、夢オチというものを味わった人はおそらく誰しもが理解できる、きわめて一般的な反応だとも思います。

「夢オチ」というのはどうして、味わうとこうも腹立たしい気持ちになるのでしょう。私も結構素朴な観客なので、「え、じゃあ今までハラハラドキドキ付き合ってたの、いったい何なの？」「もうすごい俺、心配とかしたのに、あれ何なの？」と、なんだかタダ働きでもさせられたように感じてしまいます。夢オチということになると、映画に付き合ってきたそこまでの時間、つまり、自分が現実というものをある程度の尺度としつつ、そのリアリティからするとこれはあり得ないんじゃないか、あるいはこれは実にありそうなことだ、と思いながら付き合って、その結果ハラハラドキドキしていた時間のすべてが、徒労として感じられる。先ほどのレビューに書かれていたとおり、楽しんだからこそ手ひどい「裏切り」であるとも感じる。夢オチってそういうところがあります。なので、このような不評を買うというのもしょうがないことだと思います。『飾窓の女』について言えば、真偽はわかりませんが、殺人が正当化されてはいけないというヘイズ・コードにプロットをなんとかそのまま当てはめるために、原作小説にはなかった夢オチを加えたと言われています。とはいえ、夢オチ自体は、ひどく腹立たしい思いを感じた観客の一人として、やはり愚策であったと言ってもよいと私も思っています。

そして、その『飾窓の女』に続けて、ほぼ直後にDVDで『スカーレット・ストリート』を見たわけです。そんなに前情報も入れずに見たのですが、見ていてキャストが同じだなとすぐに気づきます。で、かなり早い段階から、現実的に考えると「都合が良すぎる」ことが、ちょっとあり得ないことが連続して起こる。最初の運命の分かれ道となるエドワード・G・ロビンソンがジョーン・ベネットを救う場面での音の演出などもあいまって、「今度もまたきっと夢だな」と確信を深めながら見たんです。以降、現実的な基準からしたらあり得ないようなことばかりが映画のなかで起きるんですが、それもどうせ夢だから、とゆるく了解していくというか、どうせ夢なんだったらどんどん進めてよ、というような気持ちで映画と付き合っていく。今思うと本当にバカだったと思うんですけれども。実際、『スカーレット・ストリート』の主人公は「夢みたいだ（It's just like a dream.）」なんてセリフも口にするわけで、こっちも間違いなく夢だろう、そうでなければこの展開はあり得ないだろうと見ていたら、ラストに至るまで夢から醒める気配が一向にない。そのラストで、公園のベンチで寝ていた主人公が警官に起こされたとき、ああようやく終わったのかしらと思ったら、まったく違う。クリスが立ち去って、警官が言います。「あいつは、五年前に二人殺したと妄想しているやつで、何度も自首してくるんだ」と。現実の続き、五年後の光景であったと知らされる。そして、自首を繰り返しているということは、狂ってない、正気を保っているわけです。死角からぶん殴られたような思いがしました。夢だとずっと思っていたものが現実だった。皆さんも悪夢をご覧になることがあるでしょうが、夢から醒めて本当によかったという思いをすることがありますね。ここでの事態はまったく逆で、覚めても夢は終わらない。私の『スカーレット・ストリート』体験というのは、まさに「悪夢のような現実」でした。それは、足元が土台から崩れるような、肌が粟立つほどおそろしいものでした。そして、それこそまさに、この映画を『飾窓の女』の後で見た少なからぬ観客の反応だったのではないかとも想像します。

『スカーレット・ストリート』ではエドワード・G・ロビンソンが、普通のラング的な人物ではあり得ないような、システムを利用した復讐を完遂する、と先ほど言いました。それは、ラングの映画の潜在的な側面がこの作品を通じてついに現れた、ということです。それまでアメリカにおいては決して顕在化することのなかった、とはいえずっと通奏低音のようにあったラング映画の一側面、それも地獄の最下層がついに露わになったのがこの『スカーレット・ストリート』なのです。この映画自体が、「夢」というもの、もしくはこの現実には現れない「世界の潜在性」そのものをついに描いたように私は感じます。その意味で、『スカーレット・ストリート』は最も「潜在性」に満ちたアメリカ・ラングの映画です。この潜在性の顕在化もしくは明示ということが、今日扱う他の二作にも通じるテーマにもなります。潜在的なものが明示される。これはある種、両立不可能な矛盾した事態です。ただ、この「潜在性の明示」を通じてのみ、我々は世界の全体像をつかの間、感得するのではないかという気がします。この世界は、確かに見えること、聞こえること、触れるものだけでできているわけではないのです。今まで意識したことも言語化したこともなかったけれど、それを見た後はこの世界の中で生きるとはたしかにこのような可能性とともにあることなのだ、と感じざるを得ない、今日お話しするのはそういう映画たちについてです。

『スカーレット・ストリート』に関しては、フリッツ・ラングは本当にストレートに物語を語っているだけなんですけど、私が初見時に非常にゆるい態度で見てしまったがために、このような恐怖を味わうことになったんだと思い、反省しました。しかし、制作事情などを調べていくうちに、この『飾窓の女』と『スカーレット・ストリート』との間の類似は例えばネタの流用といった怠惰などではまったくなく、二作が観客の中で重ね合わせられることを前提として作られている、と思うに至りました。『スカーレット・ストリート』と『飾窓の女』の類似は明らかに、観客の体験を引き出すため利用されており、ラングの意図的な戦略です。私はある種、理想的なかたちでラングたちの仕掛けた罠にハマったのだという気がしました。

『飾窓の女』が現実のような夢（悪夢）だとしたら、『スカーレット・ストリート』は夢（悪夢）のような現実である、と言えるでしょう。そして、その二重の重ね合わせというのは、『スカーレット・ストリート』の作り手たちが意識的に行ったものだと、今は確信しています。『スカーレット・ストリート』の製作総指揮はウォルター・ウェンジャー。ラングの盟友であり、ジョーン・ベネットの当時の夫です。この彼がいろいろ事件を起こしたりするんですが、それはまた別の映画史の話です。脚本家はダドリー・ニコルズ。ジャン・ルノワール『スワンプ・ウォーター』の脚本家です。そしてウォルター・ウェンジャーとダドリー・ニコルズというこのコンビは、知っている人はピンとくると思いますが、ジョン・フォードの『駅馬車』や『果てなき船路』を作った人たちです。ここで一応、大前提に触れておくと、『スカーレット・ストリート』はそもそも、ジャン・ルノワールの『牝犬』を見て感じ入ったラングによるアメリカ版リメイクです。ただ、大枠の物語は確かに共通してはいても、私自身の感じ方としては、『スカーレット・ストリート』は『牝犬』のリメイクというよりは、『飾窓の女』のB面・裏面といった印象のほうが遥かに強く感じられるし、その線で今日は徹底してお話をしています。ともあれ、『スカーレット・ストリート』は、当時のハリウッドにおいても切れ者と言っていい人たちが集まった映画であり、フリッツ・ラング自身がプロデューサーを務めた映画でもあります。つまり、ラング自身がつくりたいようにつくった映画なのだと私は想像しています。この『スカーレット・ストリート』は、『飾窓の女』について「あれが夢じゃなかったらよかったのに」とうそぶいた観客へと向けられた復讐劇のようなものとしてある、とまた妄想かもしれませんが、ほとんど確信しています。お前たちが言った「夢じゃなかったら」というのはこういうことなんだ、お前らはそんな剥き身の映画、もしくは真実を見る勇気があるのか、と問いかけているかのようです。

『飾窓の女』と『スカーレット・ストリート』における「重ね合わせ」、二重性という考えにたどり着いたのは単に、今まで述べたようなキャストやプロットの類似だけではなく、『スカーレット・ストリート』自体にそもそも、ある「重ね合わせ」が仕組まれていることに気づいたからで、そこから自然に連想が及んだのでした。『スカーレット・ストリート』には、どこかバカバカしいほど露骨なかたちで「重ね合わせ」が反復されています。どういうものかと言いますと、映画のいちばん始めに名前を呼ばれる登場人物は、クリスの雇い主たるJ・J・ホガース（J.J. Hogarth）ですが、周りから「ＪＪ」と呼ばれています。そのクリスのフルネームは、クリストファー・クロス（Christopher Cross）、十字架にかかったキリストを想像させる名前です。ＪＪに続いてＣＣが出てくる。それが何だと思われるかもしれませんが、架空の人物の名付けにおいて、これは間違いなく意識的なものです。というのも、皆さんもなんとなく覚えているでしょう、こんなショットが出てくるわけです。

▼10……『スカーレット・ストリート』（静止画像）

「Cashier Christopher Cross」。この画面がどのタイミングで出てきたか。画廊に売れた自分の絵を称賛する新聞記事を、職場で嬉しそうに読んでいるクリス、というシーンです。本当にラングの底意地の悪さが垣間見える瞬間というか、お前は有名画家などではなく、ただの出納係なんだよと言わんばかりに、「Cashier Christopher Cross」、CCCとあるわけです。JJについてはこんな印象的な画がありました。

▼11……『スカーレット・ストリート』（静止画像）

社名でもあるJ.J. Hogarthのロゴが車の扉などに書かれているのですが、JJHという三文字が鉄格子を想起させるデザインになっています。ロゴの影が壁に映るショットではセットの作りと相まってまさにそう感じられますが、この映画におけるイニシャルの重ね合わせにはどこか「牢獄」というイメージが与えられています。主人公が陥っていく無間

10

11

地獄を暗示するかのように、ダドリー・ニコルズもしくはフリッツ・ラングが配置したものと見えます。

このようなことが、他の登場人物たちにも起きています。ジョニーはキティのことを「Lazy Legs」というあだ名で呼び、キティの友達ミリーには「Funny Face」と呼びかけています。LLとFFです。するとラジオ番組のタイトルまで気になってきます。クリスが住むアパートの階下から聞こえてくるのは、「Happy Household Hour」というラジオ番組。HHH。そのラジオの音が聞こえてくるとき、クリスがいる部屋に掛かっているのは、アデルの元夫の肖像画で、彼の名はホーマー・ヒギンズ（Homer Higgins）。Hが重ねられて、この形状もまさに鉄格子、牢獄であるという気がしてきます。そのラジオ番組が途中で受信できなくなる――後でする話の前振りなんですが、機械が機能不全を起こすということがここで起きています。主要人物にCC、JJ、LL、FF、HHといった名前が割り振られているなかで、ではジョニーはというと、ジョニー・プリンス（Johnny Prince）。じゃあこれは違うのか、という話になるんですが、しかしなんだか徹底してるなと思うのはですね、このジョニーが最後に送られるのが「シンシン（Sing Sing）刑務所」。ダン・デュリエ／ジョニー・プリンスのショットに、「アイスピック殺人犯、シン・シン刑務所にて今夜処刑」という新聞記事がオーヴァーラップします。このSSというイニシャルがついた牢獄に彼は送られ、死に至る。今や主要登場人物のほぼ全員が有するこの二重性は、最終的に「牢獄」やそこで迎える「死」と関連付けられています。イニシャルなんてものは、物語の展開とはまったく関係ないといえば関係ありません。ただ、ここまでされたらフィクション内の固有名なんて作劇者の意図的な配置でしかあり得ないのですから、この映画が描いているのは徹底的な「重ね合わせ」なのだというメッセージを素朴に一旦受け取るべきだと思います。ではここで重ね合わせられているものはなにか。それは夢と現実だと言っていいでしょう。もっと言えば、ここで描かれているものは醒めない悪夢としての現実、つまりは地獄としての現実、ということです。

もう既に皆さんお気づきのように、『スカーレット・ストリート（Scarlet Street）』というタイトル自体、SSです。元ネタの『牝犬（La Chienne）』とは何の関係もない。スカーレットとは緋色・朱色ですが、白黒映画の時代、そもそもタイトルに色の名前を付すことが、少し不思議にも思えます。このSSという形態的な二重性をも見込んで選ばれたタイトルであることは間違いないでしょう。映画が公開されたのは一九四五年、第二次世界大戦が終わった直後ですから、この当時の人々にとって、そしてナチスへの協力を拒んでドイツから亡命した当のフリッツ・ラングその人にとって、SSとはナチス親衛隊のことにほかなりません。SSという文字の連なりは、この時期のアメリカやヨーロッパの人たちに、ナチスの作り出した生き地獄というものを直接的に連想させたはずです。『スカーレット・ストリート』という映画そのものが、そうした地獄の回路、運命機械としてある。

運命機械という言葉を再び持ち出しました。フリッツ・ラングは明らかに、その運命というものと機械というもののイメージを重ね合せるということをしています。レコードの針が飛んでいたことを皆さんも覚えているでしょう。

▼12……『スカーレット・ストリート』

レコードが「ラブ、ラブ、ラブ、ラブ……」と繰り返す。レコードの針が飛ぶということ、これは単なる機械の故障なのかというと、おそらくそうではない。これもまた牢獄なのです。その先に進めない場所までたどり着き、そここから出られないということ。この機械が繰り返しに入ることによって、運命機械というものが完成する。「ジョニー、ジョニー」というキティの声もまた、何度も繰り返されます。最後に至るまで決して消えない声として。ラストシーンは——もうお見せすることはしませんが——、孤独な心象風景ということでしょうか、人っ子ひとりいない通りにエドワード・G・ロビンソンが歩いていると、歌のような、「ジョニー、ジョニー」という呼びかけが聴こえてくる。レコードの針が飛んだような幻聴が響く。これを地獄と言わずして何と言えばいいのでしょう。

ただ、この主人公ってそんな悪い人だったかな？というのが、最初に見たときの率直な感想でした。彼はなんでここまでひどくいたぶられなくてはいけないのか。たしかに映画の後半においてはキティを殺し、そしてジョニーを嵌め、死へと追いやることになります。しかし、映画の冒頭では皆から「彼はいいやつ（For he's a jolly good fellow.）」と歌われる人物ですし、運命の歯車が狂ってしまうその瞬間というのも、勇気を振り絞って悪漢を殴りつけただけのことです。地獄行きの列車に乗ってしまうそのときには、彼にはとくに落ち度はない、それどころか善意しかなかったはずなんです。その彼がなぜこの地獄に堕ちなくてはいけないのか。まあわからない。わからないんです。ここがラングの計り知れなさと言えると思います。

ただ、計り知れないものをあえて想像してみるのですが、おそらくラングが考えているのは、まさにこれこそが普通だ、ということなんじゃないでしょうか。普通、という言葉が軽く響くなら、ある種の真理と言って

12

もいい。クリスが特別悪いとかそういうことではない、にもかかわらず誰でもこうなってしまうんだ。なぜなら、誰しもが潜在的には、その欲望によって罪人だからです。私たちが罪人として見えていないのだとすれば、それはたまたま幸運にもその欲望が発露されていないからにすぎない。偶然によって、我々は罪人でないだけであって、また同じように偶然によって、簡単に我々はいつでも罪人になってしまう。そして現実というのは常に潜在的には悪夢なのだ。……ということをフリッツ・ラングは思っている、もしくは世界観として持っているのではないか。私はフリッツ・ラングの作品を見ていて、いつもそう感じるんです。彼はドイツの大映画作家でした。ドイツを代表する映画作家として名を成した後、ナチスに傾倒する妻と離婚し、自身はナチスに取り込まれることを恐れて、アメリカに亡命してきた人です。その過程で彼が見たもの、辛苦を想像することはできません。それらがラングの作品に垣間見える世界観を強固に形づくっているのではないか、としか言えません。現実イコール悪夢という世界観、ただ、アメリカ時代の他の作品には直接的には現れなかったその世界観が、まさに『スカーレット・ストリート』では剝き身のままで現れたのだ、という気がします。悪夢のような現実とは、現実ではあり得ないような現実です。それはただ偶然の連鎖がなす一つの細い道筋を通ってのみ現れます。その道筋を描くということは、「物事はこのようにしか起こり得なかった」という感覚を観客に与えること――つまりは「運命」を描くということです。『スカーレット・ストリート』は『飾窓の女』との重ね合わせを通じてそれを達成しました。少なくとも私にはそう見えます。

私がフリッツ・ラングという監督を取り上げたいと思ったのは、運命というものを描くことは、脚本家・作劇者にとって一つの理想と思うからです。現実と夢の境界を壊すこと、現実とフィクションの境界を壊してしまうこと、このスクリーンを飛び越えてくるようなドラマを作ること、というのが作劇者の目指す境地としてあるのではないでしょうか。ただ、現代において運命を描くということは――別に現代に限らないかもしれませんが――非常に難しいことです。運命とは偶然の連鎖によってできた細い道筋であり、悪夢のような現実だ、と言いました。運命というのは、日常的な感覚としてはほとんど認識されないものです。それを構成する一つ一つの出来事があまりに些細だからです。運命というものを感ずるとしたら事後的にでしかありません。どうしてこんなことになってしまったんだろう。最も非現実的であるにもかかわらず、起こってしまえば最も強烈に、その身に降りかかる現実である。だから運命というのは本当におそろしいんです。

これは、フィクションとして書くことが最高度に難しいものです。皆さんがどうご覧になったかはわかりませんが、『スカーレット・ストリート』はまさに私が成功と考えるまったく同じ要素によって、「まったくのご都合主義的展開」とも見えると思います。実際、やはりそういう反応も公開当時あったようです。ご都合主義の連鎖と見えてしまうと、観客にとってみれば、笑ってしまうような、単なる絵空事になってしまう。現実とフィクションの境界を破壊して運命を目指したにもかかわらず、それから最も遠いものに、フィクションという箱の中でご都合主義によって書かれただけのものに見えてしまう。

『スカーレット・ストリート』と『飾窓の女』とを重ね合わせる戦略が成立しえたのは、この時期に「ジャンル」というものが確固として存在したからです。ジャンルが存在するというのはつまり、こういう定型の物語においてはこういうことが起こるよね、という了解――「お約束」と言ってもいい――を作り手も観客もある程度共有しているということです。このジャンルの中ではこれくらいのことは起きても大丈夫だ、なぜならそのことによって我々観客は楽しませてもらうから、というわけです。『飾窓の女』や『スカーレット・ストリート』が属する「フィルム・ノワール」というジャンルにおいては、ファム・ファタール（運命の女）が登場して、平穏な生活を送っていた主人公を破滅的な事態へと連れ出してしまう、というのが話の定型です。ですから、窓の中の絵を見ていたら話しかけられ家に連れて行かれてしまうといった、そりゃないだろうという唐突な展開も許容したうえで、じゃあそこから何を見せてくれるんだい？と当時の観客は期待した……のではないでしょうか。もちろんその時代に生きたわけではないので、想像の域を出ませんが、それ以外にこのような作劇を採用し得る状況というのもまた、想像できません。そうしたフィクションとリアリティのバランス、距離感を、作り手と観客とが共有していた時代が確かにありました。

そうした共有が今あるだろうかと言えば、ほとんど残っていないのではないかと思います。レンタルビデオ屋で「アクション」とか「ラブロマンス」とか、ごくゆるい括りの棚分けはありますが、かつてのような作り手と観客の間の強い協働関係は、少なくとも実写映画においてはほぼないだろうという気がします。なぜないか。おそらく観客と作り手が徐々に殺していったのだということだと思います。あるジャンルの中で何かを作ろうということは、もちろんその「お約束」に応えていくということでもありますが、同時に、そのお約束を裏切っていこう、更新していこうと、優れた作り手であれば当然思うわけです。そうすると、それはジャンルの臨界点へと近づいていく。そしてお約束からの逸脱は、リアリズムというかたちを取りやすい。演技の面でも撮影の面でも。現実の似姿を目指すリアリズムによってジャンルというものが殺されていってしまう。映画の画面が、より現実的に感じられるほうへと傾斜していく。そういうことが映画史上のある時期にありました。私の考えではとくに一九六〇年代から七〇年代ぐらいのことです。すると、そういうリアリズムの映画を見ることで鍛えられた観客の視線が、また改めてジャンルのお約束を殺していく、というスパイラルが生まれる。現代の作り手が置かれている状況は、その先にあるものです。作劇の際に、リアリズムとどういう付き合い方をするかを決めなくてはいけない。もちろん、フィクションである以上、現実など無視していい場合があるのは確かです。とくにコメディなどにおいては。ただ少なくとも、『スカーレット・ストリート』で語られたような身震いするほどの運命的事態を描くにあたっては、このリアリズムを相手取ることは非常に厄介です。というのも、今まで見てきたように運命とは最も非現実に接近する、現実化した夢だからです。

では、現代において運命を語ることは不可能なのか？　不可能なら諦めなきゃいけないな、となるんですけれども、諦められないのは、現代においてもフリッツ・ラングの映画を見るときに感じるような、もしかしたらそれよりもさらに強固な、運命というものの感覚を与えてくれる映画を、ごくわずかだけれど知っているからです。ここでは、現代に比較的近い二本の映画を取り上げます。一つは一九九一年の台湾映画、エドワード・ヤン監督『牯嶺街少年殺人事件』、もう一つは二〇〇三年アメリカのクリント・イーストウッド監督作品『ミスティック・リバー』です。ご覧になっていないことを前提に、語れるだけ語ってみたいと思いますが、その前にちょっと休憩を入れましょう。

＊

現実的にはあり得ない、しかし同時に、これは起きるしかなかった――そういう強い感覚を与えること。つまりは現実的な非現実、もしくは非現実的な現実としての「運命」を描くこと。そんなことは一体どうやったらできるのか。しかもこの現代において。現代の条件というのは、こんなことを皆さんを前にして言うとあれですが、観客が、映画を一緒に作る協力者としてあるよりも、むしろその視線によってフィクションを破壊していくところがあるように思われるわけです。観客からのリアリティに基づいた「ツッコミ」に一体どう耐えればいいのか、もしくはどう躱せばいいのかというのが、我々が作劇をする際にとくに頭を悩ますところです。それをそれぞれ圧倒的なやり方、完成度で乗り越えている二つの現代映画として『牯嶺街少年殺人事件』と『ミスティック・リバー』を取り上げます。それが一連のこの発表の一応の着地点となりますが、この地点から映画を作っていきますという宣言でもあります。では、いきますか。『牯嶺街少年殺人事件』の冒頭を、その雰囲気を感じるためにもそれなりに長くご覧いただきます。

▼13……『牯嶺街少年殺人事件』

はい、これで一三分ちょっとです。ちなみに『スカーレット・ストリート』だと同じ時間でどこまで話が進んでいるかと言うと、ダン・デュリエを撃退したエドワード・G・ロビンソンが、ジョーン・ベネットを家まで送り、彼女と立ち寄った店でお互いの職業を訊ね合っています。話の展開の速さがまったく違うなという気がします。『牯嶺街少年殺人事件』は私もフィルムではまだ見たことがなく、画質のあまり良くないものを見たかぎりの話ですが、この冒頭一〇分強はとにかく「何が何だかよくわからない」というのが正直なところでした。ただ、そのわからなさの原因は明らかであって「暗い（黒い）」、また「遠い」ということです。画面の大きさ自体は変わらないわけですから、画面には常に一定量の何かが映っているはずです。にもかかわらず何かが「見えない」と感じるのだとしたら、被写体の視認がときに不可能であるほどの画面の暗さ、あるいはカメラの被写体からの遠さに起因しています。語りの「速さ」と先ほど言いましたが、『スカーレット・ストリート』のほうが

13

速いという言い方はおそらく正確ではありません。『スカーレット・ストリート』は話の進め方が「緊密」なんです。因果関係を分解して、各ショットをそれに対応させるように再構成している。あるショットの次になぜこのショットが来るのか、ということが因果関係を通じて観客に把握されやすく、きわめて古典的な仕方でつくられている。一方で『牯嶺街少年殺人事件』は、ショットごとに視線を向ける対象がかなりバラバラで、このショットの次になぜこのショットが来るのかという必然性が、観客には共有されないまま物語が進んでいます。

これらすべてが、「よくわからなさ」――物語の不明瞭さにつながっているわけですが、なかでもいちばんこの映画を特徴づける要素はこの黒、闇だと思います。『牯嶺街少年殺人事件』は、暗闇で電球を点けるという、この映画全体を象徴するようなファーストショットから始まります。昼の場面はもちろんそうではありませんが、夜の場面もしくは室内の場面であればほぼ確実に、黒が画面上にある。黒というのは不思議なもので、画面の表面にあるのか奥にあるのか、映画を見ている人はなかなか判別できないものなんです。言うなれば、配置の仕方によっては黒によって無限の奥行きを感じさせることもできる。この黒を画面の中に入れようとすると、とくにフィルムの時代には、照明設計が難しかったはずです。画面を黒くつぶすこと自体は難しくないですが、同時に人物の顔も重要な場面では見せなくてはならないとなると、相当に照明設計に気を遣ったことでしょう。ゴダールやペドロ・コスタのように、画面に黒を配置する作家は他にも挙げられますが、見えない、にもかかわらず着実にドラマを進行させているということが、そうした現代映画の作家からエドワード・ヤンを隔てている特異性です。

遠さという点に関してもう一つ抜粋を見ていただきます。映っているのが誰かということもさしあたり説明しません。

▼14……『牯嶺街少年殺人事件』

画面から「黒さ」や「遠さ」が感じられるとき、そこでは潜在性が明示されている、と言えます。よく見えないが、何かよくわからないものがそこに「ある」、という感覚だけは確かに与えられています。「潜在性の明示」がわかりづらければ、それは、重層的であるということです。明らかに見えるものとよくは見えないものとが同時に一つのショットのなかに重層的に配置されている。画面上に「わかる」と「わからない」が共存して、物語が進んでいきます。重層性とは、一方では我々の注意力自体を低下させる要素でもあります。しかし、そ

14

れは語りの失敗ではなく、むしろこの映画における体験の条件なのだ、ということをおいおい話していきます。

映画の冒頭で喧嘩を繰り広げていたのは、台北の二つの不良少年グループ、言ってみれば暴力集団です。今お見せしたシーンで、主人公の少年少女に「デートか?」と近づいてきたのが「軍人村217」と呼ばれている地域の少年たちです。遠くには訓練中の軍隊の姿がありますが、彼らの存在はよく見えない。けれど、若者たちが少年少女に近づいてくるときに練兵の掛け声が被せられます。これは、「軍人村」の若者たちも何がしかの暴力性を持った集団だという印象が強められるサウンドデザインです。ただ、彼ら以上に力を持っているのはもちろん当の軍隊です。別の重層的画面を見てみましょう。

▼15……『牯嶺街少年殺人事件』

バスの窓の外を戦車が通り過ぎていきました。日々の生活に同居するように、戦車が道を通っている。語りの経済効率が非常に高い場面だと思いました。このように戦車を数台通らせるだけで、軍隊が日常的に街に存在している台湾の社会、歴史、そして権力構造をも暗示することができる。

今のシーンで会話していた眼鏡の中年男性のほうは、主人公の少年・小四(シャオスー)の父親ですが、中盤で彼が秘密警察に連行されてしまうという出来事が起こります。そして父親はノイローゼになってしまう。そのことがまた小四の心を安まらないものにしていく。この複数視点の語りもやはり、観客

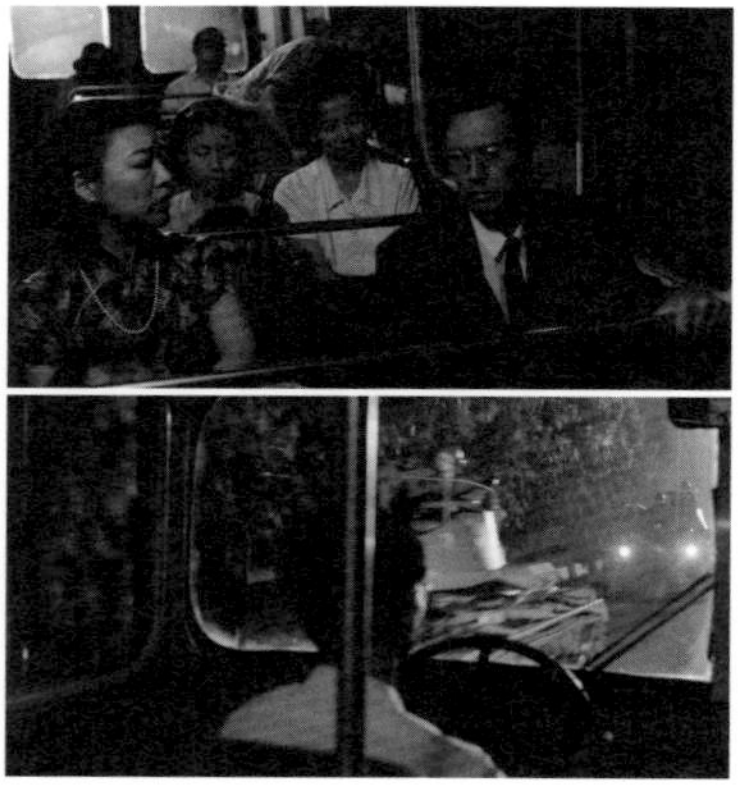

15

の把握能力を低下させるように働きます。とくに大人たちの社会の様子は、画面外の音声として主人公の少年たちは聞くことになります。それが最も端的に示されるのはラジオのニュースです。社会的な出来事を伝えるニュースは、そのラジオが置かれている家庭のなかでの出来事と直接的な関わりを持ちません。画面と音声の関係においても、重層化が為されており、その情報量は観客の知覚能力・情報処理能力を圧倒しています。古典的な映画は因果関係の緊密な連鎖によって語りを進めますが、『牯嶺街少年殺人事件』ではその連鎖が弛んでいる。より正確には、じつのところかなり緊密に配置されているのだけれど、その緊密さは事後的に確認できるのみで、その布置の意図を初見で把握できる人はいないでしょう。そのため観客は対象やその意味合いを部分的に把握するのみで、統一的な理解を持つことはできません。ここでも「わかる」と「わからない」がまだら状に共存しながら、語りが進んでいく。

今のところ、黒いとか遠いとか視点が複数化しているとか、「わからない」部分ばかり強調していますが、『牯嶺街少年殺人事件』は私の知る限り最も「面白い」映画の一つです。その「面白さ」はむしろ強烈に「わかる」部分がなくては得られないものです。『牯嶺街少年殺人事件』において、圧倒的に観客の心を惹きつける、とくに初見時において拠りどころになるのは、少年と少女の心のやりとりです。つまり、これは青春映画の傑作でもあります。その「青春」を象徴するようなシーンを一つご覧いただきます。

▼16……『牯嶺街少年殺人事件』

それ見せちゃうの?と言う人がいたら申し訳ないです。それぐらい、屈指の名場面ですね。このワンショット

16

だけでももう、ゴダールのソニマージュぐらい、すごい。最初、小四は少女を励まそうとしている。だから彼女を追いかけ、声を掛ける。でも、周りの吹奏楽の練習がうるさいから、声を張り上げる。日本語字幕が付いているので我々は問題なくセリフを把握できますが、サウンドデザイン的にはかなり難しい、つまりセリフをどの程度聞かせて、吹奏楽の音をどの程度聞かせるか、難しいところです。そのことが小四の発声に対する演出にもなっている。聞こえないから声を張り上げる。が、いちばん声を張り上げた瞬間、「ずっと友達だよ！」と叫んだ瞬間、演奏の音が止む。何か響いてしまったという感覚があるので、少年は声を小さくする。そして演奏がまた始まる……。この一連の設計が本当に上手い。聞こえる／聞こえない、わかる／わからないということの出し引きのうまさが、このショットに集約されています。

「ずっと友達だよ！」という言葉は感傷的な紋切り型かもしれません。紋切り型というのは繰り返し反復されることで当初それが持ったであろう真正さや力強さが磨り減らされたものと思うのですが、このワンショットは紋切り型の表現――「ずっと友達だよ！」――に生命を与え直していると感じます。この言葉は「聞こえない」状況だからこそ言えたものです。その証拠に、吹奏楽の音が止んだその瞬間に、小四は恥ずかしそうに言葉をトーンダウンさせます。この「言うべきでないことを言ってしまった」というニュアンスこそ、「ずっと友達だよ！」という言葉にふさわしいものだと感じられます。そんなことは嘘、もしくは果たせぬ約束だからです。しかし、人生でそのようなことを無謀にも口にし得るとしたら、まだ人間関係の失敗を知らない彼らのような少年期においてでしょう。「ずっと友達だよ！」という危うい紋切り型は、ここでは「まさにこのとき、このようにしか現れ得なかった」と思われる形で、その言葉に本来備わった美しさを取り戻していきます。後の展開を見れば、この約束はやはり果たされないのですが、見返してもこのシーンにはアイロニー以上の真摯さを感じます。このシーンの感動は、このナイーブな言葉の美しさと力をエドワード・ヤンが信じたことから生まれています。

ついつい「上手い」と言いましたが、『牯嶺街少年殺人事件』は「上手い」という言葉で評することが作品を貶めているように感じるほど、技術を超えて摑み取られた語りを有しています。シナリオを書く時点で、撮影の時点で、また編集の時点で一体どの程度粘り強い試行錯誤を経たら、このような語りを構築することができるんだろうと思わずにはおれません。「わかる」ということと「わからない」ということ、あるいは、きわめてパーソナルな強い情動と、確かな蠢きを感じさせつつもいったい我々個人にどう影響しているのかわからない社会というものとが、画面と音声に散りばめられています。家族や恋愛といった最もパーソナルなものと、大文字の社会や歴史とをフィードバックし合いながら描くということが、こんなにうまくいっている映画を私は、『牯嶺街少年殺人事件』以外に知りません。

ここでつくり上げられている語りは、わかるようなわからないような……といった曖昧さとはまったく違います。非常によくわかるということと、きわめてよくわからないということとが、明瞭なコントラストを成して画面においても語りにおいても共存している。その共存は「不確定性」を作り出します。観客は今見ているものを一定程度把握しつつも、実際のところそれが一体何の意義を持つものか、正確に判定する能力を失わざるを得ません。こうした語り、ショット、撮り方がなぜ現代において有効なのかというと、「何がリアリティがあって、何がないのか」「何がご都合主義で、何がそうではないのか」ということに対する観客の判断を機能不全に陥らせるからです。映画を見るとき、とくにアメリカ映画を見るときは、観客は全知に近い視点に立つ、つまり事態を効率よく把握し、物語を一番理解している者が自分である、と半ば確信しつつ見ることになります。この状態に慣れきってしまうことで、観客はどこか傲慢に、出来事の重要性の軽重をランク付けしながら映画を見ます。「それが何であるか自分は知っている」という感覚が、ある出来事を「あり得る／あり得ない」と判断できる主体として、自分を位置づける傾向にもつながります。

しかし、『牯嶺街少年殺人事件』の語りはこの傲慢さを撃ちます。見るときに観客はこの判断能力を――少なくとも初見の段階においては――保つことができません。観客には、いわば「無知の自覚」が与えられます。自分は知らない、だからこの世界について正確に測ることができない、という感覚を得ることになります。観客は無知の自覚とともに、目の前の光景の意義を限定せず、ありのままに近い状態で見続けることになります。そこに描かれている世界を今まさに視聴とともに生まれつつあるものとして受け止めます。

終幕に至ってある悲劇的な「事件」が起きます。見ているこちら側は驚くわけですね。初見の人たち皆がそうだったかはわかりませんが、私は本当に驚きました。まさかそんなことが起きてしまうなんて、と。しかし、事件のまさにその瞬間に、その出来事に向けてあらゆる物事が周到に配置されていたようにも思われたのです。一分の無駄もない語り、と言ってしまうと、「いや無駄だらけじゃないか」「よくわからなかった」という人もきっと出てくるでしょう。しかし、まさにその「わからなさ」こそが語りにおいてきわめて有効に機能するよう配置されています。「遠さ」や「暗さ」もしくは「聞こえづらさ」など、フレーミングや画・音の構成が、『スカーレット・ストリート』のアイスピックについて述べたような出来事の「些細な知覚」を作り出します。それは出来事を見逃し、聞き逃したことからくる、不完全な知覚です。見ても、聞いても、その些細さによってほとんど記憶しきれない。しかし悲劇的な「事件」を経たのちには、観客の記憶の底に沈んだあらゆる些細さが一挙に、ほとんど自動的に想起され、意義が与え返されます。『スカーレット・ストリート』のときと同様、あの出来事も、この出来事も、すべてこの悲劇の極点を構成する欠くべからざる意義ある細部として再度浮かび上がる。この奔流のような想起の感覚こそが『牯嶺街少年殺人事件』を見る体験の凄みです。あらゆることが「結果」としての悲劇の「原因」として見えてくる。そのとき、やはり観客は「こうなるしかなかった」と運命を前にした諦念のようなものを抱かずにはおれません。

ここに至って『牯嶺街少年殺人事件』を見る体験は、この世界で生きることそのものに近づきます。語りを通じてリアルにつくり上げられているのは、世界のありようよりも、観客の不完全な知覚のほうです。「わかる」と「わからない」がまだら状になった知覚。それは、私たちの日常的な知覚そのものです。この知覚の積み重ねが、単に現実の再現を見るのとは違う、生そのものと限りなく近く思われるこの映画の体験をつくり上げています。そして、この知覚の不完全さこそが、じつは「運命」的な感覚を得るための条件となっています。

『牯嶺街少年殺人事件』のような、潜在性そのものを明示するような語りというのは、現代において十分に有効だと思っていますが、しかし、それが可能になったとして唯一の問題があるとすれば、「長くなる」ということです。『牯嶺街少年殺人事件』の上映時間は三時間五六分です（この映画には最初、三時間ヴァージョンというのがあったそうで、人生の中で一度ぐらいはスクリーンで見てみたいところです）。この長さにおいて、説話上一見無駄にも思える意義の捉えがたいエピソードが「本筋」――と仮に呼んでおきますが、この場合は少年少女の恋愛――と交互に語られることによって、観客のツッコミが一旦保留されるということが起きる、のだとしてこういう作り方をしたときに構造上、エピソードに要する時間は自ずと長くならざるを得ません。尺が長くなることで作品の価値が落ちるということはないと、私は誰より自分のためにも強く言いたいと思います。けれども、このことは映画館で観客がその映画と出会う可能性を著しく下げる、ということは強く認識していて、それは本意ではありません。なので、これから映画を作り続けていくうえでこれが最善手なのだろうか、と一人の作り手としては考えてもしまいます。同程度――ってなんだって話ですが――の面白さであるなら短いほうがよいことは間違いない。

そうした問題意識を持って、最後にもう一本、クリント・イーストウッド監督『ミスティック・リバー』という映画を紹介します。「運命」というものをこれまた強く感じた現代の劇映画です。『牯嶺街少年殺人事件』を絶対に参照していないと思いますが、もしアメリカ映画が『牯嶺街少年殺人事件』のように、「潜在性の明示」を通じて語るとしたら、こうしたストーリーテリングの効率がよい方法で語るだろうという映画です。その一部をご覧いただきますが、この映画のあらすじをごく簡単にお伝えしておきます。三人の男性が主人公で、ショーン・ペン、ケヴィン・ベーコン、ティム・ロビンスが演じています。彼らは幼馴染なのですが、少年時代のある日、その一人デイヴが、他の二人の目の前で連れ去られ、性的虐待を受けて帰ってきます。三人はその後も同じ町で育ち、ショーン・ペンは食料雑貨店の店主に、ケヴィン・ベーコンは刑事になっています。ティム・ロビンスについては職業は明示されておらず、決して暮らし向きが十分にいいようには見えないものの、良き父親として描かれている。問題含みではあるようですが彼らは平和に暮らしていた。しかしショーン・ペンの娘が殺されたことで、この街の様相が変わっていきます。ティム・ロビンス演じるデイヴにも疑いがかかり、ケヴィン・ベーコンが尋問したりする。ただ、決定的な証拠を掴むことができない。業を煮やすのは娘を亡くしたショーン・ペンで、自分で真犯人を探し始めます。この二人の「捜査」のありようを確認しておきましょう。

▼17……『ミスティック・リバー』

言い落としていましたが、ショーン・ペンには別の顔があります。今は足を洗っているようですが、元々は裏社会の人間で、相当やばいこともしてきた、という雰囲気が醸されます。彼はいとこのチンピラ兄弟（サヴェッジ・ブラザーズと呼ばれています）を使って、娘を殺した真犯人を独自に探し始めます。二つのシーンを見比べて、やはり既にこの物語のラストに向かって、起こるべきことが起きている、という印象があります。伝聞のきわめて不確かな情報しか得られないショーン・ペンと、組織力を背景に手に入れた情報から更なる情報を引き出すケヴィン・ベーコンら警察との、情報収集能力の圧倒的な違いが既に感じられます。だからこそ、警察とは多くの場合、ミステリーの正当な主役となり、語りを牽引する力を持ちます。では、ショーン・ペンはこの映画においてどのような役割を果たすのか、それは後で触れます。

ここまでの話でお分かりの通り、『ミスティック・リバー』は「ミステリー」映画として始まります。いわゆるフーダニットと言うんでしょうか、ある殺人事件が起きるが、その犯人が誰かはわからない。その真犯人は誰かという謎を追うことがそのままストーリーテリングとなる。そして、「潜在性の明示」はこのミステリーという形式によって為されます。ミステリーというものはストーリーテリングのなかではおそらく唯一、「わからない」ということを主軸にして進めていい。「わからない」がだんだん「わかる」に置き換わっていく、そういう語りの形式です。

『牯嶺街少年殺人事件』では黒や遠さが画面を重層化していましたが、それと同じような働きをミステリーにおける「謎」は担います。あるショットが撮られていて、ある人物が何か話しているとき、ミステリーにおいては、これが本当かどうかはどこまでも決定できない。自分はこの出来事に対して情報を十分に持っていない以上、これが本当に今見えている通りの意味を持っているかどうかが、不確定になる。そうした無知の自覚を、やはりミステリーにおいて観客は持つんです。それは面白さの条件でもある。観客は探偵役につき従って集めた情報から自分なりの推理を働かせ、犯人や真実を何通りにも想像する。そうしたミステリー

17-1

17-2

を見たり読んだりしているときの思考の労働は、それを味わう観客にとっての最大の楽しみだと言えるでしょう（ちなみに、この点で最も面白い映画の一つは、やはりフリッツ・ラングの『条理ある疑いの彼方に』だと思っています）。この楽しさと引き換えに、観客は「わからない」ことを受け入れて事の推移を見守るようになる。リアリティに基づいたジャッジやツッコミを一旦封印するところがあります。このプロセスの楽しさ・面白さという観点から言ったら、ミステリーというのは最強の物語形式なのだとも思っています。つまり『ミスティック・リバー』ならずともあらゆるミステリーは必ず「面白い」はずです。しかし、この映画が他のミステリーと一線を画するのは次に述べる、ミステリーの絶対的弱点を克服しているからです。

その絶対的弱点とは何か。先ほど、「わからない」を「わかる」に置き換えていく、と言いました。そうすると何が起きるか。最終局面の「わからない」がすべて「わかる」に転ずる瞬間、「謎解き」は絶対つまらなくなる、ということです。諸論あるでしょうが、私は確信を持ってそう思います。ミステリーは、謎解きの瞬間が絶対に面白くならない。これがいちばん問題です。「わかる」と「わからない」ということは共存していて、それによって観客もどこか謙虚に、起きる出来事の推移を判断保留して見ている。けれども謎解きがなされてしまうと、それまであった不確定性・多義性は雲散霧消してしまって、画面はついに一つの意味しか持たなくなる、ということが起きます。これを解決する方法は基本的には無いと思っています。面白い謎解きというのはあり得ません。謎を解かないほうが絶対に面白い。ならば、謎を解決しなければいい、というのは一つ考え得る解です。でもそうすると多くの観客は「夢オチ」同様に怒るでしょう。ミステリーだと思っていたからずっと見ていたのに、謎が解決されないじゃないか、と。観客にとっては自分の推理を答え合わせする楽しみもあります。自分は果たして探偵より賢いのか否か、と。この思考を縦横無尽に張り巡らせる楽しみに比べたら、どのような謎の解決も及ぶものではないでしょう。ときには「そんなオチかよ」ということもある。そんな場合には、遡ってすべての時間が貶められてしまうということまで起きてしまう。ミステリーというのは絶対に面白く、かつ絶対につまらない形式なんです。この「謎解き」をどう処理するかということが、ミステリーをつくるうえで必ずくぐらなければならない鬼門です。『ミスティック・リバー』はこれをきわめて創造的にくぐり抜けます。それは、「謎解き」においてミステリーがつまらなくなるのであれば、「謎解き」の最中にミステリーであることをやめてしまえばいい、というきわめてシンプルな解決です。ただ「言うは易し」のその離れ業をイーストウッドはどのように成し遂げているのか。それは、ここではあるクロスカッティングを通して、と言っておきましょう。

見た人にとっては明らかなことですが、やはり終盤に、『牯嶺街少年殺人事件』にも起きたような、悲劇が起きます。謎解きの瞬間に、クロスカッティングを通じてミステリーが悲劇に移行するということが生じている。音楽が転調するように、気がつけばジャンルの移行を果たしてしまう。このことが、『ミスティック・リバー』のいちばん面白いポイント、面白くなる理由だと思います。そして、ある銃弾が発射されるに至る悲劇への移行がどのように準備されているかというと、ミステリーを「二重化」することによってです。

すでに見ていただいたとおり、『ミスティック・リバー』では、警察側と自警団側の二つの「捜査」が同時進行していくことになります。ケヴィン・ベーコンが警察であるのに対して、ショーン・ペンがいわば自警団です。自警団というのは、警察が今起きている事態に有効に対処できないと判断されるときに、市民が結成するある種の暴力集団です。法ではなく自らの掟に基づいて人を取り締まり裁こうとする、簡単に言えば、リンチをする人、リンチを目指す人です。ケヴィン・ベーコンはケヴィン・ベーコンで謎を追い、ショーン・ペンはショーン・ペンで謎を追う。そして最終的に二人は別の真実に行き当たる。別の真実というのは当然おかしいですから、どちらかが間違っている。

ちなみにこの着眼点は、『ハッピーアワー』共同脚本家の野原位の指摘から得たものです。今日の発表の相談をしていた時に、彼はこの映画について、「FBIっていうだけで家に入れるってすごいですね」と言いました。この当たり前といえば当たり前な警察の「強制捜査権」、そこで示唆される公権力の暴力性というものに改めて気づかされました。これは我々が脚本家として「どうやって無理なく自然に、ドラマを進展させることができるのか」というある種の無理難題に直面して四苦八苦してきたからこそ、得られる視点だと思います(ドラマというのはそもそも不自然なものだからです)。

さて、公権力と自警団、どちらがより間違いやすいか。二人の情報収集能力を比べてみれば、先ほどの画面を思い起こしていただければ、明らかでしょう。今しがた申し上げたようにクライマックスをなす二つの謎解き場面は並行モンタージュ、クロスカッティングされます。ようやくここで観客は全知的な視点を取り戻します。そして全知的な視点を回復したとき、一方は真実で、他方は間違っているということを観客が俯瞰できてしまう。まさにそのことが、「悲劇」の感覚を生み出します。真実が明らかになった後に、弁護人のいない不完全な法廷で間違った判決が出され、性急に刑が執行されるのをただ見つめるしかないそのとき、観客が感じるのはきわめて強烈なアイロニーの感覚です。

悲劇というのは、何かしら観客がアイロニーを、出来事の皮肉を感じてしまうものです。『スカーレット・ストリート』なら、エドワード・G・ロビンソンが逮捕されないことからアイロニーは生じます。横領が露見したときも雇い主のJ・J・ホガースは、クリスを馘にはするものの、今までの働きに免じてということでしょうか、告訴はしない。もしここで訴えていたら、警察の捜査が入っていたら、もっと違う結末がありえたのではないか。実際の結末を見ているから、そう強く感じるのかもしれません。でも、ここでのある種の恩情によって、本当は殺人者であるエドワード・G・ロビンソンは見逃される。そして見逃されてしまうことによって、もっと大きな悲劇に巻き込まれていくことになる。

『ミスティック・リバー』がもつ面白さ——もしくは面白さが最後まで保たれたこと——のいちばんの理由は、ミステリーからこうした悲劇への移行を成し遂げた点にある、と考えています。ただ、こういうことはどんなストーリーテリングにおいても可能なわけではありません。人物をどのように配置するか、どのようなコンステレーションを発見するか、もしくは発明するかということが作劇において、おそらく最重要の要素になると思っています。細かいことを言えばきりがないのですが、指摘しておきたいのは、イーストウッドにおけるショーン・ペン的「私刑者=リンチをする人」の重要性です。有名な話ではありますけれども、イーストウッドが自身のレファレンスとして挙げる一本の映画があります。ウィリアム・ウェルマン監督の『牛泥棒』という映画です。これがどういう映画かと言いますと、かなりモロに『ミスティック・リバー』というか、その片面という感じです、じつに簡単な話なんですけれども、タイトル通り牛泥棒事件が起きて、人が一人殺される。その牛泥棒を働いたのは三人の男たちらしい。だったら自分たちが法より先にその三人の男を見つけて早く裁判にかけようぜ、となった町人たちが揃って、三人を早速捕まえ、裁判にかけ、処刑する。しかしその三人はじつは冤罪だった、という話なんです。

イーストウッドは『牛泥棒』が自分の作品選びの基準でもあると言うんですけれども、私がウェルマンの『牛泥棒』を見たときに思ったのは、リンチという主題を通して、ラングの映画と響きあう、ということでした。特に『スカーレット・ストリート』と響き合うと考えています。今言った冤罪やリンチという主題は、むしろ『激怒』が近いように思われるかもしれません。私が『牛泥棒』に『スカーレット・ストリート』との親近性を見出すのは、首吊りにまでしてしまったけれども冤罪だったとなった後の、「取り返しのつかなさ」です。明らかに罪を犯したにもかかわらず、罰を受けられない人々の存在が胸に残ります。果たして彼らもまた自分自身という法廷に裁かれ続けるのだろうか、と。

さて、『牛泥棒』を偏愛するイーストウッドですが、彼自身が出演するとき、彼は多くの場合、リンチ、と言うか孤独に私刑を遂行する人として現れてきました。『ダーティハリー』から始まり——これはドン・シーゲル監督ですけれども——、『荒野のストレンジャー』とか『ペイルライダー』とか『許されざる者』とか。とくに西部劇において、彼は法律に基づくのではなく、保安官でもなく、自分の私的な怒りに基づき、人を殺すということをやってのける人間なんです。ただどの人物も、殺すことによってまったく爽快にはなっていない。常に脚本家はイーストウッドとは別の人物ですので、彼がそういう題材を選び続けている、ということなんでしょう。そうした題材の選択にあたって『牛泥棒』が持ち出されるのも、方便だと思うんですよね。『牛泥棒』もイーストウッドが元々持っていた感性に嵌まったからであって、それをある種の言い訳にしながら、私刑を遂行し続けるけどそのことによって却って地獄に落ちる男、というものを描き続けているのではないか。

ここにはイーストウッド特有のマゾヒズムがある気がしています。そう言うのは、何らかの快楽なしにこれほど過酷な主題が反復されることもないだろうと思うからです。彼が主演した、これまたドン・シーゲルの『白い肌の異常な夜』という映画がおそらく発端になっている。傷つくこと、死ぬことに味をしめた感じがあるというか。自分の怒りに基づいて人を殺してしまうのだけど、そのこともより深い罰に至るための何かプロセスでしかないんじゃないか。その地獄のような場所でこそイーストウッドが最も深い快感を得るのだとしたら、これはもうイーストウッドの性癖でしょう。ただ指摘したいのは、その性癖が「運命」を描くにあたって、ものすごく適したものであるということなんです。

というのは、「私刑」は常に、真実の裁定に失敗するリスクをより多くはらむからです。世界は常に、個人の認識の範囲を超えたものである以上、真実を求めるには本来、気が遠くなるほどの長いプロセスが必要になるはずです。それが法に基づく裁判というものです。「私刑者」は拙速に真実を求めることでかえって誤謬を生み出しやすい。そのことは、彼らの意図が些細なアクシデント・偶然によって覆されてしまう事態に十分なリアリティを与えます。「私刑」をたくらむ人たちは、些細な偶然をご都合主義でなく映画に呼び込む上で、うってつけの登場人物だと言えるでしょう。こうした「たくらむ」人たちがいかに愚かに偶然を呼び込んで自らの欲望を挫かれるか、ということはじつは前々回に取り上げたエリック・ロメールが最も上手く図式化していると言えます。つまり、ロメール‐イーストウッド‐ウェルマン‐ラングをつなぐ円環というものを想像することも可能なのです。

ただ、『ミスティック・リバー』がイーストウッド映画のなかでもさらに突出した極点であるのは、この「私刑者」ショーン・ペンに、もしイーストウッド本人が演じていたらできなかったかもしれないような、エクスキューズなしの「良心の咎めからの克服」の場面まで与えていることです。ショーン・ペンとローラ・リニーによるその場面は、この映画でも出色の長回しで極めて力強く、つまりは「肯定的に」描かれているように感じられる。しかし、そこでペンが克服して見えるものは、本来克服されて然るべきではない「全くの間違い」なのです。そのことで観客の価値判断はまったく迷子になってしまう。『ミスティック・リバー』は単なるアイロニーを超えた絶対的な曖昧さを改めて獲得します。それがどのように為されているかは是非、本編をご覧いただきたいと思います。

長くなってきたので、最後に結論めいたものを。私が作劇者である限り、こうして考えたことの結果は実作業へと持ち越されるんですが、ただ、この『ミスティック・リバー』における「謎解き」並行モンタージュの鮮やかな進行を見たときに、「映画」と「運命」というものはじつはきわめて相性がいいのではないか、という気がしました。もちろん文学や演劇も悲劇を通じて運命を描くことはできますが、『ミスティック・リバー』ほどスムーズに「起こっていることを止められない」と観客を納得させるということは、はたしてあるだろうかと思ってしまいます。

映画はドラマを語るということに最も向かないメディアなのだ、と黒沢清さんは仰いました。カメラは基本的に現実を写すものであって、現実を写すことを通じてフィクションを作るというのは、大いに破綻した行為、矛盾した行為なんだ、と。その黒沢さんの論に、私は全面的に賛成です。おそらくこれからも、不可能なことをしているという認識で私はドラマを作っていくと思うんです。ただ、徹底的な試行錯誤によって、何万本、何十万本に一本、もしかしたら映画は運命を語るのに最も適したメディアになるかもしれない。なぜなら映画というのは基本的に機械だからです。カメラが機械であり、映写機が機械である。その機械が、観客が一体何を思おうと、観客がどのような体調であろうと関係なく、自らが構成された通りにある画面を、否応なく見せ続け、終わる。その厳然としたありようは「運命」というものにきわめて似ている、そんな気がしています。映画は運命を語るのに最も適している。そう断言して、私の発表を閉じます。ありがとうございました。

IV

複数の複数性
——侯孝賢『悲情城市』

二〇二一年一〇月二四日、せんだいメディアテーク「濱口竜介×『悲情城市』「精読」的映画講座」(主催=幕の人)にて、『悲情城市』上映後に

たった今、侯孝賢監督『悲情城市』(一九八九)を非常に貴重な35ミリフィルムでご覧いただきました。いかがだったでしょうか。フィルムを借り、講座の実現にこぎつけていただいた「幕の人」こと菅原睦子さんにこの場を借りて、改めて御礼を申し上げます。

『悲情城市』を最初に見たのはたしか二十代前半のことでしたが、率直に言えば、その際には多分、相当にうつらうつらとしたと思います。一体何が起きているのか、誰と誰がどういう関係にあるのか、ほとんどわからなかった。それで、目の前で通り過ぎていく出来事をただ眺めているような状態だった。ときにはもはや映画から切り離されて(それ以上つながることができず)寝てしまったこともあったのではないか。ただ、起きていようが寝ていようが、おそらく第一印象は端的に言えば「よくわかんない映画」ということだった気がしています。とはいえ、「何かを、確かに見た」ような気にはさせられたように思います。と言うか「何かが目の前を通り過ぎていった」という感覚だけは確かに残りました。

そして、二回目に見た時ぐらいから、鑑賞後のその感覚は「歴史」という言葉としてまとまっていくものへとなりました。「何か」を見たのだとして、それは「歴史」というものではないか、という実感を持つように

なったんです。じゃあその「歴史、を見た」って何よ、ということが今回の講座の核心になると思います。初めに申し上げますと今回、精読的講座と銘打って、作品そのものに寄り添う形でそれなりに準備はしてきたつもりですが、スタートポイントがそういう個人的な印象であるため、今からお話しするのは、『悲情城市』に関する一般的な、誰もが納得する真実、みたいなものとは違います。自分自身がこの映画、ひいては映画そのものの可能性というものをよりよく理解するための作業、それをこの機会にさせてもらいました。その一部をこの場ではご報告させてもらう気でいます。

ちなみにこの印象は二十代の間に、侯孝賢と同い年の台湾映画の巨匠エドワード・ヤンの『牯嶺街少年殺人事件』(一九九一)とこの映画とを交互に見るようにして形成されていったものでもあります。『悲情城市』は第二次大戦終戦から台湾国民政府成立まで(一九四五―一九四九年)を描き、『牯嶺街少年殺人事件』は一九六〇年前後の物語であるので、年代はズレてはいますが、大戦後に起きた現地の台湾人(本省人)と中国大陸から来た外省人との対立を歴史的背景として取り扱っているという点では似通っているし、スタイルという面でも共通項を多く指摘できます。ただ、そうした類似にもかかわらず、ずっとこの二作を決定的に異なる作品として感じてもきました。『牯嶺街少年殺人事件』は、今日の話のなかで比較対象として言及することになります。それは自分にとって、この二作がどう異なるのかということを知りたいと思ったことが、この講座をやるモチベーションでもあったからです。この不世出の傑作というべき二本の「似て非なる面」を探ることは『悲情城市』という映画の特異性や、侯孝賢とエドワード・ヤンという作家の特質の違いを浮かび上がらせてくれるとも思います。

『牯嶺街少年殺人事件』に関しては以前、リバイバル公開時にパンフレットへ論考を寄稿していて(『他なる映画と2』収録)、今日はその一部を抜粋してお配りしています。この抜粋だけ読んでもわかりづらいかもしれませんが簡単に言えば、『牯嶺街少年殺人事件』はどこか観客に「運命」的な事態をより強く感知させるものに思われました。それに対して、『悲情城市』のほうは先ほど申し上げたように「歴史、を見た」という感覚をより強く喚起するものでした。

ただ、スタートポイントとして幾つかはっきりさせておきたいのは、『悲情城市』が「歴史、を見た」という感覚をもたらすとしても、それは単に終戦から台湾国民政府成立までの四年間という歴史的時期を取り扱っているからではないと考えています。少なくともそれだけに由来するのではありません。「こういうことがあって、こういうことがあって、こういうことがあった」と歴史的な出来事を時間順に並べて、物語として説明したところで、必ずしも『悲情城市』におけるような「歴史」の感覚が生じるわけではありません。歴史的事実を取り扱うことは必要条件ではあるかもしれないけれど、明らかにこの感覚の十分条件ではない。またついでに言えば、『悲情城市』が真に正確な歴史的事実を取り扱っているか、ということとも実はほとんど関係がないのです。

ではここで言う「歴史、を見た」という自分の感覚がどういうものか。もう少しだけ言語化しておきたいと思います。それは「ある一個人を超えた、時間の流れ」みたいなものを見たという感覚です。ただ、その「時間の流れ」は例えばある自然、川の流れや葉のそよぎを前にして、それをカメラで「じっと」写すことによって感じられるような「自然の」時間の流れとも違うんです。ここで問題にしているのはどこか、人間のもとへと引き寄せられた、つまりはある程度(「あれがあったから今がある」みたいに)因果的にまとめあげられた「人間」的な時間の流れ、であることは間違いがない。

『悲情城市』の普通ではない点は今しがた言ったように、それが単なる「個人」の時間の流れを超えたものであることです。結論を先取りするとすれば、『悲情城市』という映画が喚起する「歴史」の感覚は、「時間の複数性」に由来するものです。個別的な時間の流れが複数、混じり合いながら流れている。複数の時空が互いに無関係・無関心に存在している。その複数の時間が並置され、提示されている。そして、そのうち一つの時間の流れにひときわ強く結び付けられることで、観客はこの「目の前を何かが流れ去ってゆく」即ち「歴史、を見た」ような感覚を覚えるのではないかと考えているんです。これだけ言っても、今はナンノコッチャと言うところがあるかもしれません。なので、一つ一つ解きほぐしてゆきたいと思います。

ただ、ここでも更に腑分けしなくてはならないのは、その「複数の時間の流れ」を見ているような感覚が生じているのは、『悲情城市』の物語が群像劇——林(リン)家という「ある家族の物語」——というストーリーテリングの形式を取っているからでもない、ということです。それはもっと一つ一つの映像や音響の提示の仕方そのものに由来して起こる感覚なのだと考えています。

前置きが長くなっていますが、ここで、冒頭からの約一〇分間をご覧いただきます。今、素晴らしい35ミリフィルムでご覧いただいたばかりなのに、記憶を汚すようで申し訳ない気持ちもあるんですが、これから語ろうとしていることのほとんどすべてがこの一〇分の間に出てくるため、前提の確認として、ご覧いただきます。そして、少し先取りにもなりますが、見る以上に、聞くということにも配慮をしていただきたいと思います。

▼01……『悲情城市』冒頭一〇分

これから更に、幾つも抜粋映像をご覧いただくんですけれど、その前に、このオープニングで見聞きしたものを例に、映画を構成する幾つかの「複数性」について、前提として触れておきます。

01

ひとつ目は「音の複数性」です。冒頭から玉音放送がクレジットにかぶさる形で聞こえていました。玉音放送はそのまま、林家の長男・文雄（ウンヨン）が祭壇に線香を立てる映像が見えてくるところに流れ込みます。その映像の始まり（フェード・イン）と同期して、女性が出産のためにいきむ声が聞こえてきます。この最初のカットの段階では、それがどこから聞こえてくるかは判別できません。ついでに言うと、最後まで玉音放送の出元であるラジオの存在も確認できません。玉音放送はカットが変わっても――つまりどの空間でも――音像が変わらない形で響いています。本当に今ここの音であるのかが疑わしいほどです。そしてタイトルへと続く字幕が出る直前、赤ん坊の泣き声が聞こえ、出産が済んだことがわかります。ここで爆竹の音が響きます。おそらく日本の敗戦を、つまりは新時代の始まりを祝うという意味合いの爆竹でしょう、この家の外で鳴っているように聞こえますが、実に都合よく、まるで出産をお祝いしているかのようなタイミングにもなっている。ただ、いくらなんでも玉音放送が流れているまさにこの瞬間に鳴っているとは考えづらい。もし可能だとすれば放送が終わった後、台湾の人々が状況を理解した後でしょう。ほとんどの観客が不自然さを感じないようにしているところがまた見事、とも言えますが、ここには少し未来の「別の時空の音」が紛れ込んでいると見るのが妥当でしょう。この爆竹は、ごく微妙な音声的フラッシュフォワード、と私は解釈しています。『悲情城市』においては、このように今ここ（視覚的な、画面としての今ここ）の音に加え、まったく「別時空の音」が頻繁に紛れ込んきます。そのことを後々確認していきます。

ふたつ目の複数性は「言語の複数性」です。玉音放送は日本語で、写真屋のセリフも日本語、ただ文雄や父（李天祿）が話すのは台湾語です。そして、全編をご覧いただいた皆さんにとっては既に明らかと思うのですが、台湾人だからと言って、台湾語のみを話しているとは限りません。それは激動する当時の台湾の社会状況を反映しており、すべてが混じり合うような感覚を抱かせるこの映画の語りのなかに、明確な「境界線引き」を導入する要素でもあります。

指摘しておきたい三つ目は「動きの複数性」です。あるショットの中に必ず、常に、複数の蠢くものがある、ということです。オープニングの例で簡単に言えば、大人たちが開店祝いの準備をする中、子供が走り回っていました。社会的な動きと非社会的な動きが共存しています。もっと言えば、人間的な動きと非人間的な動きまでが共存していることも指摘できると思います。これについては最後に、より細かく触れたいと思います。

ここでは話を進めるにあたって仮に三つの「複数性」を提示しましたが、この映画では常にひとつのシークエンス（ある時空のひとまとまり＝シークエンス）は、複数の音・複数の言語・複数の動きが合流するようにして成り立っています。その「複数の、複数性」とも呼ぶべきものが、この映画のうちには存在していて、そのことがこの映画を言葉によっては捉え難くしています。そして、こんなことを予告するのは申し訳ないのですが、これから進めていくなかで、今何の話をしているんだろう、この話をしてたんじゃなかったの？と思うことがあるかもしれません。音の話をしていると思ったら画面の話をしている、というような。それはこの映画の特性そのものに促されて起こることなのだ、と最初に言い訳はしておきたいとは思います。幾つもの複数性が、相互貫入している、合流し、絡まり合っている。正直、講座の準備をしていて、あるショットを映し出して「ここにこんなものが映っていますね」と確認するような進め方が、極端に向いていない作品であるということに気づきました。

というのは、この映画において、言語によってある一つの要素を指摘することは常に、その場で同時に含まれている他の要素を取り落とすことにつながるからです。それはそのまま「注意」というものの特性でもあります。我々はある面に注意して見聞きする時に、常に他の面を取り落とすことになります。ただ、この映画自体がその取り落としを促すようにできているし、その取り落とし自体がこの映画独自の視聴体験を作ってもいます。そういう前提で、この講座もまた常に「言い漏らし」とともに進まざるを得ません。それもあって、できる限り多く映像そのものをお見せしていきますが、言葉での指摘は念頭に置いていただくとしても、何よりご自分の目と耳で体感いただきたいと思っています。

とはいえ強調しておきたいのは、この映画の偉大な点は、単に捉え難いのみではないということです。一度通してご覧になった今、そのことも強く感じられているのではないかと思いますが、究極的には観客との強いつながりを保つようにもできています。曖昧さと明晰さを両立させる、その離れ業がどのようにして可能になるのか、見ていきたいと思います。ただ、幾つもの複数性について語り始める前に、そのわかりづらさを和らげるためにも、まずはある「同一のもの」に目を向けることから始めます。ある一つの場面をご覧いただきます。

▼02……寛栄の下山、文清との別れ

02

ひと目で分かる通り、先ほどご覧いただいたオープニングで寛実（ヒロミ）と文清（ウンセイ）が山を登っていくショットと、ほぼ同じ視点から撮られた場面です。ただ、状況はあらゆる意味で反対のものです。オープニングでは、寛美が金瓜石（ジングアシー）鉱山の病院に勤めることになり、文清に付き添われながら病院に向かって山を登っていく途中でした。一方、いまご覧いただいたショットでは、兄の寛栄（ヒロエ）が「二・二八事件」——闇煙草の摘発をきっかけに起きた台湾人＝本省人たちによる暴動と国民党政府による弾圧事件のことですが、本省人と外省人の間に根深い対立を残し、その後のいわゆる白色テロにつながっていきます——に巻き込まれ、足を怪我して下山していきます。往路・登りにおいては、寛美に対して文清が花を手折って渡して、その後の親密さを予感させていました。それどころか、その際には雲が抜けて陽光が差してくる、といったことまで起こる。そのように画面全体が希望に溢れていますが、一方で復路・下山の方では、足を負傷して松葉杖をついた寛栄は付き添ってきた文清を「ここまででいい」とでも言うように帰らせて、寛

美とだけ降りていきます。かき曇った空模様も相まって不穏な気配が充満しています。

ここには非常にわかりやすい希望から失望への変転があり、その印象は同一の視点・カメラポジションから撮られていることによって最大限、強調されています。『悲情城市』において「語り」の根幹を成す作法は、この同一ポジションの反復です。そして今見たように時空を隔て、再び同一の視点からものごとが眺められる時、ことの推移・事態の変化が観客には非常に明瞭に感ぜられるようになります。視点が変わらないことによって、差異が強調されるからです。「何かが、確実に変わってしまったこと」が感知されます。この登り降りは、この映画の中でも最もわかりやすい反復であり対比ですが、先ほど見ていただいたばかりなので、非常に多くの場面が同一の視点から撮られていたことを思い出せるはずです。

特に頻繁に繰り返されるポジションを一つ、網羅的にご覧いただきます。そのことでこの映画の特異性・異常性みたいなものも伝えられるのではないかと思います。「病院の玄関」です。

▼03a……医師・看護師たちが北京語を学習している
▼03b……静子が寛美を訪ねてくる

03a~d

▼03c……上海マフィアたちが文良を訪ねてくる
▼03d……文良が寛美に土産を持ってくる

次は少し長く、まとめて見ます。

▼03e……台北行きを告げに寛栄と文清が寛美を訪れる
▼03f……暴徒が押し寄せる
▼03g……文清が台北から戻ってくる
▼03h……臨月の寛美に文清が付き添う

病院の玄関。ここに関してはおそらく、ロケーションとしてとてもいい場所を見つけた、という感覚を侯孝賢は持ったんではないかと思います。何がいいかと言うと、まずはこの奥に見える石段ですね。ステージのような場所として、そこを行き交う人を捉えやすい、という視覚的な効果があります。そして、後で述べますが、それが奥行きの視界を塞いでいることもまた都合がいい。さらに、中から外を撮るこの視点は、作品全体を象徴するようなポジションにもなっていると思います。今ご覧いただいたように、合わせて計八度（！）、このポジションは『悲情城市』のなかで繰り返されます。

03e~h

加えて、おそらくはご記憶されている通り、この病院玄関以外にも多用されるカメラポジションがあります。「林家のダイニングと（仕切り窓越しに見える）祭壇」をいちどきに捉えるアングル、それと「文清の家の床の間」はやはり共に一〇回程度（！）、反復されています。この二つに関してはこれから取り上げる場面で必然的に映ってきますので、その都度ご確認いただきたいと思っていますが、一つ言えるのは、一本の映画のなかで、ある視点・カメラポジションが反復される回数としてはほとんど常軌を逸しているということです。

こうした「病院の玄関」「林家のダイニングと祭壇」「文清の家の床の間」などにおける同一視点の反復は、最初に示した「山道の登り降り」ほど明瞭な対比や変化を示すものにはなりません。というのはこれだけ同一視点を繰り返した時に、一つ一つの変化の幅は小さくなり、むしろ変化がわかりづらくなるところがあるからです。本来反復によって効果的に表現されるはずの変化や対比は、まったく劇的なものではなくなってしまいます。そのため、この同一視点の過剰な反復は、観客の物語理解を効果的に促進するものにはまずなりません。むしろ「混濁させる」と言ったほうが正確かもしれません。

ただ、その「混濁」こそがストーリーテリングの有効性を超えて、ある独特の効果・質を生みます。先ほど、わかり易さのために同一のものから語り始めると言いましたが、こうして見ていくと、この同一のポジションにも結局のところ、ある「複数性」が宿っていることが見えてきます。こうした同一の視点は「複数」の時空をまとめ上げる役割を果たします。ある一つのものを見るときに、ここで見た、他の時間もまた想起することになる、ということです。ここで観客に生じるのは「地霊」と化したような感覚ではないかと思います。因果関係を明瞭には把握できないまま、したがって、「そこで起きる出来事」の推移を興味関心とは無関係に、ただ見ているような感覚です。この過剰な反復によって、大地と結びついた霊が、そこで起きることをただ見ている、そのような感覚を与えるカメラポジションが生成されていきます。

ただ、地霊と言うと自然と結びついたポジティブな感じもしますが、ネガティブな言い方に振ってしまうと、むしろこれは「地縛霊」的なカメラポジションと言えるのかも知れません。まるでこの場所に囚われて動きようがなくなったような、そんなカメラポジションです。

おそらく『悲情城市』と対比するのがよい、古典的な映画のストーリーテリングというものがあります。そこでは語り手が、物事の原因と結果を順次提示してゆき、そのことによって観客の興味関心も誘導していく。原因と結果の連鎖によって、その先が常に気になるようになっています。その興味関心に動機づけられつつ、カメラは「どこにでも」入っていくようになります。それにしたがって、カメラは遍在的になり、結果として観客は物語に対して俯瞰した、全知に近い視点を与えられます。

『悲情城市』の地霊的もしくは地縛霊的なカメラポジションは、それとは正反対のものです。極めて限定的かつ固定的で、まるでこの場に縛り付けられているようです。ただ、実際の撮影現場の状況を知れば、それはまさに侯孝賢の撮影隊が陥っていた状況でもあることがわかります。監督自身がインタビューで語っていたところによれば、このようなポジションの固定は何よりもまず、カメラを振ると「映ってはいけないものが写る」状況から生じたものだった、ということです。一九八八年撮影のこの映画は、当然四十年前には存在しないものに囲まれて撮っており、少しでもカメラを振るとすぐにそれらが写り込んでしまうからです。先ほど少し触れたように病院玄関のポジションが何度も使われるのは、この石段がその先に広がる光景を塞いでいる、という理由も大きいと思います。つまり、余計なものが写る可能性を排除できる、ということもこのポジションの決定的な利点だったことでしょう。

しかし、では、この過剰なまでの反復は、単に現場の都合によって要請された消極的な選択であって、観客はその結果をただ見ているだけなんでしょうか。そうはまったくなっていない。それが、この映画の卓越したところだと思います。このことに限らず、侯孝賢は与えられた条件に従いながら、まさかそれがマイナス要素だったとは信じられないような「こうでしかありえなかった」という映画——映像と音響の体験——を創り出しています。

先ほど、病院玄関の八度の繰り返しをご覧いただきましたが、率直に言って、どの出来事がどの順番で起きたかを初見で記憶できる観客はいないのではないかとも思います。一つのポジションを観ることは、場所以外には関わりを持たない複数の時間をまとめあげるようにして想起することであり、それがこの病院玄関の総合的なイメージを形作ります。「そこで、幾つものことが起きた」ことを地霊的に想起する。この複数ののが「混じり合う」体験こそ『悲情城市』を見る体験の根幹でもあると、改めて確認したいと思います。「地霊的」もしくは「地縛霊的」なカメラポジションの過剰な反復は、本作の体験を単に「物語」を追うものから「時間」を体感するものへと移行させていくのだとも言えます。

そしてもう一点。話を進める前に、侯孝賢のカメラポジションの特徴について、触れておきたいと思います。その特徴とは「境界線のこちら側から、線をまたいだあちら側を捉える」ということです。それは、特にこの「中から外を撮る」病院玄関のポジションにおいて顕著ですが、必然的に被写体から遠い、ある距離を隔てたポジションにもなります。

この被写体との距離感・遠さはそもそもは、侯孝賢が演出のために、被写体との望ましい距離を選択することから生まれたのではないかと考えています。侯孝賢の初期から中期の作品にかけて、特に屋外においてはかなり大胆に、カメラをできるだけ被写体から遠く離して置く傾向がありました。遠くの距離から、望遠レンズで被写体を狙うということがよくあります。これはおそらく彼の演出が非職業俳優による即興的なものを多く含むこととも関係しているでしょう。カメラが離れるのは、カメラそのものやスタッフの存在からの被写体に対する影響力をできるだけ弱めるためではないかと思います。カメラが近くにあれば、演じるという行為は「カメラのために」「見られるために」為されるものになりますが、確認できないぐらい遠くにカメラがある場合、それを意識し続けることは難しくもなります。必然的にそこではカメラの重圧も少なく、よりリラックスして被写体同士が互いに、自然に反応し合うようになります。

この原則を屋内にも持ち込むとき、十分に被写体から距離のあるポジションを探すとなると、必然的にそれは仕切りや境界線を含むものにもなってきます。こうした仕切りや境界線は、アイデンティティの異なる者たちが混在する侯孝賢の映像世界においてはそのまま、観客の理解を助ける役割を担うことになります。そのことは「林家のダイニングと祭壇」というポジションでより顕著に現れますが（講座の最後のほうで、このポジションで展開されるある場面をあらためて見ていただきます）、先ほどご覧いただいた場面でも、二・二八事件の折に暴徒を押し止めるその際に、病院玄関の境界線としての性質は最も強調されていました。松明を持って病院前までやってきていたのは、本省人です。日本から統治を引き継いだ中国国民党の政府によって抑圧されてきた鬱憤が「外省人への暴行」という形で現れています。そのとき院長が彼らを制止して「ここは病院だ。暴力はやめろ。私のメンツを立ててくれ」と口にすることで、外省人と医療従事者は中へ、本省人は外へ、という線引きが為されます。病院という空間が抗争を宙吊りにする、そういう場面が描かれています。

ただ、これほど明確に「境界線」が意義深く作用することは、決して多くはありません。境界のこちら側からあちら側を捉える、このカメラポジション全体に通底するのはあくまで「遠さ」です。基本的には単に被写体から遠く、言うならば「切り離されている」という感覚を観客に与えるものです。このとき、フレームが被写体に合わせて動くことがほとんどないことも、この「切り離し」の感覚を強めています。このような同一ポジションの過剰な反復と、被写体からの切り離しが観客にもたらすのは、先ほども申し上げたように主体的な興味関心に基づいて「見る」体験というより、意志とは無関係に「出来事を見させられている」ような感覚です。そしてこのことが「歴史、を見た」という感覚の条件にもなっていた、と現在は感じています。ただ、それはまた後で触れます。

もう一つ、カメラポジションと関連して確かに言えるのは、この固定性＝地縛霊性みたいなものが、「音」の役割を増大させることになる、ということです。視点が自由にどこにでも行けるわけではなく、どこでも見せられるわけではないからこそ、観客にとって音が持つことになる情報量と、それによって却って感知される空間や時間の広がりは、他の映画と比べても非常に大きなものになります。視覚体験がこれだけ限定的で、かつ曖昧なものであるときに音の地位はかつてなく高められているとも言えます。

病院玄関の、特に長くご覧いただいた場面（二・二八事件のときのもの）において、ここで聞こえるラジオ音声は、社会的な状況を最も直接的に説明する要素です。外の世界＝距離の離れた台北で起きた暴動が、フレーム内の人物たちにまで影響を与えていることを示してもいます。ラジオから聞こえてくるのが、オープニングでは玉音放送だったのが、ここでは国民党政府の広報に変わっていることも非常に示唆的で、彼らが台北に設置された統治組織の圏域下にあることも示しています。ちなみに、もしエドワード・ヤンの『牯嶺街少年殺人事件』をご覧になっている方がいたとしたら、既に連想されていると思いますが、そこでもラジオが同様の役割を果たしていました。主人公の少年少女たちが関与することのできない社会の流れ。それを示すように、フレーム外からラジオの音声が響いていました。二作の語りの類似はたとえばそのような要素から指摘できます。

ただ、『悲情城市』のラジオ音声の使用は相当に恣意的なものでもあります。ここでの音声は物語を圧縮して語るために、言ってみれば非常に「便利使い」されています。院長室で医師・看護師たちがラジオに聞き入っている様子が描かれていましたが、この音声は病院の玄関のショットにも重ねられます。ここでも音像は変わらない。院長室と病院玄関の空間関係は明示されていませんが、このような響き方は現実的ではなく、観客に聞かせることを念頭に置いた抽象的な音操作とも言えます。この音声と重ね合わせられることで、画面に映る人々が外部の状況の影響下で動揺している様子が強調されてもいます。その操作が極まるのは、文清が台北から帰還する場面です。

帰り着いた病院の玄関で右往左往する文清のショットは途中で、入口にへたり込んだ文清のショットへと切り替わります。ここでは文清のアクションは断絶していますが、ラジオ音声は連続しています。ラジオ音声は、距離を無視して自由に振る舞うのみならず、映像の「時間」までも無視している。冒頭で「音の複数性」と呼んだ音声のあり方とは、このように映像に従属することをやめ、「今ここ（の画面）」と切り離された自由なありようを音が示すようになることを指しています。その自由さの結果として、「今ここ」の画面と音声に、更に「別の時空」の音声が重ね合わせられることになります。そうした「音の複数性」は今からご覧いただくような場面において最も顕著です。

▼04……病院で拘束される文良↓青年エリートたちの会話
▼05……文良の傷ついた帰還↓旧正月のお祝い

ある一つの場面、ここでは硬く「時空」と言いますが、ある一つの時空を見ているそのときに、音声だけは先回りするように、別の時空へと飛んでいる。今ここの画面に、今ここではない時空の音声がスーッと入り込んできます。文良（阿良、アリヨン）の暴れ終わった後の放心した表情に、飲み屋で話す台湾の青年エリートたちの会話が入り込んでくる。また、もう一つの場面では逮捕された文良が、傷を負って家に帰ってきます。文良の物言わず出血している姿は、ただならぬ気配を感じさせますが、ここに爆竹や太鼓の音が入ってきて、だんだんと大きくなります。そのまま台湾獅子舞の場面に画面が移行して、聞こえてきた音が、「正月前に」云々と直前のシーンのセリフで言われていたその正月（旧暦）の音声であったことが事後的に理解されます。

このサウンドデザイン上のテクニックは、「ズリ上げ」とポスト・プロダクション（撮影後の編集や音作業）の現場では呼ばれています。次の場面の最初の音と、前の場面の最後の画面を重ねてしまう。このテクニックが、

04

05

『悲情城市』ではやはりざっと数えても一〇回以上にわたって多用されています。今ご覧いただいた場面だけでなく、病院玄関の場面で既にこのテクニックが複数回使われていたことに気づかれた人もいるでしょう。

この「多用」はやはり異常事態とも思います。自分の経験を引き合いに出すのも気が引けますが、個人的な経験からすると、この「ズリ上げ」を使いたくなるのはどんなときかと言えば、身も蓋もないですが、編集が上手く行っていないときです。映画のストーリーテリングの基本は、一つ一つの時空（シークエンス）をまとめて、語りの単位として示していくことです。こういうことがあって、こういうことがあって、こういうことがあった、ということを時空ごとにまとめていくと、観客はわかりやすく映画を物語として観ることができる。そもそも「映画上映」は、機構としてはただ一定のスピードで進行するだけのものです。それが観客のなかで「時空のまとまり」としてセグメント化して認識されるようになるには、いちいちそうなるようサインを出す必要があります。ここから別の時空間なんです、という分離のサインですね。一番わかりやすいのは、これから出来事が展開される建物をドンッと映すということです。実景というやつですね。刑事ものなら警察署が映る、とかです。もしくは直前までと明らかに関わりなさそうなものを大写しにする、というのもよくある方法です。取調室だったらカツ丼をドンッと撮る、とかですね。ただ、今こう言っただけで伝わると思うんですが、これはわかりやすい分だけ、非常にダサいわけです。それはもうこっちの自意識の問題なのだけれど、できればやりたくないわけです。だから撮影現場でもこうした実景やヨリを撮らない、という選択をしてしまう。そうすると、やっぱり編集で上手くつながらない、ということが起きる。と言うか感覚としては「つながりすぎてしまう」とでも言ったほうがいいかもしれない。観客の準備ができていないのに、物語は次の時空に移行してしまうので、観客の認識上、コンフリクトが起きます。その結果、観客が物語に入っていけない、展開から引き剝がされてしまうという事態になりもします。

そうした、ああ上手く行ってないなあ、というときに「音、ズリ上げてみますか」ということになります。これをやるとどう問題解決になるかといえば、本当に単純に「観客が次の時空に移行するための準備ができる」ということです。「ズリ上げ」の音声が聞こえてきて、それが今見聞きしている場所の音声としてそぐわないものと観客が——無意識的にでも——感知をする。画面と音声の乖離が一種のサスペンスを生みます。次に音声と結びついた画面が現れると、そのサスペンスが解消して観客は落ち着いて見られるようになる。このような手続きを通して、先ほど言ったような認識の上でのコンフリクトが生じるのを避けたり、弱めたりすることができます。

ただ、やはりこれをやるのは少し躊躇もある。なぜなら、「必然性がない」からです。何故この画面に、この音声が重なるのかという必然性です（そのことは画面とシンクロした音声を使用している限り疑問としては出てきません）。このテクニックを採用する理由は基本的に、語りの上での都合しかない。もちろん、物語映画のほとんどあらゆることが語りの都合で配置されてはいるんですが、それでも観客が許容できるラインとそうでないものはどこかにあります。個々の観客で許容度の差は当然ある。それでも、この恣意的な語り方が行き過ぎてしまって、語り手の顔が見えすぎると、映画は観客に広く受け入れられるものではなくなってしまう、それが一般的な傾向です。この画面と音声の、恣意的な切り離し（や接合）は果たして観客が許容するものなのか、こちらの「語りが上手く行ってない」という負い目がある分だけ、余計に不安にもなります。

こんなわけで、やはり一監督として、『悲情城市』において「ズリ上げ」という恣意性の高い技法がこんなにも多用されている、というのはかなり異常なことと感じられたんです。それだけで私には本作の編集・ポスプロの苦労が偲ばれるような思いがします。本当はこうつなぐはずではなかったところを、どうつなぐかという試行錯誤の末に、この技法は採用されているんではないか。『悲情城市』は元々六時間の前後編の映画として構想されており、この映画はその前半部分に当たるものとして制作が開始され、結果としてこの部分だけで一本の映画になる、と判断されて今の形に落ち着いたようです。映画を見ればそれ自体は十分に納得の行くことではありますが、完成した映画においても物語上の因果関係の欠落は明らかに多く、こうして圧縮・凝縮された一五九分の映画として機能させるまでには相当な苦労があったのではないかと想像してしまいます。その苦労の痕跡として、このズリ上げの多用を見てしまうのは、私の経験を投影しすぎでしょうか。

ともあれ、この「ズリ上げ」なくしては、たとえば文良の病院収監から台湾青年エリートの会話に至る流れや、文良の傷ついた帰還から正月祝いへのつなぎはよりショックが強いもの、互いの反発が強いものとして現れたでしょう。一つ一つの場面はそれなりに解釈ができたとしても、そうした「つながらないつなぎ」が多く続くと、単純に観客は疲れます。観客が持っている情報は語り手が持っている情報に比べて遥かに少ないため、脈絡のない場面に出会ったときにはできるだけ多くの可能性を考えざるを得ないからです。しかし、拾っても拾っても、新たに脈絡のない情報を出され続けるのであれば、観客はこのような想像力の行使を諦めてしまうでしょう。そして、実際に『悲情城市』のシーンの並べ方はそうなってもいます。因果的な脈絡がない。観客はそれを見続けなくてはならない。このような語りが採用されるとき、最悪の場合には映画と観客の精神的なつながりが絶たれてしまう。観客は映画を見続けることができなくなってしまう。こうした事態を避ける、もしくは少しでも和らげるためにも、この「ズリ上げ」は導入されています。

『悲情城市』の「ズリ上げ」は常に、かなり深く、ゆっくり為されます。音声がかなり深く、ゆっくりとフェード・インしてくる。観客は「気がついたら音がしていた」という状況に陥ります。音の侵入を意識できることは稀で、気がついたら見ていた時空とは違う時空が紛れ込んでいる、そういう体験をします。複数の音が、気づけばある。ただ、次の場面に行けば、「ああ、この場面の音だったのか」とこれまた意識することもなく、納得する。因果関係を了解するのとは違うけれど、よりミクロなレベルでの納得があります。理解をするわけではないけれど、違和感は少なく、結果としてこのつなぎを「受け入れる」ということが起こります。

そのようにして、この「ズリ上げ」が『悲情城市』の語りにおいて持つこととなった機能は、「つながらないものをつないでしまう」というものです。このズリ上げによって因果的つながりのない（とは言わないとしても相当に薄い）時空同士が、即物的に接合されています。フィルムで作業をする際には、これはフィルム面の脇に付帯している音声磁気テープに音情報を焼き付ける作業ですが、そういうモノ自体を扱う手付きを思い起こさせます。概念的につなぐというより、単につなげるからつなぐ、ということです。ただ、何でもいいわけではない。実際の映像-音響素材の、マテリアルとしてのありように従いながら、「ズリ上げ」は為されています。ここで文良が担ぎ込まれて介抱される中、正月の爆竹が響いてくるタイミングを、ちょっとだけ細かく見てみましょう。

▼05（再）……珠暖簾の音→爆竹の音

05

水を持ってきた女性（何度も観ると二男の妻らしいことがわかります）が「（医者に）電話したのか」という文雄の怒りに気圧されるようにして、電話を掛けに飛び出していく。そのとき、彼女がくぐった珠暖簾が（それまでも揺れていますが）ひときわ大きく揺れ、珠どうしがぶつかりカチコチと音を立てます。そして、このカチコチという音を先触れとするようにして、爆竹の音がスニーク・インしてきます。最初は爆竹の音とこのカチコチはすごく音として似ていて、爆竹の音自体が珠暖簾のこの揺れを強調もする。画面と音声がまったく関わりないままに共振しています。そして、文雄が「早くしろ！」とひときわ大声を上げるとともに、爆竹の爆発音も明らかにボリュームを一段上げています。整音作業の現場では「フェーダーを突く」と言うんですが、そういう音作業者の「ここだ！」という手付きが感じられます。文雄の怒りをジャンプ台のようにして、本格的に時空を移行させていきます。

ここで見られるように、「つながらないものをつなぐ」ことは決していきあたりばったりではなく、作業の都度、具体的な画面‐音響の肌理を発見し、それに沿うように配慮して行われています。そのことがこの「ズリ上げ」をシンクロとは異なる「音声と画面の新たな調和」にまでしています。この即物的かつ、モノの肌理に沿った精緻な「ズリ上げ」によって、傷ついた者を抱えた家族と正月の祝賀の場面といった因果的には関わりのほとんどない時空同士がつながれていくことになります。ただ、これは因果関係としては飛躍を含んでいたとしても、まったく非現実な事態ではないとも思います。むしろ時間というのはそういうものでしょう。このつなぎによってかえって「それぞれの時空の関わりのなさ＝無関心性」が強調されます。

文良は傷つき、家族は大きく動揺している。だけどそんなことにお構いなく、晴れがましい正月は訪れる。時間というのは、何が起ころうがそこで止まってくれるものではなく、我々の状況には「無関心に」流れていくものである。このことは現実においては誰しもが実感するところです。むしろ現実としては当たり前のことです。ただ、フィクションにとってはこれは当たり前のことではありません。「因果関係」を超えた「時間」という大きな括りが、ここでは浮かび上がってきます。このとき『悲情城市』が単に物語ることではなく、「時間そのもの」、またその無関心性を提示することに照準を合わせていることも見えてきます。

実のところ、この無関心性――時空同士の因果的関連の薄さ――こそが、本作の「ズリ上げ」という恣意性の高い技法を観客の意識にとって問題とせずにおく条件にもなっています。「ズリ上げ」をしたところで、それが即「この物語を理解するのに役立たない」ということ、その説話的な有効性の低さ＝「ベタではない感じ」がまさにこの技法の多用を可能にしているのです。

自分の経験としても、「ズリ上げ」はあれだけ怖がっていたのに、やってみると大概の場合、観客はほとんど気にしない。これが画面のオーヴァーラップであれば、観客の意識にも上りやすいと思うのですが、音声のみの場合、そもそもほとんど気づかれない。やはり観客の傾向として視覚優位というか、映像の情報をメインとして受け取りながら、あくまで音声は付随的な、より意識に上りづらい情報として扱うからだと思います。そういう点で「ズリ上げ」は観客の無意識へと滑り込み状況認識を変えてしまう、優れた方法でもあり得るのかも知れません。ただ、そうしたすべては、先ほど見たようにあくまで作業をしながら発見されたことではないか、という気がします。試行錯誤の末に、採用されなかったズリ上げも数多くあるのではないかと想像します。全体として『悲情城市』は、実際にそこにあった映像・音響素材と向き合うのでなければ決して獲得できない語りを構築しています。どんな天才でも最初からこのような語りの全体像を構想できはしない、とは個人的には確信しています。カメラポジションの話のさいにも出たように、侯孝賢は所与の限られた条件を元手に（あるいは逆手にとって）、ある達成へと導いていく。撮影をしていて想定以上に長くなってしまったという事態に対して、撮れてしまった映像−音響素材の特性に寄り添いながら、創造的に解決をしていると思います。

その結果、「つながらないものをつなぐ」ことを可能にするこの「ズリ上げ」という技法は、『悲情城市』という映画の体験、もしくは「世界観」を象徴するような技法にさえなっています。その世界観を表現するのに、パッと浮かんだのは「融通無碍」という言葉です。辞書によれば「考え方や行動が既存の価値観にとらわれず伸び伸びとしているさま」のことで、侯孝賢監督その人を表す言葉にも感じられますが、「融通」は滞らずに通り抜けることであり、「無碍」は障害がないことですから、本来つながらないものが互いに隔てなく、通じ合う感覚を示す言葉として、『悲情城市』という映画のありようも表現する言葉になるでしょう。予め想定しているあらゆる境界が無化されていくような感覚です。「融通無碍」の決定的な事例は、次の場面です。

▼06……文雄の葬式から、文清・寛美の結婚式へ

隊列の行進を山の上から捉えたこの超ロングショット（遠景ショット）を見たとき、台湾の習俗に詳しくないことも相まって、これは葬列なのだという風に捉えました。直前の葬式シーンとは天気もまったく変わっているんですが、そのように捉えることがいわば「因果的に」捉えるということです。葬式＋行列＝葬列である、と図式的に捉える。そう類推するのにはもう一つわけもあります。このロングショットのさなかに、今し方まで

葬式の場で演奏されていた音楽と似たような音楽が聞こえるからです。ただ、この音楽は次の場面にそのまま流れ込む。次のカット（画面）に至って、聞こえていた音楽は今見ている場面の「ズリ上げ」だったのだ、と理解できる。そして「花嫁が来たわ」と言われ、これが結婚式なのだとわかる。先ほどの隊列が、葬列ではなくて結婚式のパレードのようなものであったことも、そこで染み入ってくる。文雄の葬式の直後なので、混乱もします。いったいどの程度の時間が経って行われている式であるのかと、訝しく思ったりもします。どう感じたらよいかわからないけれど、父（李天祿）の表情のカットに変わったあたりでどうでもよくなってくると言うか、単純に自分が好ましく思ってきたこのカップルの結婚式に立ち会える喜びのようなものが勝ってきます。

06

このときに明確に思い出されたのは小津安二郎の『秋刀魚の味』です。バーのママである岸田今日子が、客として来ている笠智衆のモーニング姿を見て「今日はどちらのお帰り？　お葬式ですか」と問うと笠智衆は「ウーン、ま、そんなもんだよ」と答える。本当は娘の結婚式の帰りであるのに、です。小津は「モーニング」という儀礼的な衣裳の持つ見た目の類似を通じて、結婚式という慶事と葬式という弔事を混ぜ合わせてしまう。それはどこか「同じようなもん」なわけですね。侯孝賢にも似たようなところがあります。『悲情城市』においては、あの細部を確認できない超ロングショットが選択されていることが同じような効果を生み出しています。結婚式のパレードと葬式における葬列の、見た目の類似があぶり出されている。そして音楽の聴覚的な類似まで通じて、慶事と弔事が、そして喜びと悲しみが混ぜ合わされてしまう。「融通無碍」の決定的な実践例です。

ただ——この話全体を振り子のように話すしかないというところがあるのですが——「融通無碍」もまだこの映画について語る言葉としては十分なものではありません。というのは、やはりこの映画を観る体験は、徹底的に曖昧なものとは、またどこか異なるからです。ここまで音の複数性を見ながら、それがいかに個別の時空を即物的に接合してしまうかを見てきました。そのことがつくり出す本作独自の「融通無礙な時空間」やその体験があるということを示してきたわけです。一方で、この映画には曖昧に混ざり合うものを、個別に切り分けるタイプの複数性も持っている。それが先に指摘した「言語の複数性」です。

ここで一旦、一五分ほど休憩します。休憩なのですが、よろしければお配りした『牯嶺街少年殺人事件』論に(もしくは、あわせて載せた木田元の引用だけでも)目を通

たとえば、日ごろ非本来的な時間性を生きている私が偶然ある女性と出逢い、烈しい情動を味わうと、その瞬間が日常的な時間の系列から脱け出て、その系列のうちには場所をもたない瞬間、特権的な瞬間となる。(……)そのとき、過ぎ去ったものとして忘却され、時折その忘却のなかから思い出されるだけだった自分の過去の体験が、採りあげ直され(反復され)、すべてがこの特権的瞬間を目指して進行してきたかのように意味を与えなおされ再構造化される。そうすることによって、この偶然の出逢いが必然に転じ、運命と感じられるようになる。(木田元『偶然性と運命』岩波新書、二〇〇一年、三五―三六頁)

しておいてください。

まず、この場面からご覧いただきます。

＊

▼07……文雄と上海ボスの交渉、介在する通訳

『悲情城市』のなかでも最も端的に言語の複数性が現れている場面かと思います。とは言え、私もここで使用されている言語はほとんど聞き分けられないのですが、台湾人である文雄は台湾語を話し、手下の阿嘉はそれを広東語へと通訳し、サングラスの男はそれを更にボスたちがわかるよう上海語へと通訳している、ということのようです。それぞれの言語を知らない人間にとって、音としてはほとんどこれらの区別は付きません。それでも、この使用言語がそのまま、その人物の社会的アイデンティティと関わっており、出自と経歴を表しています。彼らは一つのフレームのなかに存在している、しかし彼らは彼らの言語や意識の上では、切り分けられた存在でもあります。そのことが更に苛烈に現れてくるのが次の場面です。

▼08……二・二八事件渦中、列車での誰何

07

08

二・二八事件の最中での出来事ですが、ここでは暴徒が、耳の聞こえない文清に「あんたはどこの人か」と日本語で問いかけます。長らく日本統治下で日本語教育を受けた台湾人（本省人）は日本語を解するけれど、新たに大陸から来た外省人は日本語をしゃべれない。この使用言語によって、自分たちの敵であるか否かを判断しようとしている、という場面です。使用する言語によって社会的なグルーピングが行われ、本来何の境界もない画面にもある種の境界線が導入されます。

ただ、今しがた挙げたような言語以外にも、もう一つの「言語」があります。先ほど「ズリ上げ」の例として見てもらった場面の続きをご覧いただきたいと思います。

▼09……「流亡三部曲」を歌う台湾の青年エリートたち

台湾人の青年たちが、国の未来を憂いつつ、日本統治からの解放の喜びを歌に込めます。「流亡三部曲」というのはいわゆる抗日の歌で、繰り返される「チョーイーパー（九・一八）」とは満州事変が起きた、つまりは日本軍の中国侵略が始まったその日の日付

09

です（一九三一年九月一八日）。「リメンバー・パールハーバー」みたいなもので、この屈辱の日を決して忘れまい、という歌ですね。歌はリズムを共有することで、複数の人たちが同時に同じ言葉を口にすることを可能にします。彼ら自身もどこかから聞こえてきた歌に同調し、合流していく。ただ、ここでそれに合流できない人たちがいる。それが寛美、そして文清ですね。

彼らはここで沈黙を共有している。文清が担うことになる沈黙もまた、この映画のなかでは明確に「言語」の一つとして作用します。というのは、彼が聾唖であることがやはり、一つのフレームの中で社会的ポジションを切り分ける役割を果たしてしまうからです。文清の耳が聴こえないことで、ここにはある種の疎外が起きています。もちろん、文清もその状況に気づいています。だから彼はその場で自分のできることを常に探している。（ピンぼけしていて、彼に注目していない限り気づきませんが）テーブルに目をやって、その場で料理が足りてないのを察して、店の外に串焼きを買いに行きます。これだけでも涙ぐましいですが、戻ってくると青年たちは歌っていて、その輪には入れない。そして、文清を気にかけて歌をやめようという者は誰一人としていない。席につこうとしたときに寛美がそっと笑いかけるぐらいです。寛美が歌に参加しない理由は定かではありません。歌を知らないのか、北京語の歌詞がわからないのか、それとも単純に「酔った男たちのノリ」に入っていけないのか、つまりは「女性として」切り離されているからなのか。何であれ、文清と寛美はこの疎外を共有することになります。ここには視線の一方向性があります。文清や寛美が青年たちを見ることがあっても、彼らが二人を見返すことはない。

講座の前半に、侯孝賢のカメラポジションは境界線のこちら側から向こう側を見るようなところがある、と言いました。それは目の前の「自分に無関心に流れ去るもの」を眺めるようなポジションです。その視点はまさに文清と寛美が、青年たちとの間に生じている境界線のこちら側から、彼らを眺めるそのポジションに酷似しています。ただ、この視点の類似によって、ともに疎外を共有することで、二人は強く観客に結び合わされることになります。ここで二人の顔がほとんど視認できない形で配置されているのは、侯孝賢がこの二人よりも青年たちにより興味があるからではありません。おそらくは、文清・寛美の二人と視点を共有し、観客と結び合わせるためにこそ、この配置は為されています。

そして、このような状況はもう一度繰り返されたことを記憶されていると思います。ただ、起きることはほとんど真反対と言っていいほど違います。それは配置の微妙な違いによって生じる大きな違いです。

▼10……議論する青年エリートたち、「ローレライ」をかける文清と寛美

台湾の青年エリートたちが話していると、文清が水餃子なのか、スープっぽいものを運んできます。ちなみに器を受け取った寛栄は熱そうにしてますね。演技とも思えない。細かいですが、本当に熱い食事を出しているというだけですごいと思います。本当に「人が食べている」ということを撮ろうとしていなくては、この配慮はありえないでしょう。ここでも文清は輪の中には入り切らず、少し外に座ってビールを注いだりする。やはり涙ぐましい。皆の話が続いているなかに、寛美がチマキを持ってやってきます。青年たちはそのチマキを食べながら、相変わらず社会状況を憂えています。ここでは、大陸から来た

10

と紹介された何（フー）記者は北京語を喋っているようで、そうなると、寛美が入っていけない理由は言語的にも説明がつくかもしれませんが、ごくシンプルに「男たちの会話」に入っていけない、もしくは距離を置いている状況と解釈できるでしょう。

ちなみに青年たちが話す事柄はどこかラジオ音声と近い役割を果たしています。もちろんラジオ音声ほど直接的に社会状況を示すわけではありませんが、彼らの話を聞いていると何となくこの当時の社会状況が見えてくるところがあります。かなり即興的な雰囲気を残しながら、歴史的・時事的な話題がやり取りされているので驚きますが、こうした場面では常に中心に、本作脚本家の一人としてクレジットされている呉念真がいる（寛栄の同僚役）ことで可能になっている雰囲気と思います。とは言え、話は観客が十分には理解できるほど明瞭ではありません。青年たちは我知らず排他的に喋っています。ある程度前提を共有し、知らない者がわかるようには話してはいません。ここでも、寛美や文清が置かれている状況と、観客の置かれている状況は似通ったものになってきています。

やはり文清と寛美の、言語的コミュニケーションにおける疎外は繰り返される。ただ、今回は却ってそのことが二人を結び合わせます。それは寛美の座っている位置がよかったからです。寛美はテーブルを挟んで文清の対角線上の位置に座ります。そのことで寛美と文清は目線を上げれば自然と目が合うようになります。文清は寛美に「食べないの？」と気遣うようなジェスチャーを送ります。文清も、この男たちの会話から外されているからこそ、彼女の疎外に気づくことができます。そして、寛美がついに文清に働きかけるわけですね。レコードをかけられるか、とジェスチャーを送る。これは彼女が話に興味がなくて気を紛らわそうとしているのか、場に何か雰囲気を加えようとしているのか、それとも文清を呼ぶための口実なのか、意図するところはまったくわかりません。何であれ、寛美は文清を男たちのサークルから引き離すことになります。

そして、文清はレコードをかける。西洋の音楽が流れてきます。ただ、文清はこの音楽も聞こえないわけですね。寛美が文清をちらりと見やっても、二人の視線は微妙に合わない。文清の目は未だに焦れったく、男たちの側に向けられます。ここでもまた視線の一方向性が再現されようとしている。そこで、寛美はその方向性に逆らうようにレコードの方をじっと見つめます。すると、文清が彼女の方をふと向きます。彼女が楽しんでいるかと気になったのかも知れません。ここで、寛美がフッと文清の方を見て笑いかける。二人の視線がはっきりと噛み合います。本当に繊細な視線のやり取りだな、という気がします。単純にこの視線の合う／合わないには演技という印象がなくて、自然とただこのやり取りが起きたようで、すごいな、と思うんですね。まあ、結果として視線が合った、と。これが偶然なのか、それとも寛美の誘惑なのか、それはどこまでもわかりませんが、寛美はここで飲み屋での歌う男たちに対して、我知らず復讐を果たすことに成功しています。文清を音楽の世界に引きずり込むからです（そう考えると「ローレライ」という誘惑の歌がかかっていることも意義深く感じられます）。

寛美は文清と筆談を始め、今かかっている音楽が「ローレライ」という西洋の音楽であることを文清に伝えます。すると、文清は台湾オペラを――つまりは音楽を――自分も覚えている、知っているのだと寛美に告げます。そして、自分の過去を寛美に語り始めます。男たちがつくっていた政治・社会的なサークルとはまったく違うプライベートな親密圏がここでは作られます。このときに音の恣意性も最大限に高められます。男たちの会話は一切聞こえなくなり、二人を包む音楽しかなくなります。彼女たち以外、世界がなくなってしまったようです。音楽を通じて、映画は二人に特権的な居場所を与えます。それはこの二人が疎外されているからこそ、手に入れた時空なのだとも言えます。そしてこの映画のなかで初めて視線に沿った切り返しが行われ、二人の見つめ合いが強調されます。つらいはずの過去を話す文清の顔は朗らかです。名前の通り、本当に清らかだなと思います。トニー・レオンってスターなんだなと思わせる一瞬ですね。この笑顔で観客の心を鷲掴みにする。おそらくそれは寛美にも起きるのでしょう。この映画において最も美しい、とは言えなくとも、最もエモーショナルな場面なのではないかという気がします。楽しげに語る文清を見つめる寛美の表情にただならぬ複雑なものを感じますね。

ちなみにこの場面では、ローレライの音楽の「ズリ下げ」が起こります。ズリ上げとは逆に、前の時空の音を、次の時空の映像へと重ね合わせることです。これは「ズリ上げ」と同様に「つながらないものをつなぐ」ことです。二人の個人的な時空と、誰のものとも言えない社会的な時空がつなげられます。更にここではローレライ（西洋音楽）を背景とした京劇の舞という、本来あるはずのない映像と音響の接合を見ることになります。そういう点でやはり「融通無碍」の実践例とも言えるのですが、ここには単に西洋と東洋のかけ合わせといった知的なものをはみ出た、感情的な興奮を感じます。それはやはりこの「ズリ下げ」が、私たち観客が寛美と文清たちを見ながら美しいと感じていた、その感情をもう少しだけ愛でていられる、そういう「許された時間」になっているからと思います。その感情はこの映画のなかで最も強く、好ましいものですが、この映画の時の流れのなかで、この美しい時間もまた等しく過ぎてゆきます。いつまでもその感情に拘泥しているわけにはいかないけれど、言うなれば侯孝賢のサービスとして、このシーンとの別れを惜しむ時間として、このズリ下げはあります。

実際のところ特に中盤、文雄や文良が中心となる上海マフィアとの抗争の場面では、寛美や文清の出番は非常に少なくなるのですが、観客はいったん彼女たちと視点を共有し、また彼女たちの感情にひときわ近く寄り添ったことで、彼女たちをこの映画を見ていく上での感情的な拠り所として選ぶようになるでしょう（ちなみにこのことには寛美のナレーションも大きく作用していますが、それ自体は非常に一般的な作法でもあるので、今回は特に取り上げません）。ただ、そのように感じさせたのは、単なる切り返しや音楽による強調の効果ではないとも思います。彼女たちが置かれた社会的な状況に寄り添うようにして、侯孝賢が、二人を繊細に空間のなかに配置したから起きたことです。

トニー・レオンを聾唖として設定した理由が、香港映画のスターであった彼が台湾語をしゃべれないから、という消極的なものだったとはとても信じられないほど、彼が聾唖であるという設定は、映画のなかで有機的に機能しています。女性と聾唖という置かれている状況は違うにもかかわらず二人が沈黙を共有することに気づける、そういう眼差しを侯孝賢は持っているわけですね。そしてその気づきを、自ずと何かが起こりやすくなるような二人の配置へと転換する彼の繊細な手付き。これがなければ「切り返し」や「音楽」による演出はすべて、上滑っていただろうとも思います。

このようにして、二人はこの映画において、観客が心を寄せる存在としての特権的な地位を確固たるものにしました。特に初見の場合、彼女たちとの感情的なつながりをよすがに最後まで見通した、という感覚を持つ人は多いのではないでしょうか。複数の時空が無関心に共存し、互いにすれ違う。ただ、それは彼女たちの視点に寄り添うことで「流れ行くもの」として捉えることができるようになる。それが、この映画の基本的な構造になっています。

ここまで話してようやく、エドワード・ヤン監督の『牯嶺街少年殺人事件』との類似と差異を問題にしたいと思います。『牯嶺街少年殺人事件』は本省人と外省人の対立という歴史を物語の背景として持つ点においてまず類似していますが、実際のところ語りのスタイルも相当に似ています。特に人物からの距離が極めて遠く、誰が誰とも判別できないカメラポジションや、複数の視点から因果関係が判然としないままに語るスタイル、そしてある特定のカップル（『悲情城市』の場合は文清と寛美、『牯嶺街少年殺人事件』の場合は小四と小明という少年少女）が観客の感情的な拠り所となる構造なども含め、酷似していると言ってもいい。実際のところ、後発の『牯嶺街少年殺人事件』が語りのスタイルを『悲情城市』から「盗んだ」と指摘した西洋のレビューもあった、と記憶しています。それはもしかしたら、同い年で、親友同士でもあったこの二人のまったく異なる天才たちの間に距離ができる原因となったのかもしれませんが、それは邪推の域を出ません。

ただ、そうした類似にもかかわらず、やはりこの両作で、最後に得る感覚は決定的に違うと感じています。まだ見ていない方のために詳細は避けますが、『牯嶺街少年殺人事件』において特異なのは、終盤に起きる「ある決定的な事件」を契機として、それまでの散逸した語りのすべてが一つの筋道を為してゆくような感覚です。抜粋をお配りした木田元の文章に即して言うなら、『牯嶺街少年殺人事件』においては、見てきたすべてがある事件を契機として「再構造化される」という事態が起こります。それは「すべての出来事は、ここにつながっていた」という感覚であり、「運命」という避けようがない流れのなかにいるのだ、という強烈な感覚です。

『牯嶺街少年殺人事件』の語りのなかにも「歴史」的な感覚を感じないわけではありません。『悲情城市』と語りのスタイルにおいて酷似している以上、やはりそれは「歴史」を見たかのような感覚を抱かせるものでもあります。ただ、そこで「運命」という語を持ち出したくなるのは、「運命に弄ばれる」とか「運命の被害者」という物言いにあるように、複数の時間が特定の個人（小四と小明）に襲いかかった、その被害感情を自分自身も共有するような、強烈に感情的な体験だったからです。複数の時間が流れているとして、そのすべてが流れ込む一つの個人的な時間の流れがあるとも感じられたということです。そして個人的であるがゆえに、非常に忘れがたい感情的体験にもなっています。未だに、身体を刺し貫いていったようなその感覚は忘れられるものではなく、『牯嶺街少年殺人事件』は自分にとって人生ベスト1の作品の一つとして挙げる作品にもなっています（ちなみに幾つかベスト1があります）。そして、ある感情的体験としての強烈さ、という点では実際『悲情城市』は『牯嶺街少年殺人事件』には及んでいないとも思います。

では、それは後発のエドワード・ヤンが侯孝賢の『悲情城市』を研究して達した、よりアップデートされた語りを達成した、ということなんでしょうか。そうではないと思います。この「歴史」と「運命」という風に、自分が仮に名付けた感覚は、二人の作家の特質が最大限に現れた結果のものとも思います。

『牯嶺街少年殺人事件』では、終盤の事件を契機にして、強烈な「再構造化」が引き起こされる、と言いました。言ってみれば観客にフラッシュバックが起こるような感覚です。ただ、忘れてはならないのは『悲情城市』でも「決定的な事件」と呼べそうなものは終盤において、起こりすぎるぐらいに起こっている、ということです。中心的な人物であった林家の兄弟たちのうち三男の文良がまず発狂しました。長男の文雄は殺され、四男の文清は最後には逮捕され、行方もわからなくなり、歴史の渦の中に消えてしまったように思えます。特に文清は観客と精神的に最も近づけられてきたキャラクターだと申し上げてきました。それにもかかわらず、ここでは「再構造化」が起こらない。もしくは『牯嶺街少年殺人事件』で起きたような形では起こりません（観客が強烈なフラッシュバックを体験することがない、ということです）。そこには、そうさせない明確な理由があるはずです。それは、これまで触れてこなかった「動きの複数性」に由来するものと考えています。一つの場面を見てみます。そして比較のために『牯嶺街少年殺人事件』の中から少年たちの抗争場面を続けて見てみましょう。

▼11……『悲情城市』超ロングショットの大立ち回り

▼12……『牯嶺街少年殺人事件』階段を上がっていく少年たち

ご覧いただいた『牯嶺街少年殺人事件』の抗争シーンを特徴づけるのは、その一方向性です。少年たちが一群をなして向かっていく。階段を降りてきた抗争相手の少年たちは、彼らを目にした途端、降りたばかりの階段を駆け上がって、逃げ出します。それをまた一群が建物中を追いかけていきます。被写体からの遠さ、という点で『悲情城市』とも共通する抗争シーンですが、ここでは動きはキレイに統一されている、と言ってよいでしょう。被写体との距離においては類似していますが、運動の性質が『悲情城市』とは異なります。ひと言で言えば、それは統制されており、画面のなかで起きる効果もまた十分に計算されている、ということです。少し先回りして言うと、こうして比較をすると、どちらかが優れていて、

11

12

どちらかがより貧しいもののように思わせるかも知れません。それはそうではない。それぞれの運動のありようが、最終的な映画の体験の質そのものに寄与している、という話です。どちらかがより優れているという話では一切ないことを確認して、先に進みます。

対して、先にご覧いただいた『悲情城市』の場面では、侯孝賢のアクションシーンの特徴が顕著に現れています。いつも距離のある侯孝賢のカメラポジションですが、ここではひときわ遠い。そのため、起きているのはヤクザの大立ち回りのはずなんですが、チャンバラのような様式美はありません。肝心の立ち回りは滑らかさを欠いて、どこかドタバタ的と言うか無様なものですらあります。そのどこか間抜けな感じを強めているのは画面左下で、立ち回りを眺めている人たちですね。大声をあげるわけでも、止めるわけでもなく、多少怖がって後ずさる人も見受けられますが、基本的にはただ突っ立って見ている人たちです。この映画のおそらくすべての立ち回り場面でそうなのですが、動く人と動かない人がいる。皆、「思い思いに」動いている、あるいは動かない、ような感覚があります。物語上重要なのは明らかにこの（画面下、右寄りの）大立ち回りの方なわけですが、こうしたヤクザやマフィアの抗争とは無関係に生活を営んでいる人々がたまたま同じ画面にいてしまったような、そんな印象を与えます。

そして人間以上に「たまたま」映って感じられるもの、因果的な関わりを持たずに、立ち回りとはまったく無関係な動きをしているのが画面中央に映る「煙」です。鶏が鳴いていたりもするので早朝なんでしょう、朝食の準備のさいの煙ということなのかも知れません。ただ、それが何かはわからぬまま画面中心部で煙がただただ蠢いていています。そして、おそらく今までお見せしてきたあらゆる場面でこうした煙が映っていたと思います。編集してきたので、ちょっと見てみましょう。

13

▼13……煙と湯気

オープニング。線香の煙があり、産湯の湯気があり、文雄が吸う煙草の煙がありました。続く開店祝いの場面では、紙札を燃やすと煙が立ち上り、写真屋がシャッターを切ると煙があがりました。飲み屋では、鍋から湯気が上がり、青年たちは煙草をくゆらせていました。文良が傷だらけで帰ってきた後の正月祝いの爆竹の煙も最も忘れがたいものの一つですね。こうした煙や湯気などの画面への導入は間違いなく意識的なものです。それはそもそも、照明を調整しなくては十分に映らないものでもあるからです。

この煙の強調は、たとえば「闇煙草の摘発が二・二八事件につながった」というような物語的な主題への意識ではなく、単純に画面に運動を導入するためだと思います。人の営みとつながっていながら人の意志とは無縁に「動き続けるもの」として煙が選ばれているのではないでしょうか。侯孝賢の意図を測ることは自分の能力を超えていますが、一つ言えるのは、動いているものは動かないものよりずっと活気がある、というのが原則なわけです。動いている画面はどうしたって、動いていない画面よりも活気を感じさせるものです。

侯孝賢の画面は動きに満ちています。侯孝賢のカメラポジションの被写体からの遠さは、必然的に広い空間と、そこに蠢く多くのものを同時に捉えることになります。そしてもう一点補足するならば、こうした複数の蠢きが、何一つ弱められずに捉えられているのは、何よりカメラ自体が動かないからです。前に「地縛霊的」とも呼んだポジション自体の固定性が、「複数の動き」を同時に捉えることにおいて、極めて本質的な役割を果たしています。

そして、そうした複数の動きは、統制された動きとは感じられず、「思い思いの動き」と言うか、それ自体の必然性に基づいて生じる動きです。動きはそれぞれの本性《ほんせい》を表しています。煙が動くのは、含まれる微粒子の重量が十分に軽くて、周囲の空気の影響を受けるからです。人間たちは社会的な地位に基づいて、ある動きをします。父親はどんと動かないけれど、女性たちは甲斐甲斐しく動く、などは当時の家父長制的な社会を如実に反映した動きです。一方で子供たちは、社会と関わりなく動き、時に大人たちに叱られるでしょう。そして、子供にまで叱られる存在もまたいる。見てみましょう。

▼14……寛美と文清の再会、奥に文良

複数の時間が映っている、ということを今まで言ってきましたが、その最も具体的な表現がこうした複数の動きを同時に、同一画面に収めることです。それぞれの個体がそれぞれの必然性に従って動いている。手前のダイニングにいる寛美と文清は、再会の喜びと兄・寛栄の消息を共有するというモチベーションで動きます。文良が仕切り窓の向こうの祭壇室にいるのは「お

14

供えの饅頭を食べたい」からです。それはより生物本来の欲求に基づいた動きと言えるでしょう。空間の重層性が、そのまま動きの複数性を明確にして示し、かつそれは二つの空間に流れる時間の質の違いの表現にもなります。

写真（スチール）と動画（ムービー）を比較して考えれば明らかですが、動きとは時間そのものでもあります。時間のない動きはないからです。時間の複数性が、動きの複数性を通じて、そのままひとつのフレーム内に刻まれています。そして、その動きのすべてを把握することは何度見ても不可能である、という気持ちにさせられます。それは大人、子供、そして人ならざるものを含めて「思い思い」にそれぞれの必然性に従って動くからです。侯孝賢は勿論、細やかに配置をするわけですけれど、何よりこの「思い思い」の動きを収めることを念頭に置いているように思います。

彼ら・彼女らは基本的には自分の衝動や考えに基づいて動いているように見えます。編集に関して、因果的な関わりが薄い別個の時空が並べられていることを指摘しましたが、同一画面にはより直接的にそれが複数の、「思い思い」の動きとして刻まれています。「煙」が画面に入るべきものとして選ばれるのは、動いていながら尚且つ、視界を遮ることなしにメインの被写体と併存できるからでしょう。こうした無機物や、子供の動き、生活の動きはすべて、物語にとって必須のものではなく、無償のもの（物語への見返りのない動き）だと言えます。勿論、それらはエキストラや美術を巧みに配置した「背景」に過ぎないとも言えます。ただ、そうした無償の動き自体が、背景であることを超えて、画面の主役になることもあります。ここで、幾つかの気になったカットをご覧いただきたいと思います。

▼15a……京劇で踊る子供
▼15b……食事をとる妾の老父
▼15c……勉強を教える文清
▼15d……食事の支度をする
二男・三男の妻たち

これらは本当に何ということのないショットです。最初の子供たちこそ可愛らしくて印象深く記憶もしていたんですが、後の三つは自分がこの映画を何度も見返した後で、今回の分析のために一カットずつ確認する作業をしていたときに「こんなものが映っていたか」と驚かされたショットです。これらのショットは、因果関係のなかに収まりがつかない動き＝時間そのものであるようなショットです。これらは現実生活から見れば何ら特異なものではない。ご飯を食べる人（文雄の妾の父）、ご飯を作る人（二男と三男の妻）、勉強を教える大人と教わる子供（文清と甥っ子）、です。これらは日常のなかで繰り返されているであろうルーティンであって、登場人物たちにとっても生活の一部でしかない。ただ、これが劇映画に映っているというのは実は普通ではありません。登場人物たちは現実に生きているわけではないからです。彼らが実際に生きているかのようにこれらを撮るには、それなりの周到な準備を必要とします。もちろん、これらは使われなかった場面に連なる物語的な意義を持った場面だったかも

15a~d

知れません。それでも、こうして決して記憶できないような生活の細部が編集で残されているということを自分は興味深く感じました。

というのはかつて、お配りした論考を書くために『牯嶺街少年殺人事件』を今回と同様にかなり細かく見ていくような分析をした際に、自分が驚かされたのは約四時間の映画のなかに、(見ているその時は気づかなかったとしても)物語的な意義の与えられていないカットが一つもなかったからです。そのことが「事件」に際して、一つの筋道を持った「再構造化」が為される理由であったと今は思い当たります。どのような些細なカットも、明晰な思考の末に配置されているがゆえに、最後の事件に際して、その筋道が運命的なものとして浮かび上がったのではないか。「再構造化」は起こるべくして起きたのだ、と。

そして、『悲情城市』においては、ここまで示した「無償の動きの数々」が「歴史、を見た」という自分の感覚にとって決定的なものであったという気がしています。このような因果関係に収まりがつかない「動き」の数々が終盤の「事件」に至っても、観客のうちで起こる「再構造化」を妨げるよう機能します。とは言っても、それは語りの失敗とはまったく違います。

複数の、しかし、それぞれは「思い思い」に動く個別の存在を見たこと、見続けてきたことが、この映画を見たことを誰かの個人的な体験へと収斂させることを防いでいます。時間の複数性を保持するように働く、と言ってもいいかも知れない。このように互いに無関心に蠢いていたものたちが、「再構造化」が働こうとするその時に、それを押し止めるのだと思います。複数の動きを見続けてきたことが、ごく個人的な「運命」の感覚が生成されることを阻害し、非人間的なものまで含めた無数の個体の生が記録されたものとしての「歴史、を見た」という感覚を切り開いてゆくよう、積極的な役割を果たしていたように思えます。ここに『悲情城市』の類まれな達成があります。ここでは複数のものが、混ざり合いながらも、なお個別性を保っています。ただすでに指摘したように、我々は特に寛美と文清という、心寄せる登場人物を持っています。彼らから見えるものを想うとき、観客は「自分の意のままにならぬものが通り過ぎていく」ような、つまりは「時間そのものを見る」ような感覚を、特に強調された形で得ることにもなるでしょう。ラスト手前の場面をご覧ください。

▼16……駅のプラットホーム、写真館

汽車が文清・寛美たちの前を過ぎ去ってゆきます。彼らが最後に撮った写真は、ストップモーションで示されます。この処理が為されるのは、この映画においてたった一回きりのことです。自分たちがまとまった存在ではなく、個別な存在へと別れてゆかなければならないことに抵抗するように、ここでの写真は撮られます。ストップモーションは子供が笑っている瞬間に為さ

16

れます。両親たちの神妙な表情とはまったく対照的です。子供は子供で蠢いていることが示されます。この感情的な切り離しは哀切に感じられるけれど、もしかしたら希望であるかも知れないとも思います。そして、このストップモーションは観客と彼らとの別れの儀式でもあります。先ほどの「ローレライ」のズリ下げのように、侯孝賢がほんの少しだけ、文清や寛美が歴史の一部として流れ去ってしまうことを押し留めてくれているような感覚があります。

最後の最後は何度も繰り返されたポジションから、食事の場面を捉えます。ここでも相変わらず幾つもの動きがあります。父の動き、文良の動き、阿嘉の動き、妻たちの動き、子供たちの動き。ここには煙こそありませんが、非人間的な動きをしているものとして、点滅する灯りが見えます(ちなみにこれは設定としては、歓楽街のネオンの光ということでしょう)。女性たちが場所を空けると、この点滅が画面奥に見えます。そして、点滅の視覚的なリズムに促されるようにして、音楽が入ってきます。点滅のリズムは、食事という(この映画の中でも何度か繰り返された)日常的なルーティンも相まって、回帰する、巡りくる時間を思わせます。音楽は複数の動きを一つの大きな流れに一旦まとめあげ、映画を終わらせます。

複数性ということを何度も言ってきました。「複数の複数性」とも表現しました。そうしたものが侯孝賢の映画には映っている。ただ、重要なのは、複数であることは個々の個別性を奪うわけではない、ということです。束ねられてしまえばそのことを認識しづらくなるとしても、個は個として存在しています。そのことを感知するのは途方も無いことです。「自分と、自分以外のものが数多共存しているということ」と言ってしまえばそれは現実を生きる私たちにとってまったく当然の認識です。しかし、そのことを常に実感しているとは実は言えないとも思います。自分が認識しきれないほどの複数の個との共存とはどういう事態なのか、人はこの映画を通じてはじめて感知できるようなところがある気がしています。

そうした「複数の個の共存」という現実は同時に、個別の存在でしかない自分から見れば「無関心に過ぎゆく時間を見ること」でもあります。そのことを自分は二十代の頃に何とかかんとか、全部ひっくるめて「歴史、を見た」というふうに言語化したのだとも思います。それ自体は稚拙な表現ですが、一つの劇映画＝フィクションを通じてそれが実感されるとすれば、やはりこれは奇跡的な達成ではないかという気がするのです。複数であることと個であることがこの映画のなかでは同時に、振り子が振れるように絶え間なく、交互に強調されています。それはやはり、『牯嶺街少年殺人事件』同様に世界そのものの表現たり得ていると思います。

今回の講座のなかでもしかしたら、『牯嶺街少年殺人事件』はわかりやすい映画である、という印象を与えたかも知れない。まったくそうではありません。十二分にわかりづらい映画です。先ほども言ったけれど、『牯嶺街少年殺人事件』の「統制された感じ」というのは、あくまで『悲情城市』という「動きの映画」の極北と比較することで辛うじて浮かび上がるような印象です。『牯嶺街少年殺人事件』には、ここまでわかりづらい映画を見ながら、鮮烈な感情的体験をした、ということ自体にひどく驚かされました。それは両立し得ない、不可能なことのように思われたからです。その語りの達成度を他と比べることなどできません。この両作のどちらが優れているかを云々するのは、まったく意味のないことです。監督の個性によってより強調されている側面は違ったとしても、二つの作品はやはり同質のものを持っています。どちらも個人を超えた時間の流れと、各個人の営みそのものを映画に定着・共存させた、映画史上に類を見ない傑作であって、それらを生み出した台湾映画の八〇年代九〇年代、すなわち台湾ニューシネマというものにただただ、畏敬の念を覚えます。未見の方は是非『牯嶺街少年殺人事件』も見てみてください。

最後にこの場を借りて、感謝を述べておきます。今日お話ししたようなことは、それぞれ月に一度やっている、三浦哲哉さん・三宅唱さんとの「演出」についての勉強会、そして砂連尾理さん・平倉圭さんとの「動き」についての勉強会から大きな示唆を受けました。複雑なことを明晰に、しかし単純化することなく語る視線をその方たちから日々学んでいて、それは自分にとってはとても大きなことです。そのことへの謝意を述べて、講座を終えたいと思います。ありがとうございました。

同期・連動・反復
——小津安二郎『東京物語』

二〇二三年一二月一二日、鎌倉芸術館
「小津安二郎生誕120年記念イベント」にて
『東京物語』上映後に

監督の濱口竜介と申します。本日はよろしくお願いいたします。まずはこのとても大事な日、この大事なイベントにお呼びいただいたこと自体、身に余る光栄です。鎌倉芸術館の皆様に心より御礼を申し上げます。『東京物語』は言うまでもなく映画史上に燦然と輝く、今や世界映画史のベスト10に常に入るような傑作ですけれども、その上映後のトークという大役を仰せつかって、何から話したら、という思いがありました。結局、私自身の初見の感想から始めたいと思います。

自分がこの映画を最初に見たのは大学一年生のときでしたがVHSで観て、見た後は感動した記憶があります。特に最後の場面ですね。ただ一方で非常に「奇妙な」映画であるという印象を持ちました。私が感じた奇妙さの核心は——私はその当時恥ずかしながら原節子の出演作品を見るのも初めてで——何だかこの「紀子」という人が終盤に至って急に主役になったなあ、という感覚です。それから時間が経ち、自分も映画監督となり、『東京物語』を何度も見直す経験も重なって、見るたびに自分がそれまで見逃していた細部がこんなにも鮮やかに機能していたのかと、驚かされています。ものすごく当たり前のことを言っているように聞こえるかも知れませんが、小津安二郎は徹底的に「見る」ことを通じて本作を作り上げたのだと今は感じます。そして、自分が当初感じた「奇妙さ」とは、むしろこの映画の本質を成すものなのだとも感じられて、そのことについてお話ししたいと思います。ただ、急に核心には至れないので幾つかの映像を「見る」ことから始めます。今日は特に人々が画面の中でどう動くのかを是非注視していただきたいと思います。それこそ小津が撮影現場でやっていたことだと確信できるからです。

手始めに小津映画の画面上で起こる幾つかの運動を分類して「同期」「連動」「反復」と仮に呼ぶことにします。まずは「同期」から見ていきましょう。同期とはシンクロ、つまり「同じタイミングで同じ動きをしてしまう」ことです。最初にご覧いただくのは、老夫婦が東京に到着し、紀子も訪ねてきた幸一の家での、二シーンからのショットです。

▼01……同期（S#26・S#33）

主人公と言っていい老夫婦・周吉ととみは、カットが変わるなり同じタイミングで腰を浮かせます。ちなみにここでは「アクションつなぎ」と言われる、ある仕草を編集点の前後で共通させることで、持続感を強調する編集が為されています。ここでは「アクションつなぎ」で腰を上げる瞬間が強調されている、

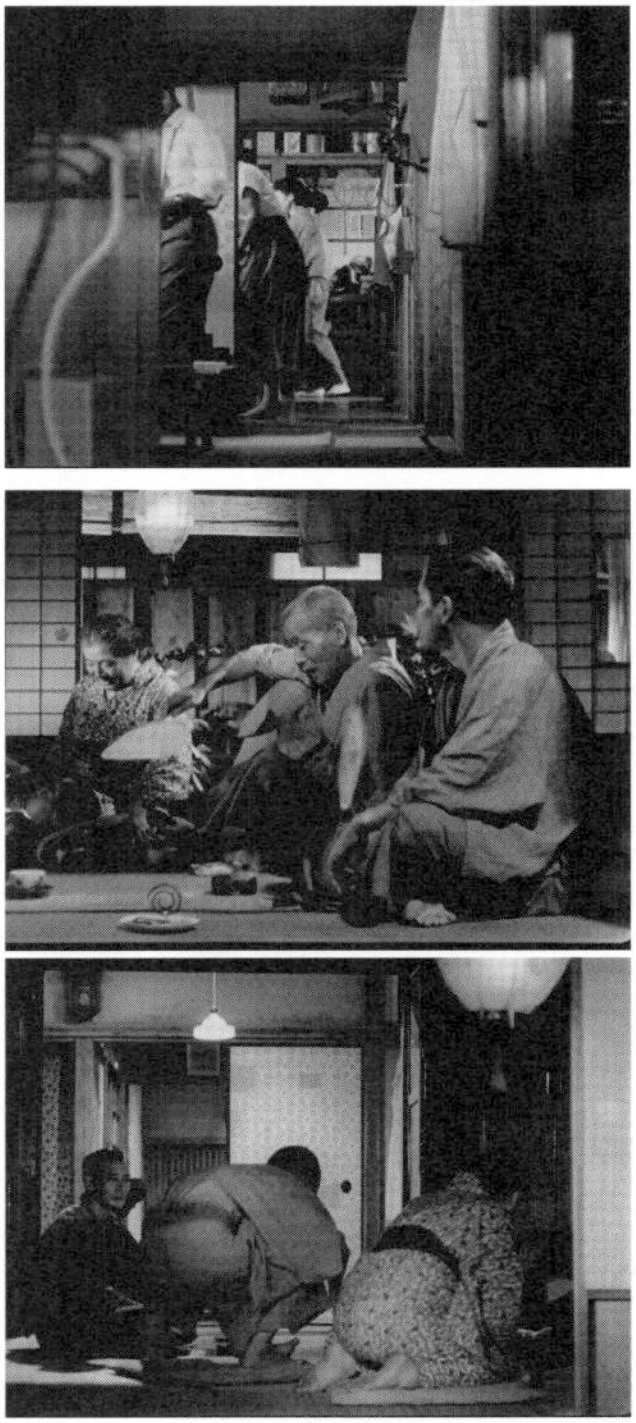

01

とも言えます。この「アクションつなぎ」は後でも出てくるので、覚えておいていただけたらと思います。そして、先にご覧いただいたショットでは幸一と志げ、そして紀子、つまり老夫婦の「子どもたち」は、まったく同じタイミングで画面から消えていました。当然、これは偶然ではなく、小津の指示によるものです。小津の映画では現実の時間ではめったに見ないような、「同期」すなわちアクションや身振りのシンクロがよく起こります。ただ、小津的人物たちは必ずしも同じタイミングで同じことをするばかりではない。少しだけズレる場合もあります。それが「連動」です。

▼02……連動（S#42）

幸一と妻の文子は物を取るために同時にかがむ。そして文子のほうは下手の陰に消えようとする、すると二人の次男の勇が子供らしく手をバタつかせながら上手から出てきて、ちゃぶ台を回ってまた上手の方向に帰っていく。すると今度はまるでそれに引き寄せられたように、奥の戸が上手方向に開く。入ってきたのは幸一の患者の父親でした。動きだけ見ていると、まるで勇がこの患者の父親の動きを引き

02

寄せたかのようです。実際、撮影現場ではまさに互いの動きをきっかけにしてこれらの動きは構築されていたでしょう。こうしたズレを含みつつも互いに関係し合っている動きの「連動」も小津の映画ではよく見られます。そしてそのことが画面と、そこに流れる時間をより緊密なものと感じさせるのですが、特に今ご覧いただいたこの「連動」は物語に明確な転換をもたらします。

この後に起こる展開はご存知の通りです。老父母の東京見学が予定されていたにもかかわらず、緊急の患者のために医師である幸一の予定は上書きされてしまう。老父母の来訪以前から続く普段の生活のほうが優先されてしまう。この場面にはこの映画のある構造が表出しています。老夫婦が主役と言っていい本作における描写の特徴は、二人が東京に来て以降まず描かれるのが常に「息子・娘世代」に流れる日常的な時間だということです。彼らの日常的なルーティンが提示されてから、そこに老夫婦が来る、もしくは居るように描かれます。このことは老夫婦を本筋と考えてしまうと、単なる停滞の時間にも感じられます。特に前半部のこうした描写は私が初見時にこの映画を「奇妙」と感じた一因でもあります。

このことでこの老夫婦は子どもたちにとって日常のルーティンを乱す「乱入者」として描かれることになります。誰が望んだことでもないけれど、時間的にも、空間的にも明確にそうなっています。幸一や志げは共に仕事場（医院・美容院）を一階に持っています。そのため、老父母を二階に一旦住まわせることになります。息子や娘は自分たちの仕事があり、老父母に十分な関心を向けることができません。それどころか、二人の存在がどこか厄介であるとも彼らは感じる。こうして見ると既にご覧いただいた紀子と幸一・志げとが同時に画面から消えていくという場面が違って見えてこないでしょうか。子ども世代が同じタイミングで同じ動きをする。その同質性が端的に表現されている場面とも言えますが、あのとき幸一と志げは一階の別の場所に向かっていました。紀子だけが二階に、父母に挨拶に向かいます。同じ、であるにもかかわらず違う。同質性のなかにある差異が、この一瞬のうちに表現されています。

ちなみに脚本を見ると東京にいる間中、それどころか大阪の敬三の下宿先、そしてとみが亡くなった後の会食が行われる料理屋、その全てが「二階」と明確に指定をされています。老夫婦は尾道を出てからは一貫して一階に安住することができない人物たちなのです。厄介者として二階に上げられ、結果として排斥されてしまう。この映画における「二階」とは厄介者の彼らが、子どもたち世代から切り離され、押し込められ、いずれは押し出される仮住まいの空間としてかなり意識的に設定されています（小津映画にとっての「二階」がどのような空間であるかは、蓮實重彥『監督 小津安二郎』の核心部の一つでもあります）。この「排斥」の結果として老父母がたどり着く場所が熱海です。ではその熱海が一体どうやって示されたかをご覧いただきたいと思います。ここも実は二階なのです。

▼03……熱海の若者たち（S#78〜80）

03

女中が盆を持って二階に上がってきます（今回は分析を省略しますが、階段を上がる前の一階部分のワンショット、その連動も見事なものです）。そして曲がる。次のカットで手前の男がまず上手に消え、女中も奥の同方向に消える。さらに次のカットでは、その手前の若い男とこの女中の座るタイミングが全く同期して振りつけられています。この同期や連動は一体何を示しているのでしょうか。もちろん単なる演出上の遊び、という可能性も大いにあります。ただ物語上の事実として指摘できるのは、この「熱海」という場所は、老人よりも若者たちとより深く同期・シンクロしているということです。そのことは昼の時間に穏やかに海を部屋から眺めていた時はわかりませんでした。けれども夜を迎えることで、ここには深夜まで起きている若者が引き起こす喧騒があり、この旅館はむしろそれを許容する、いわばそれと同期する空間であったとわかります。本作における「熱海」という場所は言わば、長男長女が示したこの老父母に対する「無関心」が凝縮された空間なのです。彼らへの無関心がここに極まり、老夫婦は寝られない夜を過ごすことになる。それもご存知のとおりです。ただここでは、その後に一体何が起きたかということを、改めてご覧いただきます。

▼**04……とみの異変**（S#90）

ここでは、ある異変が起きます。それは物語上のことであるし、画面上のことでもあります。ご覧いただいた場面での「異変」の意味をよりはっきり感じるために、今日の最初にお見

04

せしたものを思い出していただきたいと思います。そこでは周吉ととみが「同時に」腰を浮かせて立ち上がっていました。二人が共に腰を浮かす瞬間に編集点が来ていた。二人の間には非常に美しい同期がありました。しかし、熱海におけるこの瞬間に二人の同期が外れてしまいます。そして、そのことによって本来二人が持っていた「無関係さ」というものが浮かび上がってしまう。熱海の若者たちが周吉ととみに無関心・無関係に動き回って二人を悩ますことになったわけですけれども、実はあの彼らと同程度に、周吉もとみも関係がないのです。簡単に言えば、互いに孤独な存在だということです。一人で生まれ、一人で死んでいく。そういう当たり前に孤独な存在なのだということがこの瞬間、「立ち上がり」という動作の反復と、「立ち上がれない」という差異を通じて強烈に示されます。そして実際、この後東京に戻った二人はついに「宿なし」となり、本作通じて初めて離れ離れになるでしょう。

この場面で画面上もう一つ印象的なのは、小津らしからぬ構図の乱れです。とみが立ち上がれない。そのことによって、二人の間で保たれていた距離が空き、バランスの崩れた構図になります。こうした均整の崩れは小津映画全体を通じてあまり生じない事態です。しかし、ここでは、とみが立ち上がれないことによって、二人の距離感そのものが崩れてしまう。周吉が下手へ歩いていく。フレームアウトしてしまうのだろうかと思ってドキドキします。が、フレームのキワでぐるっと振り返る。この瞬間に最も構図が崩れます。ここです。

▼04a……構図の崩れ（静止画像）

04a

この後周吉がとみの方に戻ることで、バランスが回復します。とみが立ち上がると二人で歩き出す。この場面、何度も見ていると、周吉に対して「いやいや、助け起こそうよ」という気持ちにもなりますが、周吉は見ているだけでとみが立ち上がると手も貸さずに歩いていきます。これは観客の後知恵というもので、このときの周吉にはそれがおおごとであるとは単純に思い至らなかったのかもわかりません。ただ、私にはこの周吉は単に小津映画のある「ルール」に従順なだけなのではないか、という気がしています。それは容易に人と人が触れ合ってはならない、ということです。

先ほど、この場面の構図の乱れが小津映画にとって珍しいものだと言いました。逆に言えば、小津的登場人物というのは基本的には常に、あるバランスを取るようにしてショット内に配置される、つまりある「距離」を保って、人物と人物が空間の中に存在することにもなります。小津的な登場人物たちというのは、基本的にはあたかも触れ合うことを禁じられているかのようなのです。彼らは容易には触れ合えない。視線の扱いに見られるようにショット同士が断絶している、つまり小津映画では言わば空間のつながりが壊れていることも関係していると思われるのですが、今日そのことに詳細に触れる余裕はありません。彼らは互いに近づき合うことを禁じられているかのようです。しかし、規則には常に例外があります。聞いていて、激情に駆られて人を殴る人物というのはサイレント時代から通じて小津作品には存在している、と思われた方も多いでしょう。それでも、人と人が好意的に触れ合う小津映画の場面というのをいったい幾つ思い出せるでしょうか。それは本当に少ない、という印象を私は持っています。互いに好意的に触れ合うことは、小津映画の中でも極めて稀な、例外なのです。ただ『東京物語』においては、その身体接触を比較的頻繁に見たはずです。それは私には『東京物語』が小津のフィルモグラフィにおいて占める特異な位置とも関連しているように思えます。その例外的瞬間をご覧いただきましょう。熱海から帰った後のとみと紀子です。

▼05……とみの肩を揉む紀子（S#103）

このようにして紀子がとみの肩を揉むという場面がありました。紀子のアパートは二階に位置していると脚本では指定されています。実際の映画では階数は確認できませんが、何であれ彼女はこのアパートの狭い一室以外に居場所はなく、そのことが要請する「近さ」の結果として、他の子どもたちが老父母とはしないこと、つまり「一緒の空間に寝る」「例外」となります。身体接触が起こるのはその晩のことです。そして実は紀子、もしくは原節子こそが小津映画の中では、そうした規則を侵犯することが許されているかのような、例外的な存在なのです。紀子ととみの身体接触はこれだけではありません。その翌朝の場面です。

▼06……手を握るとみと紀子（S#111）

まず紀子の方から「お母さまのお小遣い」と言って、とみに紙包みを握らせます。ただ、関係はより深まっていて紀子が一方的にとみに触るだけではなくて、とみの方からも紀子の手を感謝とともに握り

05

06

ます。手を離す前に紀子がとみの手を軽く叩いたことも記憶しておいていただきたいと思います。とみと紀子の間で、他には見られないような肉体的な接触を含んだ感情の交流が生じています。とみと紀子の間には他の人物には通行が禁じられているような通路が開いている。この二人をつなぐのは当然、とみにとっては息子、そして紀子にとっては夫である昌二の存在です。いやむしろ不在でしょうか。この不在・喪失が、二人をつなぐトンネルのようになっているとひとまずは言えます。しかし、ことはそう単純でもない。二人をつなぐもう一つの要素から考えたいと思います。そこでは冒頭で言ったアクションつなぎが起こります。アクションの瞬間の仕草にご注目ください。肩揉みのくだりのすぐ後です。

▼07……髪を直す紀子(S#103)

はい。もう何ということはない仕草です。「思いがけのう昌二の布団に寝かしてもろうて」と言われた紀子は目をそらし、右手で髪を直す。その瞬間にそれまでと一八〇度反対側にカメラが回る。そしてとみからは見えていない紀子の顔が映る。ただ、アクションはつながっているけれど、先ほどまでは微笑んでいた紀子が笑っていないんです。何度目かに見た時、このアクションつなぎに奇妙な違和感を抱きました。その時は十分に視認できていたわけではありませんけれども、いま思えば単純に笑っていたものと笑っていないものがつながれてしまったこ

07

とで、自分の中に消化できないものが残ったのだと思います。スクリプター（記録）の方が間違えたのでしょうか。そんなことはないでしょう。このアクションをつけた以上、そこが編集点だとはっきりわかっているはずです。このように笑顔が急に消えてしまったような印象というのは、意図して残されたものでしょう。この仕草が一体何なのか、それはやはり分からない。しかし、ヒントはあります。実は同じ仕草をとみもしているからです。それが「反復」と呼んだものでもあります。やはりアクションつなぎに注目してご覧ください。

08

▼08……髪を直すとみ（S#116）

これはほとんど同じことが繰り返されています。右手で耳にかかった毛を直し、それがアクションつなぎで繋がれてさらに後ろの髪を直していました。この時に話されていた内容は、昔は長男も長女ももっと優しかったのにという愚痴です。ただ周吉が「まあ幸せなほうじゃのう」と言う。とみも「そうでさあ、幸せなほうでさあ」と応じます。このアクションが起こったのはその直後でした。この、とみの「幸せなほうでさあ」という言葉が一〇〇%率直なものではないことはここまで見てきた観客には明らかです。ここには押し込められた感情があり、抑圧された感情が手の動きとして現れています。そういうことは日常生活の中でもよくありますね。この「髪を直す」仕草は、その人物の今の状況とは「裏腹な気持ち」とつながっている仕草とひとまず言えそうです。ちなみに、小津映画の人物たちの仕草を見て驚かされるのは、それを指示する小津自身の日常的な観察の細やかさです。その仕草が劇映画のうちに置き直されると、それは画面を華やがせるダンスのようにも、人物の秘められた感情を示唆する細部としても働き、映画全体に「仕草のネットワーク」を構築します。

冒頭で同期、連動、反復と言ったことに戻ると、「同期」は同一空間で同じ動きをすること、「連動」は少し時間をずらして互い違いに動くことでした。「反復」と呼んだのは、全く違う時間、違う場所でなされる同じ仕草・身振りのことです。小津は更に、この仕草の「反復」をアクションつなぎで強調してもいます。そのことで紀子ととみを、距離と時間を超えてつなげてしまいます。ここで振り返って考えると、先ほどの場面、紀子には最大限の親しみを示されたとみにも言えないことがあったわけです。それは最後の周吉とのやりとりでもはっきりと言われていました。紀子にはこの時点でとみには見せることができていない一面がある。それは「裏表」というほどのものではありません。ただ、表面に現れることのできない紀子の「深層」「深み」というものがある。それは人間としては当たり前のことですが、劇映画の登場人物がそれを持つとしたら、それは決して当たり前ではありません。そして、この「深層」を確かに構築するのも、一つ一つの具体的な仕草なのです。私が気になっているのは、昌二の話題が出たときの紀子の表情です。紀子の視線、その動きに注目してみてください。

▼09……紀子の表情（S#73・S#103）

どちらの場面でも視線が細かに、何段階か、常に周吉やとみから逸らす方向へと動きます。夫が戦地から帰らず、亡くなっていることはほぼ確実なのだから、ここでの表情の複雑さは当然のものです。しかし、これらの場面で紀子が視線を下や横へと向けることで感じられるのは、周吉やとみへの共感というよりはむしろ「切り離し」です。なので、紀子の表情は冷たく見えもしますが、その「切り離し」からは彼女の誰にも打ち明けられない真情があること、つまり「孤独」がより強く感じられます。昌二のことを忘れつつある、と終盤の周吉との会話で紀子は口にしていました。しかしこれらの表情を見ると、それもまた彼女が口にし得たギリギリのラインだったのではないか、と私には思われます。紀子の内面で何が起きているのか、それは究極的にはわかりませんし、そのことがこの映画の類まれな立体性・奥行きともなっています。ただ、いったい何が紀子に昌二を忘れさせているのか。その理由の一部

09

はかなり明確に想像できます。紀子がとみの危篤を知る場面を見てみます。注目をしていただきたいのは紀子が電話を切った後の社員たちの動きです。

▼10……とみの危篤を知る紀子（S#126）

電話を切った後、紀子が上手のロッカーの陰から下手に向かって出てきます。すると下手の奥にいた女性社員と動きが同期します。紀子が手前に向かってくるのに合わせて、女性社員も一緒に向かってくる。紀子が下手に曲がると女性社員は紙を置いて方向転換し、今度は奥に向かう。すると紀子の方向転換に合わせて上手から出てきた男性社員が、女性社員と同時に奥の方に向かっていく。ここで見られる同期や連動の演出は

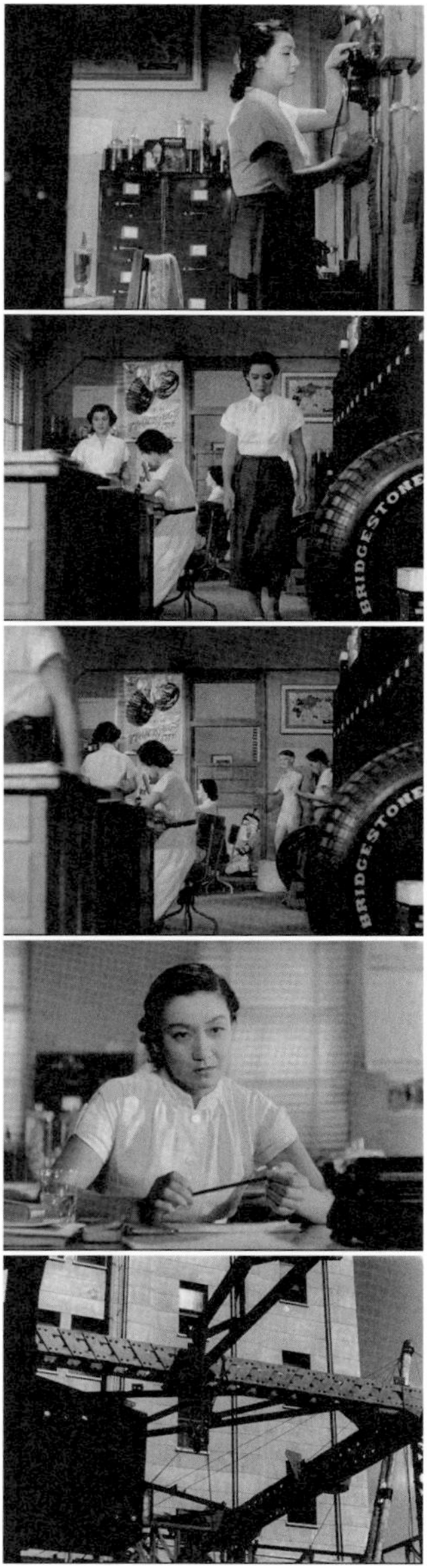

10

話の展開がまだ緩慢な前半部においては――おそらく画面及び時間に緊密さをもたらす効果を狙ってもいたのでしょう――頻繁に見られるのですが、後半、特に熱海におけるとみの不調以降、物語の緊張が高まるにつれて、見られなくなっていたものです。小津はこの場面に関しては、再びこうする必然性があった、ということだと思います。

この演出はここで紀子が置かれた状況を端的に示しています。紀子はこの会社の中で、同期・連動する動きの一要素となっていました。しかし、敬愛する義母が危篤であるという報告を受けた彼女が、今この仕事に対して感情が向いていないことは明らかです。それでも彼女の仕事は、彼女の感情とは関係なしに続いていきます。そのことが音でも表現されています。タイプライターの音が高まっていきます。しかも、窓から響く工事音まで入ってきて、放心している彼女に覆いかぶさる。窓の外では、工事によって「東京」が、まさに大都市に生まれ変わろうとしているその瞬間が写し取られています。彼女と無関係に、少なくとも彼女の「感情」には全く無関心に、社会が動き続けています。そして、特にここでの「同期」と「連動」は彼女をその社会の一部として巻き込むものです。

ラスト近くの京子との会話で紀子は京子から、紀子も幸一や志げのように自分の生活が一番大事になっていくのかと問われ、「なりたかないけど、やっぱりそうなってくわよ」と答えていました。彼女は自分がなりたくもないものにまさになろうとしている。そうなるように促す圧力をひしひしと感じているわけです。ただ、彼女は単にそのことを受け入れているわけでもないようです。ここで、その会話の後の紀子と京子の「お別れ」の場面を見てみます。

▼11……紀子と京子（S#163）

この京子との場面で、お互いを触りあうという、紀子ととみとの間で交わされた仕草が、とみの実の娘の京子との間で反復されます。手を離す直前には、とみのときのようにポンポンと手を叩きます。しかも、紀子が京子の右側の髪を直してやるという仕草を含んでいる。自分の髪を直すという仕草は、「何か裏腹な思いが湧き上がるとともに、手が動いてしまう」、そういう事態の表れとして見てきましたが、ここではその仕草が、他の人の髪を直してやるというまた違った形で合流してきています。ここにあるのはもちろん、出勤前に身だしなみを整えてやるという思いやりですけれども、それ以上の深い親しみが表現されていることを観客は感じるはずです。紀子が京子に寄せる共感は「そんなものにはなりたくない」という、紀子自身が失いかけている信念を京子がまだ若々しく、初々しく保っているからです。紀子も、京子を諭すようなセリフとは裏腹に、京子の今の心を好ましく受け止めている。そのことは「いやあねえ、世の中って」とつぶやく京子に「そう、いやなことばっかり」と笑顔で返すその瞬間に最も端的に現れていました。そして、ここで彼女の髪を直すという仕草の中により繊細に表現されているのではないでしょうか。

『東京物語』には常に、老夫婦だけのものではない「複数の時間の流れ」が描き込まれていました。「優しかった」幸一や志げを変化させたものは、この「時間」です。流れる時間の中で営まれた彼らの生活そのもの

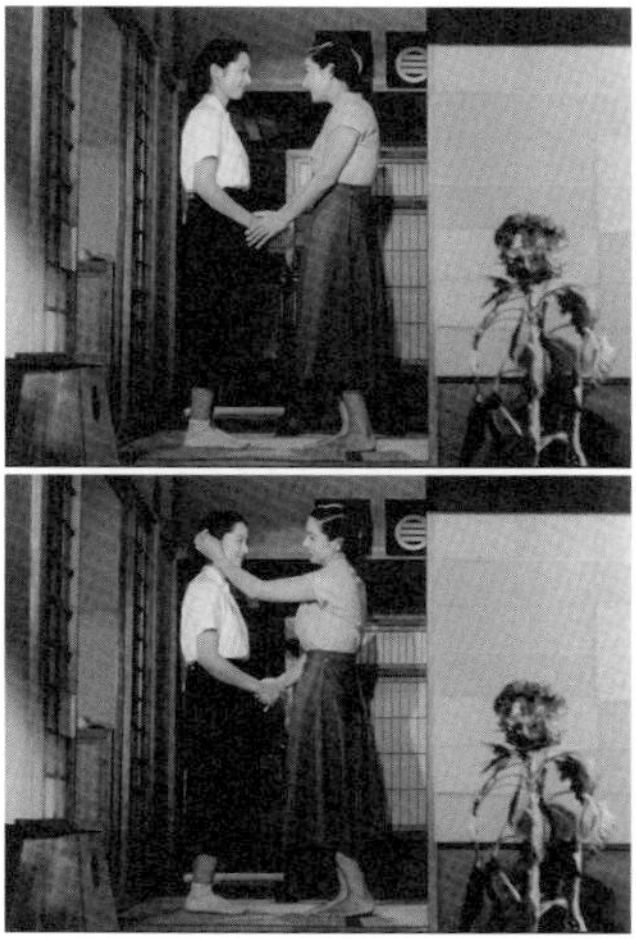

11

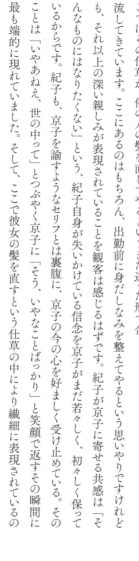

です。幸一たちは自分らの生活に追われて手一杯になっており、老父母を自分たちの仕事の片手間に遇することしかできませんでした。紀子はそうは「なりたかない」と思っている人物として現れます。彼女にだって仕事はある。簡単に休めるはずもない。むしろ生活は幸一たちより遥かに苦しいかも知れない。しかし、そうは「なりたかない」のです。ある種のやせ我慢のようかも知れないけれど、言ってみれば彼女はこの映画で精緻に描かれた「時間」に抗います。ただ勿論、「なりたかない」からといって、ならずにいられるわけでもないということを彼女自身がよく知っている。例えば昌二のことを忘れつつあるということがそうです。「時間」とも、「社会」とも、「東京」とも呼ぶことができるもの、それがもたらすこの変化・忘却に抗いきれないことの「苦しみ」を紀子は体現することになります。そして、そのことが彼女を観客が最も心寄せる人物、言わば遅れてきた主人公とします。紀子は最初から主人公として現れるわけではありません。もちろん原節子という大スターとしての存在感はまといつつも、物語上は最初から一貫して出ているわけではなく、出番が増えてくるのは中盤以降のことです。それでも、紀子という人物の「時間」への抗いが見えてくることで、彼女は終盤に主人公として急浮上してくると言えるでしょう。そのことは、彼女がとみに好意的に「触れる」ことを通じて準備された、とも申し添えたいと思います。

紀子という人物を通じて『東京物語』という映画の普遍性が立ち上がってきます。これが私たち一人一人の話でなくて何でしょうか。「時間」、もしくは「社会」と言い換えてもいいのかもしれません。個人の力や意思では抗いきれないような変化をもたらすものによって、自分はなりたくないものになっていくという、恐らく誰しもが持っている感覚、少なくともある年齢を超えた誰しもが持っているであろう感覚が、この映画の中には確かに刻みつけられています。この、私たちを圧倒する「時間」と、「そうはなりたかない」ちっぽけな個人の「抗い」を両方等しく、極めて具体的な動きや仕草を通じて描ききったことが、『東京物語』の他に比べようもないような達成です。

そして、最後の周吉との会話は、まさにその紀子の深層にあるものが噴き上がってくる場面になります。「私、ずるいんです」、そして「何かを待ってるんです」という紀子-原節子のその声の音色というものを、私は一生忘れることができないような気がします。人の魂から直に湧き出たような、そういう声です。私たち観客一人ひとりに直接届いてくるものです。それが『東京物語』が不朽の名作となった理由でもあるでしょう。どうしたら、そんなものが映るのか、そんな声が響くのか。私は一人の映画監督として未だに不思議に思っています。ただ、確信していることは二つあります。一つは、小津はその声を現すために十分な準備をした、ということ。それについては別の機会に「『東京物語』の原節子」という文章に書きました（『他なる映画と2』収録）。もう一つは、周吉と紀子は——とみと紀子とは違って——触れ合うことはなく、そしてその点が決定的に重要だ、ということです。そのことで却って、紀子は言葉と声を通じて、周吉に触れたいという、もしくは誰かに自分の魂の孤独に触れられたいという限りない希求を抱くことになるからです。

周吉はその紀子の言葉と声をきちんと受け止め得たでしょうか。おそらくはわかっていないでしょう。ただ、周吉はその「わからなさ」をひっくるめて、紀子の苦しみを肯定します。「やっぱりあんたはええ人じゃよ、正直で」と。彼女の苦しみは「正直さ」の賜物なのだと言います。そして「言わば他人のあんたのほうが、よっぽどわしらにようしてくれた、ありがとう」と言います。私たちが無関係で孤独な個人であることは必ず苦しみを伴うでしょう。ただ周吉の言葉は、私たちが無関係であることこそ、むしろ最も深くつながり合うための条件であると示しています。そもそも誰しもが無関係であるのでなければ、「同期」や「連動」、「反復」

の瞬間の驚き自体ないのです。

ちなみにここまで見てきた動きの「同期」や「連動」は、もしそれらを日常において目撃したとしたら、どこか微笑ましい「偶然」の瞬間として現れるものでしょう。私には、ここでもまた小津が日常への精緻な観察を映画へと昇華させているように思われてならないのです。小津は現実生活のどこかで目撃した「偶然」を、こうして「同期」や「連動」へとフィクションとして再構築しているのではないか。それは単なる映画的遊戯などではなく、この世界や「時間の流れ」を捉える彼独自の方法なのではないかという気がするのです。ただ、それは現時点では何の証拠もない、私の妄想に過ぎません。

長くなっていますが最後にもう一点、無関係にも見えるものをつなぐ、言わば例外的な「反復」をご覧いただいて、話を終えようと思います。何にでも例外はあるのです。

▼12……例外としての志げ（S#106・S#128）

二つのシーンから引きましたが、まず志げは、乱暴な仕方ではあるけれども父に触れていました。この場面は、先ほどの紀子の肩揉みのすぐ後に示されます。紀子ととみの位置関係と相似形で、紀子が示した労りと

12

は真反対のことをする。この場面に限らず、志げと紀子というのは明らかにずっと対比的に描かれてきました。穿った言い方をすると、志げはずっと紀子の「いい人」らしさを強調する引き立て役のような存在だったと言えます。しかし続けてご覧いただいた志げの仕草はどうでしょう。志げもまた髪を直して（掻いて？）いました。それがアクションつなぎで示されている。この仕草とアクションつなぎが明らかに、紀子やとみの反復なわけです。では、ここでは「忙しいのだけれども母の危篤に立ち会わなくてはいけない」という娘としての引き裂かれた思いが表現されているのでしょうか。それとも単に、小津は語りのリズムのためにアクションつなぎをしたかっただけなのでしょうか。真実はわかりません。ただ、確かに言えることはここで小津の意図が何であれ、この仕草の「反復」は、真反対に見える志げと紀子までもつないでしまった、ということです。志げと紀子の間にも開かれてしまう通路がある。

小津は一本の映画だけでなく、フィルモグラフィ全体を通じて、様々な要素を反復しました。そして、そこで反復されるものは常に差異を含んでいます。この差異、特に例外というべきものが、常に小津の見方の新たな可能性を開くものになります。小津安二郎の画面を見るということには全く終わりがありません。ある要素を新たに発見すれば、既に見た別の映画のどこかにも、必ずそれと類似したもの、似ているけど少し異なるものを再発見することができます。この発見の喜びは永遠に終わることがありません。確信を持ってそう言えるのは、誰よりも小津安二郎が撮影現場でカメラの先を「見る」という非常にシンプルな営みを通じて映画を作った監督だからです。そうでなければ、我々が今見ているものを見るはずもないのです。小津ほど観客の「見る」という行為を促し、励まし続けてくれる映画監督はいないと思います。その見返りは必ず、十分過ぎるほどあります。見続けましょう。

本日は還暦の誕生日に亡くなった監督の没後六〇周年という、新たに暦がひとまわりした日です。この日が願わくば、小津安二郎の新たなサイクルを開く日であることを願いつつ、話を終えます。ありがとうございました。

濱口竜介（はまぐち・りゅうすけ）
1978年生まれ。映画監督。

［監督作品］
『何食わぬ顔』（2002年、98分、short version：2003年、43分）
『はじまり』（2005年、13分）
『Friend of the Night』（2005年、44分）
『遊撃』（2006年、17分）
『記憶の香り』（2006年、27分）
『SOLARIS』（2007年、90分）
『PASSION』（2008年、115分）
『永遠に君を愛す』（2009年、58分）
『THE DEPTHS』（2010年、121分）
『なみのおと』（酒井耕と共同監督、2011年、142分）
『明日のキス』（2012年、3分、オムニバス作品『明日』の一篇）
『親密さ』（2012年、255分、short version：2011年、136分）
『なみのこえ 気仙沼』（酒井耕と共同監督、2013年、109分）
『なみのこえ 新地町』（同上、2013年、103分）
『うたうひと』（同上、2013年、120分）
『不気味なものの肌に触れる』（2013年、54分）
『Dance for Nothing』（2013年、27分）
『ハッピーアワー』（2015年、317分）
『dance with OJ』（2015年、28分）
『天国はまだ遠い』（2016年、38分）
『寝ても覚めても』（2018年、119分）
『偶然と想像』（2021年、121分）
『ドライブ・マイ・カー』（2021年、179分）
『Walden』（2022年、2分）
『悪は存在しない』（2023年、106分）
『GIFT』（2023年、74分、石橋英子ライブ・パフォーマンス用映像）

［脚本参加作品］
『スパイの妻』（黒沢清監督、2020年、野原位・黒沢清との共同脚本）

［著書］
『カメラの前で演じること：映画「ハッピーアワー」テキスト集成』
（野原位・高橋知由との共著、左右社、2015年）

他《た》なる映画と　1

2024年7月1日　初版第1刷発行

［著者］
濱口竜介

［編集・デザイン］
中村大吾（éditions azert）

［発行者］
丸山哲郎

［発行所］
株式会社インスクリプト
〒102-0074 東京都千代田区九段南2丁目2-8
tel: 042-641-1286　fax: 042-657-8123
info@inscript.co.jp
http://www.inscript.co.jp

［印刷・製本］
中央精版印刷株式会社

ISBN978-4-86784-006-1
Printed in Japan

装幀使用図版＝『Walden』（濱口竜介、2022年）

同時刊行――

他なる映画と 2

映画批評集成！ 7万字超の書き下ろしも収録

自分が文章を書くことでしようとしていたこと、
それは、その作品なり作家なりの生産原理を摑むことだった。
文章によって、その原理の核心を鷲摑みにすること。
せめて尻尾だけでも摑んで離さないこと。――あとがきより

四六判並製仮フランス装・三八四頁 一二五〇〇円

目次

ゴダール的方法　**第2回表象文化論学会賞受賞**

平倉圭 著

ハイ・レゾリューション・ゴダール！

その音‐映像を0.1秒オーダーで注視せよ。高解像度の分析によって浮かび上がる未聞のＪＬＧ的映画原理。映画史＝20世紀史を一身に引き受けようとするゴダールは、映画に何を賭しているのか？　そして21世紀のゴダールはどこへ向かうのか？　映画論の「方法」を更新する、画期的ゴダール論。「『動きすぎてはいけない』（千葉雅也著）と並んで二〇一〇年代に完成したすごい仕事の一つ」（三浦哲哉、『群像』二〇二二年七月号より）

二〇一〇年―Ａ５判上製・三三六頁―三二〇〇円

エル・スール　新装版

アデライダ・ガルシア＝モラレス 著―野谷文昭・熊倉靖子 訳

今、明かされる結末

〈南〉を訪れる直前で中断された、ビクトル・エリセの名作『エル・スール』の原作。映画では描かれなかった後半部、物語のクライマックスが、いま明らかになる。父はなぜ沈黙のうちに閉じこもっていたのか。憧れの父の死を契機にセビーリャへ赴いた少女の見たものは……。映画製作当時、エリセの伴侶として彼に霊感を与えたアデライダ・ガルシア＝モラレスによる、時代を超えた成長小説。

二〇二四年（初版二〇〇九年）―四六判上製・一三六頁―一八〇〇円

ヒッチコック

エリック・ロメール＆クロード・シャブロル著｜木村建哉・小河原あや訳

ヌーヴェル・ヴァーグによるヒッチコックの擁護と顕揚

一九五七年フランス、二人の駆け出しの映画作家が、世界で初めてヒッチコックの全作品を徹底的に論じ上げた――。秘密と告白、運命と意志、悪の誘惑、堕罪と救済、そしてサスペンス。通俗的な娯楽映画という世評に抗し、ヒッチコックの華麗な演出に潜む形而上学的主題へと迫った、ヌーヴェル・ヴァーグによる「作家主義」の記念碑的書物。「ヒッチコックは、全映画史の中で最も偉大な、形式の発明者の一人である。」

二〇一五年｜四六判上製・二六四頁｜二八〇〇円

オーソン・ウェルズ

アンドレ・バザン著｜堀潤之訳

ヌーヴェル・ヴァーグ前夜のウェルズ論争

一九五〇年フランス、毀誉褒貶の只中からウェルズを救い出すべく、若き批評家がついに筆を執る。ウェルズ作品の革新性を主題の深さから画面の深さへと論じ抜く、「作家主義」批評の先駆け。コクトーによる序文、サルトルやサドゥールらの『市民ケーン』評も収録。「『市民ケーン』は私たちにとって従うべき手本ではない。」（サルトル）「オーソン・ウェルズのシークェンス・ショットは、映画言語の進化の決定的な一段階である。」（バザン）

二〇一五年｜四六判変形上製・一九二頁｜一七〇〇円

森崎東党宣言！

藤井仁子 編

世紀の大喜怒劇映画！

笑いと涙と、正しき怒りを今一度。喜劇を超えて、喜怒劇へ。『喜劇 女は度胸』から『生きてるうちが花なのよ死んだらそれまでよ党宣言』を経て最新作『ペコロスの母に会いに行く』まで、型破りな面白さと圧倒的な熱気に満ち溢れる森崎映画の真髄に迫る。特別掲載＝脚本『男はつらいよフーテンの寅』準備稿。高橋洋、青山真治、濱口竜介、三宅唱らによる作家論・作品論も収録。

二〇一三年｜四六判並製・四三二頁｜三八〇〇円

映画の荒野を走れ——プロデューサー始末半世紀

伊地智啓 著｜上野昂志・木村建哉 編

相米慎二を育てた男が、日本映画の半世紀を語り尽くす

荒野のごとき映画界を駆け抜けよ！　裕次郎全盛の日活に入社、ロマンポルノへの路線変更を機に助監督からプロデューサーへと転進し、数々の話題作の企画を経て、出会ったのは相米慎二だった——。プロデューサー業の真髄と本懐とは何か。日本映画史を彩った監督とスターの、いま明かされる秘話満載。黒澤満との盟友プロデューサー対談を特別収録。相米作品をめぐる章では、濱口竜介も聞き手として参加。

二〇一五年｜四六判上製・三八四頁｜三五〇〇円｜品切中

（価格は税別）